CB142008

Manual Esquemático de CRIMINOLOGIA

www.editorasaraiva.com.br/direito

Visite nossa página

Nestor Sampaio Penteado Filho
Eron Veríssimo Gimenes (atualizador)

Manual Esquemático de CRIMINOLOGIA

12ª edição
2022

saraiva jur

saraiva EDUCAÇÃO | saraiva jur

Av. Paulista, 901, Edifício CYK, 3º andar
Bela Vista – SP – CEP 01310-100

SAC | sac.sets@saraivaeducacao.com.br

Diretoria executiva Flávia Alves Bravin
Diretoria editorial Ana Paula Santos Matos
Gerência editorial e de projetos Fernando Penteado
Novos projetos Aline Darcy Flôr de Souza, Dalila Costa de Oliveira

Gerência editorial Isabella Sánchez de Souza
Edição Liana Ganiko Brito
Produção editorial Daniele Debora de Souza (coord.), Cintia Aparecida dos Santos, Paula Brito
Arte e digital Mônica Landi (coord.), Camilla Felix Cianelli Chaves, Claudirene de Moura Santos Silva, Deborah Mattos, Guilherme H. M. Salvador, Tiago Dela Rosa
Projetos e serviços editoriais Daniela Maria Chaves Carvalho, Emily Larissa Ferreira da Silva, Kelli Priscila Pinto, Klariene Andrielly Giraldi
Diagramação Edson Colobone
Revisão Daniela Georgeto
Capa Tiago Dela Rosa
Produção gráfica Marli Rampim, Sergio Luiz Pereira Lopes
Impressão e acabamento Vox Gráfica

DADOS INTERNACIONAIS DE CATALOGAÇÃO NA PUBLICAÇÃO (CIP)
VAGNER RODOLFO DA SILVA – CRB-8/9410

G491m Gimenes, Eron Veríssimo

Manual Esquemático de Criminologia / Eron Veríssimo Gimenes (atualizador), Nestor Sampaio Penteado Filho. – 12. ed. – São Paulo : SaraivaJur, 2022.

352 p.

ISBN 978-65-5362-109-1 (Impresso)

1. Criminologia. I. Penteado Filho, Nestor Sampaio. II. Título.

CDD 364
2021-4570 CDU 343.9

Índices para catálogo sistemático:

1. Criminologia 364
2. Criminologia 343.9

Data de fechamento da edição: 17-1-2022

Dúvidas? Acesse www.editorasaraiva.com.br/direito

CL 607705 CAE 79209[0]

Dedico esta obra ao meu saudoso amigo
Nestor Sampaio Penteado filho (*in memoriam*),
com quem tive a honra de conviver, aprender, respeitar e admirar.

"It matters not how strait the gate,
Não importa o quão estreito seja o portão,
How charged with punishments the scroll,
O quão carregado com castigos esteja o pergaminho,
I am the master of my fate:
Eu sou o mestre do meu destino;
I am the captain of my soul.
Eu sou o capitão da minha alma."

Poema Invictus – HENLEY, William Ernest.

Sumário

2ª PARTE
CRIMINOLOGIA CLÍNICA

Nota à 12ª edição

Este livro que agora apresento aos leitores tem uma trajetória inusitada: os originais chegaram-me pelas mãos de **Iara Regina Marques Penteado**, viúva de **Nestor Sampaio Penteado Filho**, que, sabendo da importância do tema e da premência de não deixar uma obra inacabada, convidou-me – juntamente com a **Saraiva Educação** – a continuar o trabalho do meu querido amigo.

Conheci Nestor há tempos, na Academia de Polícia de São Paulo, e desenvolvemos uma profícua amizade. Após ele ter assumido a Corregedoria-Geral da Polícia Civil – como Diretor –, gentilmente convidou-me para a 4ª Corregedoria auxiliar de Bauru, como Delegado Titular. Esse convite ocorreu em 2013 e desde então passamos a trabalhar juntos, numa estreita colaboração e convivência quase diária. Ele também era professor concursado da Academia de Polícia e dava aulas em diversas universidades, o que o tornava especial, transitando entre a prática cotidiana e a reflexão.

Acredito que o convite para atualizar esta importante obra deu-se porque sua esposa sabia de nossa amizade, do respeito e da admiração que havia entre nós.

Daí a minha alegria ao ser contactado pela Sra. Iara que, sabedora da importância do tema e também como forma de homenagear o marido, autorizou que a Saraiva Educação me enviasse os originais, confiando-me o desafio de dar a forma final a este compilado, que já se encontrava em fase adiantada de produção, muito bem escrito e estruturado, cabendo apenas pequenas alterações decorrentes de leis novas que surgiram ou do acréscimo de doutrina especializada advinda de outros autores.

O ***Manual esquemático de criminologia*** não só conceitua esta importante área como também percorre o seu caminho histórico, como doutrina, desde a publicação de *O homem delinquente*, de Cesare Lombroso, até a moderna criminologia e a criminologia científica. Na obra, ganham destaque a questão dos métodos, técnicas e testes, bem como a parte das estatísticas, revelando uma preocupação com os dados empíricos, porém também revela a importância da sociologia no tratamento do tema em questão, aliando conhecimento quantitativo e qualitativo, na interpretação da Criminologia. Os últimos capítulos revelam-se sobremaneira importantes, ao tratarem das questões envolvendo as vítimas, as causas e a prevenção criminal, base de uma sociedade mais justa e segura.

Espero ter cumprido a missão à altura! Aproveito a oportunidade para agradecer profundamente à **Sra. Iara Regina, aos seus filhos, Fabiana e Nestor Sampaio Marques, e à Saraiva Educação** pela oportunidade. Agora, não só as ideias, mas também as palavras de Nestor estão eternizadas nesta obra.

Bauru/SP, verão de 2022.

Eron Veríssimo Gimenes

1ª PARTE

CRIMINOLOGIA GERAL

1º Capítulo

Conceito, características, objeto, método, finalidade, funções e classificação da criminologia

1.1 Conceito de criminologia. Características

Etimologicamente, **criminologia** vem do latim *crimino* (crime) e do grego *logos* (estudo, tratado), significando o "estudo do crime".

Apresentando uma visão diferenciada sobre o instituto da criminologia, faz-se mister trazer à colação o entendimento do eminente Sérgio Salomão Shecaira (2020, p. 43), salientando que a "Criminologia é um nome genérico designado a um grupo de temas estreitamente ligados: o estudo e a explicação da infração legal; os meios formais e informais de que a sociedade se utiliza para lidar com o crime e com atos desviantes; a natureza das posturas com que as vítimas desses crimes serão atendidas pela sociedade; e, por derradeiro, o enfoque sobre o autor desses fatos desviantes. O estudo dos criminosos e de seus comportamentos é hoje um campo fértil de pesquisas para psiquiatras, psicólogos, sociólogos e antropólogos, bem como para os juristas".

Vale, contudo, atentar para os ensinamentos de Antônio García-Pablos de Molina (2010, p. 34), que define criminologia atrelada aos conhecimentos e tendências atuais do saber empírico, portanto, a mais aceita na atual doutrina e concursos em geral: "A Criminologia é uma ciência empírica e interdisciplinar, que se ocupa do estudo do crime, da pessoa do infrator, da vítima e do controle social do comportamento delitivo e trata de ministrar uma informação válida e contrastada sobre a gênese, dinâmica e variações principais do crime, contemplando-o como problema individual e social, assim como sobre os programas para sua prevenção especial, as técnicas de intervenção positiva no homem delinquente e os diversos modelos ou sistema de respostas ao delito".

Nessa linha de intelecção, ressai que a criminologia, além de se tratar de ciência autônoma e independente, fornecendo informações confiáveis sobre o crime, apresenta:

- Métodos: empírico e interdisciplinar;
- Objetos: crime, delinquente, vítima e controle social;
- Funções: programas de prevenção, técnicas de intervenção e modelos ou sistemas de resposta ao delito, em outras palavras, explicar e prevenir o crime, intervindo na pessoa do infrator e da vítima, avaliando os diferentes modelos de resposta ao crime.

Para Afrânio Peixoto (1953, p. 11), a criminologia "é a ciência que estuda os crimes e os criminosos, isto é, a criminalidade".

Importa, ainda, a definição de criminologia feita por Edwin H. Sutherland (apud FERNANDES; FERNANDES, 2010, p. 24), que vem sendo enriquecida e retratada como "um conjunto de conhecimentos que estuda o fenômeno e as causas da criminalidade, a personalidade do delinquente, sua conduta delituosa e a maneira de ressocializá-lo".

Entretanto, a criminologia não estuda apenas o crime, mas também as circunstâncias sociais, a vítima, o criminoso, o prognóstico delitivo e, ainda, as interações sociais, psíquicas, biológicas, comportamentais e ambientais como fatores da criminogênese.

A palavra "criminologia" foi usada pela primeira vez em 1883 por Paul Topinard e aplicada internacionalmente pelo italiano Raffaele Garófalo, em seu livro *Criminologia*, no ano de 1885, passando, a partir de seus estudos, a ser reconhecida como ciência autônoma.

Pode-se conceituar **criminologia** como a ciência empírica (baseada na observação e na experiência) e interdisciplinar (relacionando-se com diversos ramos do conhecimento, como o direito penal, a biologia, a psiquiatria, a psicologia, a sociologia etc.) que tem por objeto de análise o crime, a personalidade do autor do comportamento delitivo e da vítima, e o controle social das condutas criminosas.

Ensina Luiz Flávio Gomes (2008, p. 43) que a criminologia como ciência busca adotar programas de prevenção eficaz do comportamento delitivo, técnicas de intervenção positiva no homem delinquente e nos diversos sistemas de respostas ao delito.

A criminologia é uma ciência do "ser", **empírica**, também denominada de pragmática, na medida em que seu objeto (crime, criminoso, vítima e controle social) é visível no mundo real e não no mundo dos valores, como ocorre com o direito, que é uma ciência do "dever-ser", portanto normativa e valorativa.

A **interdisciplinaridade** da criminologia decorre de sua própria consolidação histórica como ciência dotada de autonomia, considerando a influência profunda de diversas outras ciências, tais como a sociologia, a psicologia, o direito, a medicina legal etc.

Nesse passo, Lélio Braga Calhau (2012, p. 11), ao tratar desse tema, assevera que a interdisciplinaridade existe quando os saberes parciais se integram e cooperam entre si.

Importante esclarecer que a interdisciplinaridade não se confunde com a multidisciplinaridade. Conforme as lições dos Professores Eduardo Fontes e Henrique Hoffmann (2018, p. 3), a **interdisciplinaridade** é mais profunda, uma vez que os saberes se **integram** e **cooperam** entre si; enquanto na **multidisciplinaridade** as inúmeras visões sobre determinado problema são tratadas de maneira compartimentada, e cada uma delas oferece sua própria visão, sem necessariamente levar em consideração a posição das demais.

Embora exista um consenso entre os criminólogos de que a criminologia ocupa uma **instância superior**, esta não se dá de forma piramidal, pois não existe preferência por nenhum saber parcial, conforme se vê no esquema a seguir:

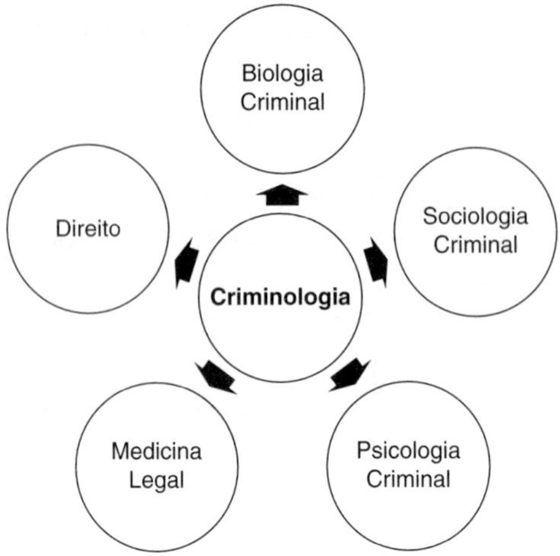

Antonio García-Pablos de Molina e Luiz Flávio Gomes (2008, p. 32) sustentam que as **características** da moderna criminologia são:

- O crime deve ser analisado como um problema com sua face humana e dolorosa.
- Aumenta o espectro de ação da criminologia, para alcançar também a vítima e as instâncias de controle social.
- Acentua a necessidade de prevenção, em contraposição à ideia de repressão dos modelos tradicionais.
- Substitui o conceito de "tratamento" (conotação clínica e individual) por "intervenção" (noção mais dinâmica, complexa, pluridimensional e próxima da realidade social).
- Empresta destaque aos modelos de reação social ao delito como um dos objetos da criminologia.
- Não afasta a análise etiológica do delito (desvio primário).

1.2 Objeto

Embora tanto o direito penal quanto a criminologia se ocupem de estudar o crime, ambos dedicam enfoques diferentes para o fenômeno criminal.

O direito penal é ciência normativa, visualizando o crime como conduta anormal para a qual fixa uma punição. O direito penal conceitua crime como conduta (ação ou omissão) típica, antijurídica e culpável (corrente causalista). Nessa mesma trilha, afirmam os festejados Eduardo

Fontes e Henrique Hoffmann (2018, p. 45) que o Direito Penal, por sua vez, embora também esteja intimamente ligado ao crime, possui características diferentes, tendo em vista que se trata de uma **ciência formal e normativa**, cuja finalidade principal é a proteção de bens jurídicos fundamentais para o convívio social, por meio da criação de figuras típicas penais, impondo a respectiva sanção. Segundo o conceito analítico de crime, numa visão tripartite e finalista, o delito é composto de fato típico, ilícito, sendo praticado por agente culpável.

Por seu turno, a criminologia vê o crime como um problema social, um verdadeiro fenômeno comunitário, abrangendo quatro elementos constitutivos, a saber: **incidência massiva na população** (não se pode tipificar como crime um fato isolado); **incidência aflitiva do fato praticado** (o crime deve causar dor à vítima e à comunidade); **persistência espaçotemporal do fato delituoso** (é preciso que o delito ocorra reiteradamente por um período significativo de tempo no mesmo território); e **consenso inequívoco acerca de sua etiologia e técnicas de intervenção eficazes** (a criminalização de condutas depende de uma análise minuciosa desses elementos e sua repercussão na sociedade).

Desde os primórdios até os dias de hoje a criminologia sofreu mudanças importantes em seu objeto de estudo. Houve um tempo em que ela apenas se ocupava do estudo do crime (Beccaria), passando pela verificação do delinquente (Escola Positiva). Após a década de 1950, alcançaram projeção o estudo das vítimas e também os mecanismos de controle social, havendo uma ampliação de seu objeto, que assumiu, portanto, uma feição pluridimensional e interacionista.

Atualmente, o **objeto da criminologia** está dividido em quatro vertentes: **delito, delinquente, vítima** e **controle social**.

No que se refere ao **delito**, a criminologia tem toda uma atividade verificativa, que analisa a conduta antissocial, suas causas geradoras, o efetivo tratamento dado ao delinquente visando sua não reincidência, bem como as falhas de sua profilaxia preventiva.

A criminologia moderna não pode se limitar à adoção do conceito jurídico-penal de delito, pois isso fulminaria sua independência e autonomia, transformando-se em mero instrumento de auxílio do sistema penal. De igual sorte, não aceita o conceito sociológico de crime como uma conduta desviada, que foge ao comportamento padrão de uma comunidade.

Assim, para a criminologia, o **crime** é um **fenômeno social, comunitário** e que se mostra como um "**problema**" maior, a exigir do pesquisador empatia para se aproximar dele e entendê-lo em suas múltiplas facetas. Destarte, a relatividade do conceito de delito é patente na criminologia, que o observa como um problema social.

Não apenas o crime interessa à criminologia. O estudo do **delinquente** se mostra muito sério e importante.

Para a **Escola Clássica**, o criminoso era um ser que pecou, que optou pelo mal, embora pudesse e devesse escolher o bem.

O apogeu do valor do estudo do criminoso ocorreu durante o período do **positivismo penal**, com destaque para a antropologia criminal, a sociologia criminal, a biologia criminal etc. A Escola Positiva entendia que o criminoso era um ser atávico, preso a sua deformação patológica (às vezes nascia criminoso).

Outra dimensão do delinquente foi confeccionada pela **Escola Correcionalista** (de grande influência na América espanhola), para a qual o criminoso era um ser inferior e incapaz de se governar por si próprio, merecendo do Estado uma atitude pedagógica e de piedade.

Registra-se, por oportuno, a visão do **marxismo**, que entendia o criminoso como vítima inocente das estruturas econômicas.

O estudo atual da criminologia não confere mais a extrema importância dada ao delinquente pela criminologia tradicional, deixando-o em plano secundário de interesse.

Salienta Sérgio Salomão Shecaira (2008, p. 54) que "o criminoso é um ser histórico, real, complexo e enigmático, um ser absolutamente normal, pode estar sujeito às influências do meio (não aos determinismos)". E arremata: "as diferentes perspectivas não se excluem; antes, completam-se e permitem um grande mosaico sobre o qual se assenta o direito penal atual".

Outro aspecto do objeto da criminologia se relaciona com o papel da **vítima** na gênese delitiva. Nos dois últimos séculos, o direito penal praticamente desprezou a vítima, relegando-a a uma insignificante participação na existência do delito.

Importa destacar que a doutrina apresenta o conceito de vítima de forma bipartite, isto é, a vítima do crime ou simplesmente a vítima, referindo-se, nesse segundo caso, a todas as espécies de vítima de forma generalizada, entretanto, nosso enfoque é na primeira espécie, por se tratar de tema com nexo causal mais intrínseco à criminologia.

Nesse sentido, necessário se faz mencionar o entendimento da ilustre Ana Sofia Schmidt Oliveira (1999, p. 87), que preconiza, *in verbis*: "No campo jurídico, a expressão vítima é mais ampla que outras aqui referidas e estas, portanto, ficam por ela abrangidas. Vítima é, portanto, o sujeito passivo constante ou eventual, principal ou secundário. (...) Como se vê, o conceito de vítima que serve a criminologia, nos limites aqui traçados, ainda que restrito à vítima de crime, é mais amplo que o conceito jurídico. Diante das dificuldades expostas, é adotado nesse trabalho, um conceito aberto que permite o enquadramento, na categoria de vítima de toda pessoa física ou jurídica e ente coletivo prejudicado por um ato ou omissão humana que constitua infração penal, levando-se em conta as referências feitas ao conceito de crime pela criminologia".

Verifica-se a ocorrência de três grandes instantes da vítima nos estudos penais: a "idade do ouro"; a neutralização do poder da vítima; e a revalorização de sua importância.

A idade do ouro compreende desde os primórdios da civilização até o fim da Alta Idade Média (autotutela, lei de Talião etc.); o período de neutralização surgiu com o processo inquisitivo e com a assunção pelo Poder Público do monopólio da jurisdição; e, por derradeiro, a revalorização da vítima ganhou destaque no processo penal, após o pensamento da Escola Clássica, porém só recentemente houve um direcionamento efetivo de estudos nesse sentido, com o 1º Seminário Internacional de Vitimologia (Israel, 1973).

Tem-se como fundamental o estudo do papel da vítima na estrutura do delito, principalmente em face dos problemas de ordem moral, psicológica, jurídica etc., justamente naqueles casos em que o crime é levado a efeito por meio de violência ou grave ameaça.

Ressalta-se que a vitimologia permite estudar inclusive a criminalidade real, efetiva, verdadeira, por intermédio da coleta de informes fornecidos pelas vítimas e não informados às instâncias de controle (**cifra negra de criminalidade**).

De outra sorte, fala-se ainda em vitimização primária, secundária e terciária.

Vitimização primária é aquela que se relaciona ao indivíduo atingido diretamente pela conduta criminosa. **Vitimização secundária** é uma consequência das relações entre as vítimas primárias e o Estado, em face da burocratização de seu aparelho repressivo (Polícia, Ministério Público etc.). **Vitimização terciária** é aquela decorrente de um excesso de sofrimento, que extrapola os limites da lei do país, quando a vítima é abandonada, em certos delitos, pelo Estado e estigmatizada pela comunidade, incentivando a **cifra negra** (crimes que não são levados ao conhecimento das autoridades).

O **controle social** é também um dos caracteres do objeto criminológico, constituindo-se em um conjunto de mecanismos e sanções sociais que buscam submeter os indivíduos às normas de convivência social.

Há dois sistemas de controle que coexistem na sociedade: o **controle social informal** (família, escola, religião, profissão, clubes de serviço etc.), com nítida visão preventiva e educacional, e o **controle social formal** (Polícia, Ministério Público, Forças Armadas, Justiça, Administração Penitenciária etc.), mais rigoroso que aquele e de conotação político-criminal.

Nesse contexto, destaca-se o chamado **policiamento comunitário**[1], por meio do qual se entrelaçam as duas formas de controle.

Esquematicamente:

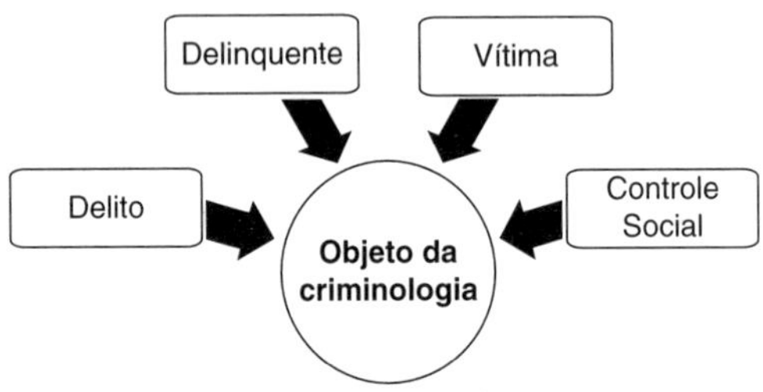

1.3 Método e finalidade

Método é o meio pelo qual o raciocínio humano procura desvendar um fato, referente à natureza, à sociedade e ao próprio homem. No campo da criminologia, essa reflexão humana deve estar apoiada em bases científicas, sistematizadas por experiências, comparadas e repetidas, visando buscar a realidade que se quer alcançar.

1 Policiamento comunitário é a associação da prevenção criminal e repressão com a necessária reaproximação do policial com a comunidade. Assim, o policial passa a integrar a comunidade e a fazer parte dela efetivamente.

A criminologia se utiliza dos **métodos biológico e sociológico.** Como ciência empírica e experimental que é, a criminologia utiliza-se da metodologia experimental, naturalística e indutiva para estudar o delinquente, não sendo suficiente, no entanto, para delimitar as causas da criminalidade. Por consequência disso, busca auxílio dos métodos estatísticos, históricos e sociológicos, além do biológico.

Observando em minúcias o delito, a criminologia usa, portanto, métodos científicos em seus estudos.

Os **fins básicos** (por vezes confundidos com suas funções) da criminologia são informar a sociedade e os poderes constituídos acerca do crime, do criminoso, da vítima e dos mecanismos de controle social. Ainda: a luta contra a criminalidade (controle e prevenção criminal).

A criminologia tem enfoque multidisciplinar, porque se relaciona com o direito penal, a biologia, a psiquiatria, a psicologia, a sociologia etc.

1.4 Funções

Desponta como função primordial da criminologia a junção de múltiplos conhecimentos mais seguros e estáveis relacionados ao crime, ao criminoso, à vítima e ao controle social. Esse núcleo de saber permite compreender cientificamente o problema criminal, visando sua prevenção e interferência no homem delinquente.

Porém, registra-se que esse núcleo de conhecimentos não é um amontoado de dados acumulados, porque se trata de conhecimento científico adquirido mediante técnicas de investigação rigorosas e confiáveis, decorrentes de análises empíricas iniciais.

Pode-se dizer com acerto que é função da criminologia desenhar um **diagnóstico qualificado e conjuntural** sobre o delito, entretanto convém esclarecer que ela não é uma ciência exata, capaz de traçar regras precisas e indiscutíveis sobre as causas e os efeitos do ilícito criminal.

Assim, a pesquisa criminológica científica, ao usar dados empíricos de maneira criteriosa, afasta a possibilidade de emprego da intuição ou de subjetivismos.

1.5 Classificação da criminologia: criminologia geral e criminologia clínica

A classificação é uma disposição de coisas segundo dada ordem (classes) para melhor compreensão de todas elas.

Já se disse que a criminologia se ocupa de pesquisar os fatores físicos, sociais, psicológicos que inspiram o criminoso, a evolução do delito, as relações da vítima com o fato e as instâncias de controle social, abrangendo, sinteticamente, diversas disciplinas criminais, como a antropologia criminal, a biologia criminal, a sociologia criminal, a política criminal etc.

A doutrina dominante entende que a criminologia é uma ciência aplicada que se subdivide em dois ramos: **criminologia geral** e **criminologia clínica**.

Os eminentes criminólogos Newton e Valter Fernandes (2002, p. 38) afirmam: "em reunião internacional da Unesco, em Londres, logrou-se desmembrar a Criminologia em dois ramos: a Criminologia Geral e a Criminologia Clínica".

A **criminologia geral** consiste na sistematização, comparação e classificação dos resultados obtidos no âmbito das ciências criminais acerca do crime, criminoso, vítima, controle social e criminalidade.

A **criminologia clínica** consiste na aplicação dos conhecimentos teóricos da criminologia geral para o tratamento dos criminosos, visando conhecê-lo, verificar as razões que o levaram a praticar crimes e promover a sua ressocialização.

Com o brilho costumeiro de sua luz própria, Alvino Sá (apud OLIVEIRA, 2018, p. 52) leciona que, tradicionalmente, a criminologia clínica é conceituada como "a ciência que, valendo-se dos conceitos, conhecimentos, princípios e métodos de investigação e prevenção médico-psicológicos (e sociofamiliares), ocupa-se da pessoa do apenado, para nele investigar a dinâmica de sua conduta criminosa, sua personalidade e seu 'estado perigoso' (diagnóstico), as perspectivas de desdobramentos futuros da mesma (prognóstico) e assim propor e perseguir estratégias de intervenção, com vistas à superação, ou contenção de uma possível tendência criminal e a evitar uma recidiva (tratamento)".

Por derradeiro, ensina-se que a **criminologia** pode ser dividida em: **criminologia científica** (conceitos e métodos sobre a criminalidade, o crime e o criminoso, além da vítima e da justiça penal); **criminologia aplicada** (abrange a porção científica e a prática dos operadores do direito); **criminologia acadêmica** (sistematização de princípios para fins pedagógicos); **criminologia analítica** (verificação do cumprimento do papel das ciências criminais e da política criminal); e **criminologia crítica ou radical** (negação do capitalismo e apresentação do delinquente como vítima da sociedade, tem no marxismo suas bases). Hoje em dia fala-se ainda em **criminologia cultural** como sendo aquela que se preocupa com as relações e interações do homem na sociedade de consumo, que se utiliza da mídia para projetar suas diretrizes, de modo que a propaganda, o *marketing* e o contexto cultural possam contribuir para a mitigação do problema da criminalidade.

1.6 Outras classificações

Há quem defina a **criminologia da reação social** como sendo aquela que se ocupa da criação das leis penais referentes à conduta desviante. Fala-se ainda em **criminologia organizacional**, que envolve, para além da criação das normas penais, a violação de tais regras e as formas de reação social.

A **criminologia verde** (***green criminology***) estuda a responsabilidade penal das pessoas jurídicas nos delitos ambientais com vistas à preservação da biodiversidade.

De outra sorte, existe a denominada **criminologia do desenvolvimento**, cultuada por Patterson, Loeber, Le Blanc e Molffit, que "consiste no estudo longitudinal e com enfoque dinâmico das variáveis do comportamento criminoso ao longo do desenvolvimento da vida do indivíduo, de acordo com a sua idade e fase de crescimento, levando em consideração, dentre outras circunstâncias, suas experiências pessoais e idade em que iniciou a vida criminosa, com escopo precípuo de prevenção da criminalidade", na lição autorizada de Natacha Alves de Oliveira[2].

Tem-se a chamada **criminologia midiática** como aquela desprovida de caráter científico e impulsionada pela mídia (incentivando o cla-

2 In: *Criminologia*. 2. ed. Salvador: JusPodivm, 2020. p. 53.

mor popular), com nítido caráter de seletividade penal e populismo criminal, com proposta de penas como "*prima ratio*" no enfrentamento da criminalidade.

Por sua vez, a **criminologia feminista** aparece na década de 1970 no Reino Unido, durante a segunda onda do movimento feminista, como reação ao sexismo penal de então, bem como em oposição à violência sofrida por mulheres, sobretudo no ambiente familiar/doméstico.

Explica Natacha Alves de Oliveira[3] que a **criminologia *queer*** "surge nos EUA no final dos anos 80 como uma vertente da criminologia crítica, dialogando com as teorias feministas, os estudos culturais, a sociologia da sexualidade, a psicologia social e o direito sob a tradição jurídica da *common law*, de sorte a mapear as formas de controle a que estão sujeitos os indivíduos, notadamente no que diz respeito ao gênero e à sexualidade".

O termo ***queer***, de origem inglesa, em tradução livre significa estranho, esquisito, excêntrico, ligando-se à agressão/violência voltada a lésbicas, *gays*, bissexuais e transexuais, ou qualquer pessoa que não se enquadre no modelo heteronormativo. A **cultura heteronormativa** acabou por **ensejar três tipos de violência homofóbica**, a saber:

1) **violência simbólica (cultura homofóbica)**: decorre do discurso social de inferioridade com base nas diferenças sexuais;

2) **violência institucional (homofobia de Estado)**: ocorre com o processo de estigmatização pelo direito penal e de patologização (psiquiatria) das diferenças;

3) **violência interpessoal (homofobia individual)**: decorre da diferenciação estabelecida em face da violência real, por atos de agressão física perpetrados contra os *queers* (exemplo: agressões de grupos contra homossexuais nas ruas, violência e exclusão em escolas contra o LGBT etc.).

---

3 Ibidem, p. 58.

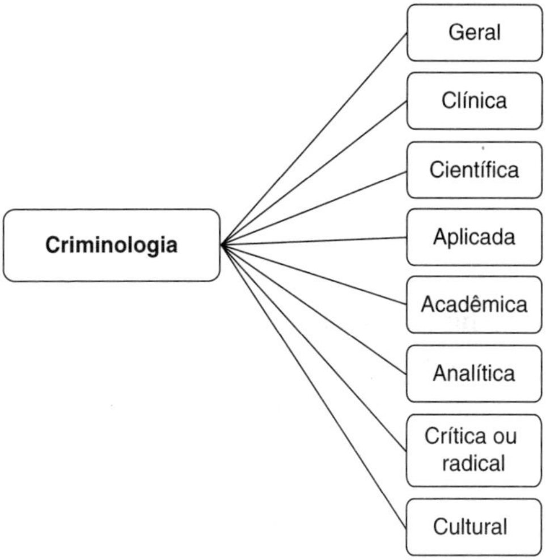
Criminologia
Geral
Clínica
Científica
Aplicada
Acadêmica
Analítica
Crítica ou radical
Cultural

2º Capítulo

História da criminologia

2.1 Evolução histórica da criminologia

Não existe uniformidade na doutrina quanto ao surgimento da criminologia segundo padrões científicos, porque há diversos critérios e informes diferentes que procuram situá-la no tempo e no espaço.

No plano contemporâneo, a criminologia decorreu de longa evolução, marcada, muitas vezes, por atritos teóricos irreconciliáveis, conhecidos como “disputas de escolas”.

O próprio Cesare Lombroso não se dizia criminólogo e sustentava ser adepto da escola antropológica italiana.

É bem verdade que a criminologia como ciência autônoma existe há pouco tempo, mas também é indiscutível que ela ostenta um grande passado, uma enorme fase pré-científica.

Para que se possa delimitar esse período pré-científico, é importante definir o momento em que a criminologia alcançou *status* de ciência autônoma.

Muitos doutrinadores afirmam que o fundador da criminologia moderna foi Cesare Lombroso, com a publicação, em 1876, de seu livro *O homem delinquente*.

Para outros, foi o antropólogo francês Paul Topinard quem, em 1879, teria empregado pela primeira vez a palavra “criminologia”, e há os que defendem a tese de que foi Rafael Garófalo quem, em 1885, usou o termo como nome de um livro científico.

Ainda existem importantes opiniões segundo as quais a Escola Clássica, com Francesco Carrara (*Programa de direito criminal*, 1859), traçou os primeiros aspectos do pensamento criminológico.

Não se pode perder de vista, no entanto, que o pensamento da Escola Clássica somente despontou na segunda metade do século XIX e que sofreu uma forte influência das ideias liberais e humanistas de Cesare Bonesana, o Marquês de Beccaria, com a edição de sua obra genial, intitulada *Dos delitos e das penas*, em 1764.

Por derradeiro, releva frisar que, numa perspectiva não biológica, o belga Adolphe Quetelet, integrante da Escola Cartográfica, ao publicar seu *Ensaio de física social* (1835), seria um expoente da criminologia inicial, projetando análises estatísticas relevantes sobre criminalidade, incluindo os primeiros estudos sobre "**cifras negras de criminalidade**" (percentual de delitos não comunicados formalmente à Polícia e que não integram dados estatísticos oficiais).

Também é indispensável citar **Alphonse Bertillon** (Paris, 22 de abril de 1853 – 13 de fevereiro de 1914), que foi um criminologista e oficial de polícia francês. Em 1870, fundou o primeiro laboratório de identificação criminal baseada nas medidas do corpo humano, criando a antropometria **judicial**, conhecida como sistema Bertillon, um sistema de identificação adotado rapidamente em toda a Europa e nos Estados Unidos, e utilizado até 1970.

Esse sistema de identificação humana consistia na medição das diferentes partes do corpo. O sistema era uma ampliação de diversos princípios de antropologia aplicados aos criminosos, e passou, posteriormente, a ser chamado de **Bertillonage** (1882) em sua homenagem. Baseado nos princípios de Quetelet, de que as regras matemáticas presidiam a repartição das formas e a distribuição das dimensões da natureza, ele teve a inspiração de considerar algumas medidas antropométricas para o estabelecimento e a verificação da identidade. Seu sistema foi definitivamente consagrado com todas as suas razões científicas no primeiro Congresso Internacional de Antropologia Criminal, realizado em Roma (1885), e a denominação *Bertillonage* (**Bertilonagem**, em português) foi aprovada pelos participantes. A antropometria tem como base três princípios: 1) a fixidez absoluta do esqueleto humano a partir de 20 anos de idade; 2) o corpo humano apresenta medidas exatas variando de indivíduo para indivíduo; e 3) a facilidade de precisão relativa a certas dimensões do esqueleto que podem ser medidas.

Nesse sentido, sobre o trabalho obstinado de Bertillon, explica Jurgen Thorwald[1]: "Em 1º de outubro de 1879, quando foi promovido de

1 In: *As marcas de Caim*. Rio de Janeiro: Civilização Brasileira, 1968. p. 13.

escrevente assistente para escrevente, enviou outro relatório ao Prefect de Police. Neste, referiu-se à teoria de Quetelet segundo a qual a probabilidade de duas pessoas quaisquer serem exatamente da mesma altura era de 1 para 4. Assinalou, mais, que as medidas dos ossos, em todos os indivíduos adultos, permaneciam as mesmas por toda a vida. Se – explicou – à medição da altura se acrescentasse apenas uma outra, por exemplo, a do tronco, a probabilidade de descobrir as mesmas medidas em quaisquer outras pessoas diminuía para 1 para 16. Se se tomassem onze medidas de um criminoso e as registrassem num cartão, a oportunidade de descobrir outro criminoso com idênticas medidas, de conformidade com a matemática das probabilidades, cairia de 1 para 4.191.304. Com catorze medidas, a proporção passaria a 1 para 286.435.456. Havia – declarou – ampla escolha de características físicas para serem mensuradas. Além da altura, o comprimento de cada um dos dedos, dos antebraços e dos pés".

O sistema Bertillonage seria superado pelo **sistema datiloscópico** argentino de identificação, criado em 1891 pelo croata-argentino Juan Vucetich (1858-1925), considerado o pai da Datiloscopia, e adotado cientificamente no Brasil em 1903.

Nessa discussão quase estéril acerca de quem é o criador da **moderna criminologia**, uma coisa é imperiosa: houve forte influência do Iluminismo tanto nos clássicos quanto nos positivistas, conforme se verá adiante.

2.2 Criminologia pré-científica (precursores). Criminologia científica

Desde os tempos remotos da Antiguidade já se visualizava alguma discussão sobre crimes e criminosos. A título de exemplificação, observe o seguinte estudo esquemático:

Antiguidade	Código de Hamurábi (punição de funcionários corruptos); Homero (Ilíada e Odisseia, relação entre crimes, guerras e crueldades a seu tempo); Hipócrates (460-377 a.C.; alteração da saúde mental pelos humores); Protágoras (485-410 a.C.; "o homem é a medida de todas as coisas" – lutou para que a pena pudesse corrigir e intimidar); Diógenes (desprezo à riqueza e às convenções); Confúcio (desigualdades sociais impossibilitam o governo do povo); Platão (a República, reeducar o criminoso se possível; caso não, este deveria ser expulso do país – primeiros traços do *direito penal do inimigo*); Aristóteles (causas econômicas do delito).
Teólogos	São Jerônimo (a vida é o espelho da alma); Santo Tomás de Aquino (a pobreza gera o roubo; justiça distributiva).
Filósofos e humanistas	Thomas Morus (utopia ideal; o ouro é a causa de todos os males); Hobbes (os governantes devem dar segurança aos súditos); Montesquieu (o legislador deveria evitar o delito em vez de castigar; liberdade dentro da lei; separação de Poderes); Voltaire (pobreza e miséria como fatores criminógenos); Rousseau (pacto social, indivíduo submetido à vontade geral).
Penólogos	John Howard (criador do sistema penitenciário, em 1777); Jeremy Bentham (utilitarismo; vigilância severa dos presos); Jean Mabilon (prisões em monastérios, 1632).
Ocultismo: astrologia (estudo do destino do homem pelo zodíaco), oftalmoscopia (caráter do homem pela medida dos olhos), metoposcopia (exame do caráter pelas rugas do homem), quiromancia (exame do passado e futuro pelas linhas das mãos), fisiognomonia (estudo do caráter das pessoas pelos traços da fisionomia) e demonologia (investigação de pessoas possuídas pelo demônio e que apresentam em sua face a marca do mal – *stigma diaboli*)	Entre os fisiognomistas destacam-se: Della Porta (1586; o homem de bem teria escassez de sinais físicos); Kaspar Lavater (século XVIII; o criminoso traz os sinais ou marcas da maldade no rosto). Lavater era um estudioso da demonologia também; Petrus Caper (holandês, criou uma escala crescente de perfeição dos seres, desde os primatas até o modelo divino greco-romano).

(continua)

(continuação)

Frenólogos (estudiosos das dimensões do crânio)	Franz Gall (precursor de Lombroso, associava às dimensões do crânio certos tipos de delitos); P. Lucas (bases hereditárias do crime).
Psiquiatras	Analisam as eventuais doenças cerebrais e sua repercussão na imputabilidade do réu. Felipe Pinel (moderna psiquiatria; o louco era doente); Dominique Esquirol (loucura moral, relação entre loucura e crime).
Médicos e cientistas	Henry Mausdeley (zona cinzenta, intermediária entre normalidade e loucura); Charles Darwin (evolução e seleção natural); Cesare Lombroso (gênese do delinquente; precursor da Escola Positiva); Alexandre Lacassagne (técnicas de necropsia; atribui-se-lhe a famosa frase "As sociedades têm os criminosos que merecem"); Adolphe Quetelet (idealizou o homem médio e desenvolveu a estatística criminal).

Argumenta-se que a etapa pré-científica da criminologia ganha destaque com os postulados da Escola Clássica, muito embora antes dela já houvesse estudos acerca da criminalidade.

Na etapa pré-científica havia dois enfoques muito nítidos: de um lado, os clássicos, influenciados pelo Iluminismo, com seus métodos dedutivos e lógico-formais, e, de outro lado, os empíricos, que investigavam a gênese delitiva por meio de técnicas fracionadas, tais como as empregadas pelos fisionomistas, antropólogos, biólogos etc., os quais substituíram a lógica formal e a dedução pelo método indutivo experimental (empirismo).

Essa dicotomia existente entre o que se convencionou chamar de clássicos e positivistas, quer com o caráter pré-científico, quer com o apoio da cientificidade, ensejou aquilo que se entendeu por "**luta de escolas**".

2.3 Escolas criminológicas

O apogeu do Iluminismo deu-se na Revolução Francesa, com o pensamento liberal e humanista de seus expoentes, dentre os quais se destacam Voltaire, Montesquieu e Rousseau, que teceram inúmeras críticas à legislação criminal que vigorava na Europa em meados do século XVIII, aduzindo a necessidade de individualização da pena, de redução das penas cruéis, de proporcionalidade etc.

Merece destaque a teoria penológica proposta por Cesare Beccaria, considerado o precursor da Escola Clássica.

Com acerto, leciona Cezar Roberto Bitencourt (2008, p. 49) que "no século XIX surgiram inúmeras correntes de pensamento estruturadas de forma sistemática, segundo determinados princípios fundamentais. Essas correntes, que se convencionou chamar de Escolas Penais, foram definidas como 'o corpo orgânico de concepções contrapostas sobre a legitimidade do direito de punir, sobre a natureza do delito e sobre o fim das sanções'".

Dada a relevância do assunto, discorreremos sobre as principais Escolas Penais ou Criminológicas nos subitens seguintes.

2.4 Escola Clássica

Não existiu propriamente uma Escola Clássica, que foi assim denominada pelos positivistas em tom pejorativo (Ferri).

As ideias consagradas pelo Iluminismo acabaram por influenciar a redação do célebre livreto de **Cesare Beccaria** (conhecido como **Cesare Bonesana** ou **Marquês de Beccaria**), intitulado *Dos delitos e das penas*[2] (1764), com a proposta de humanização das ciências penais. Além de Beccaria, despontam como grandes intelectos dessa corrente **Francesco Carrara (dogmática penal)** e **Giovanni Carmignani**.

Os Clássicos partiram de duas teorias distintas: o **jusnaturalismo** (direito natural, de Grócio), que decorria da natureza eterna e imutável do ser humano, e o **contratualismo** (contrato social ou utilitarismo, de Rousseau), em que o Estado surge a partir de um grande pacto entre os homens, no qual estes cedem parcela de sua liberdade e direitos em prol da segurança coletiva.

A burguesia em ascensão procurava afastar o arbítrio e a opressão do poder soberano com a manifestação desses seus representantes por meio da junção das duas teorias, que, embora distintas, igualavam-se no

---

2 *Dos delitos e das penas* é uma obra que se destacou quando foi lançada (1764), entretanto, dada sua importância atualmente, trata-se de leitura obrigatória nas faculdades de Direito do Brasil. Alguns institutos defendidos por Beccaria encontram-se no nosso Código Penal e Processual atual, por exemplo, princípio da legalidade ou estrita legalidade na cominação das penas; difusão das leis e amplo acesso ao seu conhecimento; proporcionalidade das penas; publicidade do processo etc.

fundamental, isto é, a existência de um sistema de normas anterior e superior ao Estado, em oposição à tirania e violência reinantes.

Os **princípios fundamentais** da Escola Clássica são:

a) o crime é um ente jurídico; não é uma ação, mas sim uma infração (Carrara);

b) a punibilidade deve ser baseada no livre-arbítrio;

c) a pena deve ter nítido caráter de retribuição pela culpa moral do delinquente (maldade), de modo a prevenir o delito com certeza, rapidez e severidade e a restaurar a ordem externa social;

d) método e raciocínio lógico-dedutivo.

Assim, para a Escola Clássica, a responsabilidade criminal do delinquente leva em conta sua responsabilidade moral e se sustenta pelo livre-arbítrio, este inerente ao ser humano.

Isso quer dizer que se parte da premissa de que o homem é um ser livre e racional, capaz de pensar, tomar decisões e agir em consequência disso; em outras palavras, como preleciona Alfonso Serrano Maíllo (2008, p. 63), "quando alguém encara a possibilidade de cometer um delito, efetua um cálculo racional dos benefícios esperados (prazer) e os confronta com os prejuízos (dor) que acredita vão derivar da prática do delito; se os benefícios são superiores aos prejuízos, tenderá a cometer a conduta delitiva".

Trata-se de um pensamento derivado do **utilitarismo**, hoje em dia um pouco esquecido, em que se defende a ideia de que as ações humanas devem ser julgadas conforme tragam mais ou menos prazer ao indivíduo e contribuam ou não para maior satisfação do grupo social.

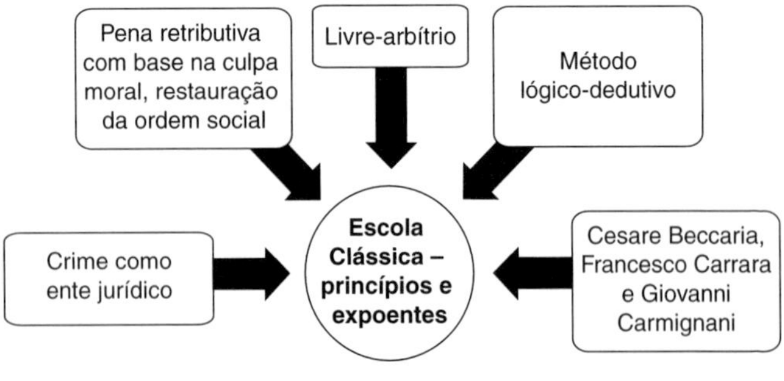

2.5 Escola Positiva

A chamada **Escola Positiva** deita suas raízes no início do século XIX na Europa, influenciada no campo das ideias pelos princípios desenvolvidos pelos fisiocratas e iluministas no século anterior. Pode-se afirmar que a Escola Positiva teve três fases: **antropológica** (Lombroso), **sociológica** (Ferri) e **jurídica** (Garófalo).

É importante lembrar que, antes da expressão "italiana" do positivismo (**Lombroso, Ferri e Garófalo**), já se delineava um cunho científico aos estudos criminológicos, com a publicação, em 1827, na França, dos primeiros dados estatísticos sobre a criminalidade.

Tal publicação chamou a atenção de importantes pesquisadores, entre os quais o belga Adolphe Quetelet, que ficou fascinado com a sistematização de dados sobre delitos e delinquentes.

Justamente em função disso, em 1835, Quetelet publicou a obra *Física social*, que desenvolveu três preceitos importantes: a) o crime é um fenômeno social; b) os crimes são cometidos ano a ano com intensa precisão; c) há várias condicionantes da prática delitiva, como miséria, analfabetismo, clima etc. Formulou, ainda, a **teoria das leis térmicas**, segundo a qual no inverno seriam praticados mais crimes contra o patrimônio, no verão seriam mais numerosos os crimes contra a pessoa e na primavera haveria maior quantidade de crimes contra os costumes (sexuais). Quetelet tornou-se, portanto, defensor das estatísticas oficiais de medição de delitos; todavia, guardou certa cautela, na medida em que se apercebeu que uma razoável quantidade de crimes não era detectada ou comunicada aos órgãos estatais (**cifra negra**).

Ainda que se considere que o positivismo criminológico tenha raízes nesses estudos estatísticos (cientificidade), sua aclamação e consolidação só vieram a ocorrer no final do século XIX, com a atuação destacada de Lombroso, Ferri e Garófalo, principais expoentes da Escola Positiva italiana.

Cesare Lombroso (1835-1909) publicou em 1876 o livro *O homem delinquente*, que instaurou um período científico de estudos criminológicos. Considerado o pai da criminologia e criador da disciplina antropologia criminal, utilizou o método empírico em suas investigações e defendeu o determinismo biológico no campo criminal.

Na verdade, Lombroso não criou uma teoria moderna, mas sistematizou uma série de conhecimentos esparsos e os reuniu de forma articulada e inteligível. Considerado o pai da "Antropologia Criminal", Lombroso retirou algumas ideias dos fisionomistas para traçar um perfil dos criminosos.

Assim, acabou por examinar com intensa profundidade as características fisionômicas e as comparou com os dados estatísticos de criminalidade. Nesse sentido, dados como estrutura torácica, estatura, peso, tipo de cabelo, comprimento de mãos e pernas foram analisados com detalhes. Lombroso também buscou informes em dezenas de parâmetros frenológicos, decorrentes de exames de crânios, traçando um viés científico para a teoria do criminoso nato.

Os estudos científicos de Lombroso assumiram feição multidisciplinar, pois emprestaram informes da psiquiatria, com a análise da degeneração dos loucos morais, bem como lançaram mão de dados antropológicos para retirar o conceito de atavismo e de não evolução, desenvolvendo o conceito de criminoso nato. Para ele, não havia delito que não deitasse raiz em múltiplas causas, incluindo-se aí variáveis ambientais e sociais, por exemplo, o clima, o abuso de álcool, a educação, o trabalho etc.

Ademais, Lombroso propôs a utilização de **método empírico-indutivo ou indutivo-experimental**, que se ajustava ao causalismo explicativo defendido pelo positivismo. Efetuou, ainda, estudos intensos sobre as **tatuagens**, constatando uma tendência à tatuagem nos dementes.

Por isso, afirmou que o crime não é uma entidade jurídica, mas sim um **fenômeno biológico**, razão pela qual o método indutivo-experimental deveria ser o empregado.

Registra-se, por oportuno, que a maioria de suas pesquisas foi feita em manicômios e prisões, concluindo que o criminoso é um **ser atávico**, um ser que regride ao **primitivismo**, um verdadeiro **selvagem** (**ser bestial**), que nasce criminoso, cuja degeneração é causada pela epilepsia, que ataca seus centros nervosos.

Estavam fixadas as premissas básicas de sua teoria: atavismo, degeneração epilética e delinquente nato, cujas características seriam: **fronte fugidia, crânio assimétrico, cara larga e chata, grandes maçãs no rosto, lábios finos, canhotismo (na maioria dos casos), barba rala, olhar errante ou duro, insensibilidade à dor, orelhas grandes etc.**

Desenhos dos tipos lombrosianos, apud H. V. de Carvalho

Embora Lombroso não tenha afastado os fatores exógenos da gênese criminal, entendia que eram apenas aspectos motivadores dos fatores endógenos. Assim, o clima, a vida social etc. apenas desencadeariam a propulsão interna para o delito, pois o criminoso nasce criminoso (**determinismo biológico**).

Tais conclusões decorreram sobretudo dos estudos médico-legais feitos na necropsia do famigerado bandido calabrês **Villela**, em que se descobriu que este possuía uma fossa occipital igual à dos vertebrados superiores, mas diferente do *homo sapiens* (degeneração). Depois, ao estudar os crimes de sangue cometidos pelo soldado Misdea, verificou-se que a epilepsia poderia se manifestar por impulsos violentos (epilepsia larvar). Lombroso classificou os criminosos em natos, loucos, por paixão e de ocasião (cf. n. 9.3, *infra*).

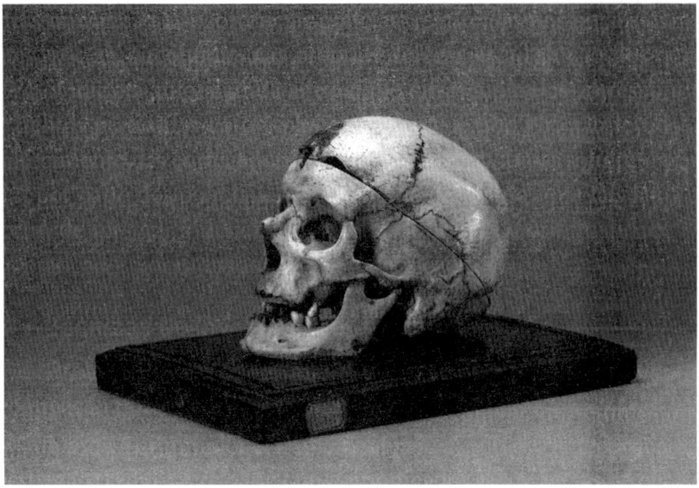

Foto R. Goffi. Museo di Antropologia Criminale "Cesare Lombroso".

Inúmeras críticas foram feitas a Lombroso, justamente pelo fato de que milhares de pessoas sofriam de epilepsia e jamais praticaram qualquer crime. Então, em socorro do mestre, surgiu o pensamento sociológico de Ferri.

Enrico Ferri (1856-1929), genro e discípulo de Lombroso, foi o criador da chamada **sociologia criminal, obra lançada em 1884**. Para ele, a criminalidade derivava de fenômenos antropológicos, físicos e culturais. É considerado pelos estudiosos do instituto da criminologia como o "Pai da Sociologia Criminal".

Ferri negou com veemência o livre-arbítrio (mera ficção) como base da imputabilidade; entendeu que a responsabilidade moral deveria ser substituída pela responsabilidade social e que a razão de punir é a defesa social (a prevenção geral é mais eficaz que a repressão). Além de defender o determinismo social, atribuiu-se a Ferri a **lei da Saturação Criminal**, exemplificando que, da mesma forma que um líquido em determinada temperatura diluía em parte, assim também ocorria com o fenômeno criminal, pois em determinadas condições sociais seriam produzidos certos delitos. Em outras palavras, é a influência dos fatores criminógenos de aspecto social na conduta delitiva, advindos do seio cultural em que vive o delinquente. Classificou os criminosos em natos, loucos, habituais, de ocasião e por paixão (cf. n. 9.3, *infra*). Conforme explica Christiano Gonzaga (2018, p. 33), Ferri atribuía à Sociologia Criminal a solução de todos os males causados pelo crime, dando-se destaque à prevenção do delito por meio de uma ação científica dos poderes públicos, que deve estudar e analisar a melhor forma de neutralizar o crime, devendo, inclusive, antecipar-se à sua ocorrência.

Rafael Garófalo (1851-1934), jurista de seu tempo, afirmou que o crime estava no homem e que se revelava como degeneração deste; criou o conceito de temibilidade ou periculosidade, que seria o propulsor do delinquente e a porção de maldade que deve se temer em face deste; fixou, por derradeiro, a necessidade de conceber outra forma de intervenção penal – a medida de segurança.

Seu grande trabalho foi conceber a noção de **delito natural** (violação dos sentimentos altruísticos de piedade e probidade).

Classificou os criminosos em **natos** (instintivos), **fortuitos** (de ocasião) ou pelo **defeito moral especial** (assassinos, violentos, ímprobos e cínicos), propugnando pela pena de morte aos primeiros (cf. n. 9.3, *infra*).

Em apertada síntese, poderíamos dizer que os principais **postulados da Escola Positiva** são:

a) o direito penal é obra humana;

b) a responsabilidade social decorre do determinismo social;

c) o delito é um fenômeno natural e social (fatores biológicos, físicos e sociais);

d) a pena é um instrumento de defesa social (prevenção geral);

e) método indutivo-experimental;

f) os objetos de estudo da ciência penal são o crime, o criminoso, a pena e o processo.

Estudo esquemático da Escola Positiva

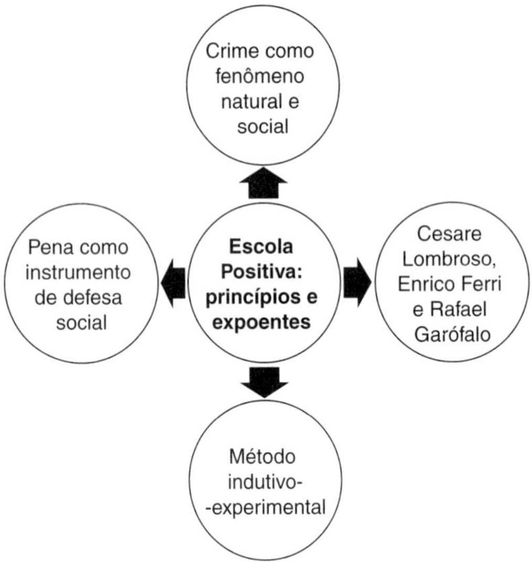

2.6 Escola de Política Criminal ou Moderna Alemã

Esta corrente foi também denominada Escola Sociológica Alemã, e teve como principais expoentes Franz von Lizst, Adolphe Prins e Von Hammel, criadores, aliás, da União Internacional de Direito Penal, em 1888.

Von Lizst ampliou na conceituação das ciências penais a criminologia (com a explicação das causas do delito) e a penologia (causas e efeitos da pena).

Os **postulados** da Escola de Política Criminal foram: a) o método indutivo-experimental para a criminologia; b) a distinção entre imputáveis e inimputáveis (pena para os normais e medida de segurança para os perigosos); c) o crime como fenômeno humano-social e como fato jurídico; d) a função finalística da pena – prevenção especial; e) a eliminação ou substituição das penas privativas de liberdade de curta duração.

Estudo esquemático da Escola de Política Criminal

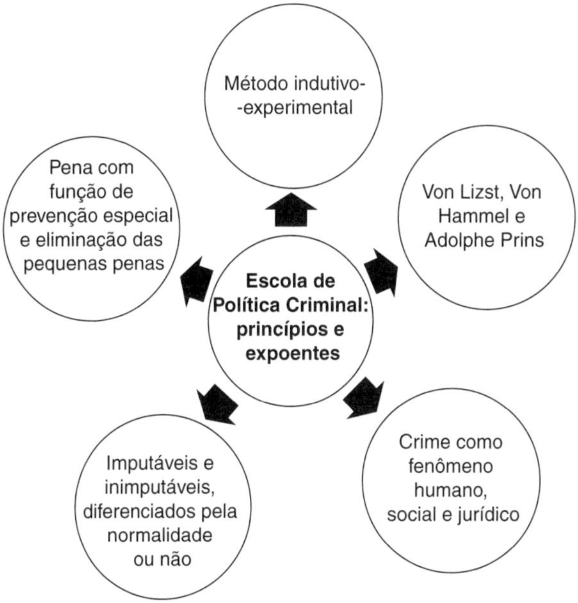

2.7 *Terza Scuola*

As Escolas Clássica e Positiva foram as únicas correntes do pensamento criminal que, em sua época, assumiram posições extremadas e bem diferentes filosoficamente.

Depois delas apareceram outras correntes que procuraram conciliar seus preceitos. Entre essas teorias **ecléticas ou intermediárias**, reuniram-se penalistas orientados por novas ideias, mas sem romper definitivamente com as orientações clássicas ou positivistas.

A ***Terza Scuola Italiana***, cujos expoentes foram Manuel Carnevale, Bernardino Alimena e João Impallomeni, fixou os seguintes **postulados criminológicos**:

a)	distinção entre imputáveis e inimputáveis;
b)	responsabilidade moral baseada no determinismo (quem não tiver a capacidade de se levar pelos motivos, deverá receber uma medida de segurança);

c)	crime como fenômeno social e individual;
d)	pena com caráter aflitivo, cuja finalidade é a defesa social.

Estudo esquemático da *Terza Scuola*

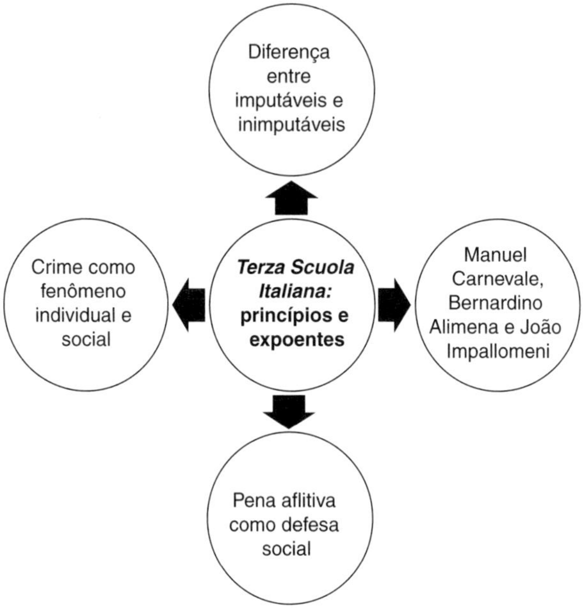

3º Capítulo

Métodos, técnicas e testes criminológicos

3.1 Métodos

O método de trabalho utilizado pela criminologia é o empírico. Basicamente, segue um processo indutivo, observando todo o processo criminógeno, ao contrário do direito penal, que se utiliza do método dedutivo.

Devem-se à Escola Positiva o início da fase científica da criminologia e a utilização do método empírico.

3.2 Técnicas de investigação

A realização de uma pesquisa empírica em criminologia implica sempre o uso de procedimentos teórico-metodológicos de observação do real por meio da estruturação de uma estratégia de investigação. Esta irá depender, em grande parte, dos objetos concretos da pesquisa, bem como de sua origem.

Com efeito, alguns objetos de investigação induzem à utilização de métodos e técnicas de caráter mais quantitativo, empírico (quando o universo em estudo é muito vasto), enquanto outros objetos de pesquisa permitem uma análise mais intensiva. É importante ressaltar que as **técnicas de investigação sociológica** são muito relevantes para a explicação de questões criminológicas imperiosas, sobretudo pela **natureza interdisciplinar da criminologia**. Desse modo, as estratégias de investigação sociológica podem se designar como **extensiva**, **intensiva** e **investigação-ação**.

3.3 Técnicas de investigação sociológica

A **investigação extensiva** é caracterizada pelo uso dominante de **técnicas quantitativas**. Sua principal vantagem é o fato de permitir o conhecimento em extensão de fenômenos ou acontecimentos criminais.

A segunda estratégia investigativa, a **intensiva**, analisa em **profundidade** as características, opiniões, uma problemática relativa a uma população determinada, segundo vários ângulos e pontos de vista. Nessa segunda estratégia, privilegia-se a abordagem direta das pessoas em seus próprios contextos de interação. A pesquisa tende a usar não apenas **técnicas qualitativas**, mas também **quantitativas ou extensivas**. Porém, a visão multilateral e intensiva do objeto de pesquisa definido é sempre dominante.

A última estratégia denomina-se **investigação-ação** e consiste na **intervenção direta dos cientistas**, que são chamados a participar em projetos de intervenção. Os objetivos de aplicação mais direta dos conhecimentos produzidos tornam essa lógica específica (criminólogos, estatísticos, policiais, promotores, juízes etc.).

Nesse sentido, há uma técnica de **investigação criminal**, desenvolvida em São Paulo, desde 1994, de autoria de Marco Antonio Desgualdo, denominada "**recognição visuográfica de local de crime**". Essa técnica de investigação criminal proporciona a reconstrução da cena do crime por meio da reconstituição de seus fragmentos e vestígios, levando o pesquisador criminal experiente (delegado de polícia) a coletar elementos que possam construir um perfil criminológico do autor de um delito.

Inicialmente aplicada nos levantamentos de locais de crime contra a vida de autoria desconhecida, explica Desgualdo (1999, p. 6) que a recognição "é a semente da futura investigação, depois de formalizada, levando-se em consideração seu dinamismo e praticidade. Traz em seu bojo desde o local, hora, dia do fato e da semana como também condições climáticas então existentes, além de acrescentar subsídios coletados junto às testemunhas e pessoas que tenham ciência dos acontecimentos. Traz ainda à colação minuciosa observação sobre o cadáver, identidade, possíveis hábitos, características comportamentais sustentadas pela vitimologia, além de croqui descritivo, resguardados os preceitos estabelecidos no art. 6º, I, do Código de Processo Penal". Assim, mais que uma anamnese do ilícito penal, cuida-se de uma "radiografia panorâmica" do delito, que permite a construção de um perfil psicológico-criminal do seu autor.

Esquema da recognição visuográfica de local de crime

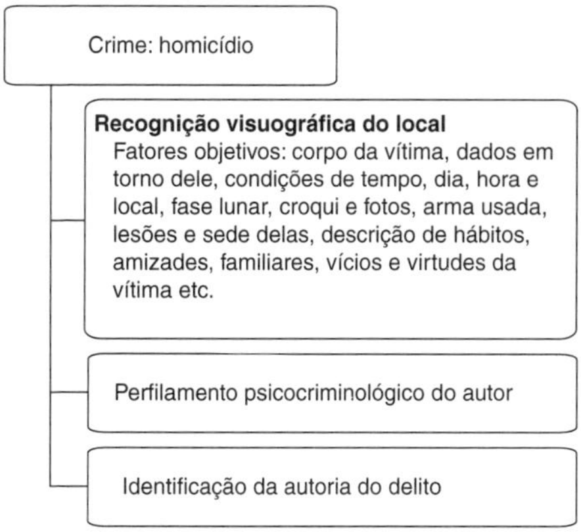

Estudo esquemático da investigação sociológica

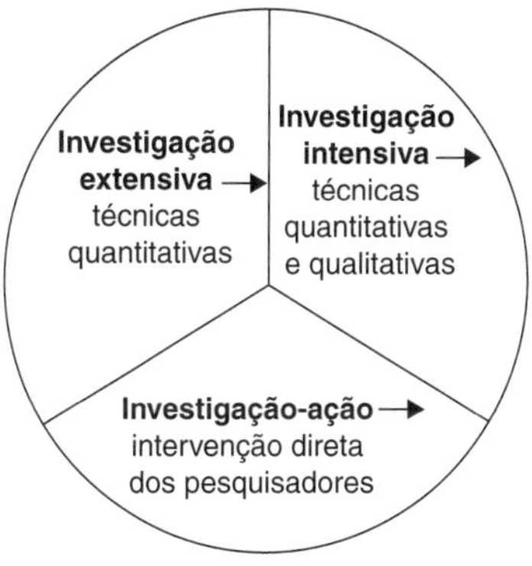

3.3.1 *Perfilamento criminal (*Criminal Profiling*)*

3.3.1.1 Esboço histórico

Antes de verificar o conceito de **perfil criminal** e sua interação com a investigação policial, é de suma importância conhecer suas origens históricas.

Os perfis criminais parecem ter sido originados primeiramente na literatura. O grande romancista da ficção Edgar Allan Poe teceu aspectos do uso do perfil como uma ferramenta para o detetive amador C. August Dupin em 1841. Os perfis podem também ser vistos nas explorações científicas e no uso da lógica dedutiva de Sherlock Holmes, de Sir Arthur Conan Doyle.

Afirma-se que o primeiro uso dos perfis criminais ocorreu quando o Dr. W. C. Langer, psiquiatra, foi chamado pelo OSS (*Office of Strategic Services*) para fornecer um perfil de Adolph Hitler. Coletada toda a informação acerca de Hitler, Langer traçou um perfil psicodinâmico de sua personalidade, mirando decisões que Hitler pode ter tomado, perfil esse que provou ser muito preciso, nos termos da lição de Marina Rodrigues (2010, p. 3).

Após seu uso durante a Segunda Guerra Mundial, os perfis foram documentados em 1957, quando policiais do NYCPD (*New York City Police Department*) pediram ao psiquiatra James Brussels que os ajudasse a identificar o *Mad Bomber*, responsável por mais de 30 explosões criminosas ao longo de 15 anos. O Dr. Brussels estudou as cenas dos crimes e analisou as cartas que o *Mad Bomber* enviou para os jornais, e, em 1964, usou uma técnica similar ao perfil do Estrangulador de Boston do BPD (*Boston Police Department*). Albert DeSalvo, o homem identificado como o Estrangulador de Boston, encaixava-se também no perfil efetuado pelo Dr. Brussels.

A sua técnica de identificar o comportamento incomum desses assassinos e, em seguida, traduzir o conhecimento psiquiátrico em realidades investigativas provou, com esses casos, ser uma tática muito eficaz no auxílio da aplicação da lei, uma vez que possibilitou a identificação e prisão do *Mad Bomber*, George Metesky, diagnosticado como doente mental e enviado a um manicômio onde morreria pouco tempo depois de tuberculose.

Em 1976 e 1977, David Berkowitz, conhecido como o *Filho de Sam (Son of Sam)*, aterrorizou Nova Iorque disparando sobre jovens casais que estavam parados em seus carros em vários locais por toda a cidade.

Na dependência dos peritos forenses, que foram convidados a ajudar na elaboração do perfil desse assassino, foi pedido ao Dr. Murray Miron da Universidade de Syracuse que fornecesse uma análise psicolinguística das notas enviadas pelo Filho de Sam aos jornais locais.

O perfil psicológico foi feito pela polícia em 26 de maio de 1977. Ele foi descrito como um neurótico e provavelmente paranoico e esquizofrênico, que acreditava ser vítima de possessão demoníaca. Quando finalmente foi preso, o perfil de Miron acabou por se mostrar certíssimo.

Por volta de 1972, o FBI teve o seu início nos perfis criminais, por intermédio da Unidade de Ciência Comportamental (*Behavioral Science Unit – BSU*). Howard Teten, instrutor da Academia do FBI, ensinava Criminologia Aplicada e começou a desenvolver perfis para agentes que estavam investigando crimes.

Depois disso, começaram a ser formalmente desenvolvidos os perfis, ao que Ressler, Burgess e Douglas afirmaram que os agentes da BSU (*Behavioral Science Unit*) da Academia do FBI traçavam perfis de homicidas há aproximadamente 20 anos.

Contudo, só depois de 1978 é que o FBI estabeleceu um Programa de Perfis Psicológicos (*Psychological Profiling Program*) formal. Em 1982, a BSU recebeu uma bolsa do Instituto Nacional de Justiça – Departamento de Justiça (*National Institute of Justice – Department of Justice*) para que seus agentes pudessem expandir suas capacidades de construir um fichamento de entrevistas gravadas com homicidas assumidos.

Em 1985, surgiu o segundo maior desenvolvimento na história dos perfis de agressores, quando foi pedido ao Dr. David Canter, psicólogo da Universidade de Surrey, Inglaterra, que colaborasse com a Polícia de Surrey, a Polícia Metropolitana de Londres e a Polícia de Hertfordshire na investigação de uma série de trinta estupros e dois homicídios. Canter desenvolveu um perfil do não identificado estuprador-homicida que seria apelidado pela imprensa como o *estuprador da ferrovia*. O perfil de Canter foi notavelmente preciso e provou ser extremamente útil na apreensão do estuprador-homicida John Duffy.

Demais disso, em 1994, o Dr. Canter criou a primeira Academia Graduada de Psicologia Investigativa, na Universidade de Liverpool.

Mais dois desenvolvimentos merecem ser mencionados na história dos perfis de assassinos: os esforços do Dr. Milton Newton no final dos anos 1980, com uma análise preliminar da sua investigação intitulada "Identificação Geoforense de Crimes em Série Localizados", na qual foram usados princípios geográficos e, em 1995, surgiu a investigação e dissertação de D. Kim Rossmo, o criador dos Perfis Geográficos.

Por derradeiro, mas não menos falada, existe a investigação sobre, possivelmente, o primeiro assassino em série contemporâneo, o *Assassino de Whitechappel* (mais conhecido como "*Jack, O Estripador*"), que envolveu a consulta do psiquiatra Dr. Thomas Bond, ao fornecer ao inquérito policial alguma descrição do potencial ofensor com base no comportamento exibido nas cenas dos crimes.

Em oposição a outras técnicas forenses, tais como impressões digitais, DNA ou *kits* faciais de identidade, as origens do perfil criminal provêm da investigação de crimes atípicos, incomuns, que geralmente apresentam um indivíduo com comportamento desviante, cujos motivos aparecem fora dos padrões típicos da polícia judiciária e dos procedimentos de investigação.

A maneira como uma atividade é realizada exprime a composição psicológica da pessoa em realizá-la. Atividade criminosa não é nenhuma exceção. Assim, o conhecimento dos hábitos e dos traços de personalidade de pessoas que tenham cometido crimes pode ser usado para desenvolver a personalidade e as descrições comportamentais do criminoso típico.

Na verdade, a gênese do perfil como uma técnica parece indissociável do conceito de assassino em série. Vários estudos têm mostrado que a polícia é, muitas vezes, afortunada quando solicita perfis em suas investigações, porém sua aplicabilidade não se resume apenas aos crimes de morte em série.

Dados mais recentes indicam que a técnica dos Perfis Criminais foi aplicada por 12 oficiais do FBI em cerca de 1.000 casos por ano. Os agentes de polícia no Reino Unido também incorporaram a técnica dos Perfis Criminais em suas investigações com maior frequência.

Apesar de não haver uma estimativa exata da prevalência da técnica de Perfis Criminais, o seu uso tem sido documentado em diversos países, incluindo Suécia, Finlândia, Canadá, Alemanha e Holanda.

No Brasil, o professor Marco Antonio Desgualdo, da Academia de Polícia de São Paulo, iniciou em 2007, quando diretor daquela Escola de Polícia, os primeiros contatos com agentes norte-americanos do FBI, com vistas à criação do projeto de perfilamento criminal (*criminal profiling*), como segunda etapa aliada à recognição visuográfica do local de crime (técnica investigativa por ele criada e desenvolvida nos idos de 1994).

Nesse sentido, Desgualdo levava consigo a experiência de mais de 25 anos à frente de investigações sobre homicídios e latrocínios na Grande São Paulo, tendo duas vezes dirigido o Departamento de Homicídios. Todavia, o projeto não obteve êxito por conta do descaso e ignorância das autoridades governamentais sobre o assunto, o que revelava a ausência de um projeto de segurança pública voltado para o futuro.

Desde 2011, um grupo especial de professores da Academia de Polícia de São Paulo, sob a coordenação deste autor e composto pelos Drs. Marco Antonio Desgualdo, Ciro de Araújo Martins Bonilha, Vlamir de Jesus Sandei, Luis Fernando da Cunha Lima, Ugo Osvaldo Frugoli e Paulo Argarate Vasques, retomou o projeto anterior, realizando uma verdadeira imersão sobre o tema de perfis criminais, culminando com a criação da disciplina Perfilamento Criminal (obrigatória para todos os cursos de formação de novos policiais civis em São Paulo a partir de 2012); a criação de um curso de aperfeiçoamento em perfis criminais (destinado a policiais veteranos), bem como a elaboração de um Programa de Pós-graduação *lato sensu* em Perfilamento Criminal, todos os três referendados por unanimidade pela Congregação da Academia de Polícia Civil de São Paulo. Por outro lado, iniciou-se um projeto de cooperação com agentes especiais do FBI, com vistas à realização de um curso especial de perfis criminais, ministrados por autoridades norte-americanas para policiais civis de São Paulo, o que se pretende estabelecer anualmente.

A Corregedoria-Geral da Polícia Civil do Estado de São Paulo, regida pelo Decreto Estadual n. 47.236/2002, prevê em seu art. 2º, II, 3, "d", o Serviço Técnico de Análise de Perfis Criminais e Transgressores, introduzido pelo Decreto Estadual n. 59.373/2013, com o objetivo de fazer estudos técnicos e pesquisas comportamentais para documentar perfis criminais e transgressores funcionais, alimentando um cadastro com informações sobre policiais civis flagrados em desvios de conduta (crimes ou faltas administrativas). Certamente, a coleta e o processamento desses dados serão ferramentas a serem utilizadas na identificação de policiais que ultrapassam seus deveres, obrigações, prevenção de atos ilícitos e, principalmente, em operações investigativas.

3.3.1.2 Conceito e técnicas de perfilamento

O **perfilamento criminal**, ou simplesmente **perfil criminal** (*criminal profiling*), reflete a aplicação de conhecimentos múltiplos (psicologia, criminologia, antropologia, sociologia, biologia, geografia etc.) à investigação criminal.

A efetiva análise das características de autores de delitos relaciona-se ao *profiling*, que é, em verdade, uma **técnica de investigação policial** voltada à sincronia entre personalidade e comportamento criminal. Ao *profiling* é indispensável a compreensão do crime e do criminoso.

Nesse sentido, a elaboração de perfis criminais envolve uma completa análise criminal, que adiciona às competências do investigador de campo o conhecimento do comportamento humano.

Para se ter uma noção mais ampla do que vem a ser o perfil criminal, o policial experiente procura deduzir e/ou induzir uma imagem biopsicossocial rigorosa de um indivíduo, a partir da análise minuciosa do conjunto de informações do local de crime, reunidas nos autos de inquérito policial.

A captação de dados e sua inferência podem fornecer informes específicos sobre criminosos em potencial.

Por meio do *profiling* estrutura-se a autópsia psicológica do autor de um delito, com o fim de obter respostas a três questões principais:

1) O que se passou na cena do crime?
2) Por quais razões os fatos se deram?
3) Que tipo de indivíduo está envolvido?

Assim, podemos afirmar que o perfilamento criminal é a construção virtual de um perfil psicológico, tipológico, social, físico e geográfico de um indivíduo não identificado, passível de ter cometido um ou mais delitos, bem como sua área de atuação.

Os principais **objetivos do perfil criminal** consistem em apoiar a investigação policial com base nas ciências humanas e criminais auxiliares; identificar crimes semelhantes que contenham os mesmos dados característicos e expedir orientações criminológicas.

O **objetivo comum de um perfil criminal** é fornecer informações para auxiliar na investigação criminal de crimes violentos aparentemente insolúveis.

A técnica ou arte de elaboração de um perfil criminal, tendo em conta os objetivos tradicionais associados, pretende responder às cinco questões nucleares da investigação criminal:

1. Quem cometeu o crime?
2. Quando cometeu o crime?
3. Como foi executado o crime?
4. Qual a motivação que está na base desse(s) comportamento(s)?
5. Onde foi cometido o crime?

O perfil é basicamente usado nos casos de crimes violentos sequenciais ou não, sem motivos aparentes, evidentes e não elucidados. Não se limita apenas aos casos extremados de ação de *serial killers*.

O perfilamento criminal pode ser usado nos casos de homicídio (em série ou não), estupro, sequestro, incêndio doloso, tortura, roubo, terrorismo, corrupção, desaparecimento de crianças, tráfico de pessoas e demais delitos que deixem vestígios.

Uma investigação de homicídios em série pode acabar perdendo o foco, em virtude da quantidade de informações recebidas sobre cada uma das vítimas, por isso é recorrente exibir mapas e fotos importantes em quadros. Os mapas podem ser marcados com alfinetes coloridos para determinar o lugar onde os corpos foram encontrados, as informações secundárias e eventuais lugares de rapto. Na utilização desses recursos visuais, é fundamental que as fotos sejam mostradas de acordo e na ordem cronológica em que ocorreram as mortes e não na ordem em que os corpos foram encontrados, na esteira da lição de Paul Roland (*Por dentro das mentes assassinas*, 2010, p. 118).

No fim dos anos 1960, os agentes do FBI (*Federal Bureau of Investigation*) Mullany e Teten fundaram a **Unidade de Ciência Comportamental** (*Behavioral Science Unit – BSU*) e iniciaram os primeiros estudos sistemáticos com o fim de determinar a personalidade e as características comportamentais de *serial killers*.

A Unidade de Ciência Comportamental (BSU-FBI) desenvolveu, posteriormente, em meados dos anos 1980, o **programa de captura de criminosos violentos** (*Violent Criminal Apprehension Program* – **VICAP**), que contém uma base de dados informatizada para a análise comparativa de casos não solucionados. No VICAP são coletadas, organizadas e informatizadas todas as informações sobre casos não resolvidos e relacionados a homicídios em série nos EUA.

Desde então criou-se a **Análise de Investigação Criminal** (***Criminal Investigative Analysis* – CIA**), composta de **quatro fases**:

1) **Coleta de dados (o máximo possível).**
2) **Classificação e tipificação do crime (com a convergência de dados).**
3) **Reconstituição do crime (cronologia fática de vítima e autor quando do crime e o levantamento do local).**
4) **Elaboração de perfil (probabilidades físicas, da personalidade, hábitos etc.).**

Dessa forma, o perfil aparece como um método que permite limitar a lista de suspeitos na investigação da polícia judiciária e deduzir certos elementos da "fotografia" psicossocial do criminoso, possibilitando fazer um interrogatório direcionado.

É importante registrar que o perfilamento ou perfil é **técnica profissional de investigação policial**, significando mais uma **arte** do que uma ciência, na exata medida em que se utiliza muito mais da lógica dedutiva do que de teorias existentes.

Apesar de glorificada pelo cinema e pela imprensa, sobretudo nos EUA, a técnica policial do perfil criminal sozinha não resolve o crime.

Ao lado do *profiling* caminham a investigação de campo e as **ciências auxiliares (criminalística, criminologia, antropologia, medicina legal**[1]**, geografia, psicologia investigativa** etc.), que proporcionam estratégias policiais relativas à diminuição do número de suspeitos, direcionando o interrogatório policial e a própria captura do agressor.

Nesse sentido – é bom que se diga –, **a técnica de perfil criminal não pode ser exercida por qualquer pessoa**, sob pena de indivíduos neófitos, despreparados e mal-intencionados usurparem tal arte, com conse-

---

1 Um dado curioso: nos EUA há dois sistemas médico-legais, o que emprega ***coroners*** e o que emprega médicos legistas. O sistema de *coroners* (Inglaterra, séc. X) ainda vigora em 40% dos 3.144 condados (comarcas) norte-americanos. Nesses lugares, o ***coroner*** é quase sempre eleito e raramente é formado em medicina. Ou seja, não tem aptidão técnica em patologia forense. Geralmente, são **agentes funerários ou empregados de cemitérios das cidades (coveiros)**. É a lição autorizada do Dr. Vincent Di Maio (*O segredo dos corpos*. Rio de Janeiro: Darkside Books, 2017. p. 69).

quências e resultados desastrosos, quer do ponto de vista jurídico, quer do ponto de vista ético, moral ou social.

Portanto, ressalta-se, **apenas os policiais mais experientes na investigação (polícia judiciária) estarão aptos a legitimar tal técnica investigativa**.

Mostra-se evidente, por exemplo, a **inexistência de capacitação técnica e jurídica para policiais envoltos no patrulhamento ostensivo** das ruas lançarem-se na "aventura" de **elaboração de perfis de criminosos**. No mesmo sentido, **falta capacidade tecno-profissional** (**de investigação**) **aos órgãos do Ministério Público para elaboração de perfil**: uma **arte tipicamente ligada à investigação policial de campo**. É a lição autorizada de Bret Turvey (2011, p. 29), uma das mais respeitáveis autoridades norte-americanas sobre o tema.

A **elaboração de perfis** é uma espécie de **engenharia reversa do crime**.

O policial responsável pela elaboração do perfil (*profiler* – perfilador) deve, antes de mais nada, observar o comportamento exibido numa cena de crime e, a partir dos fragmentos reconstituídos pela recognição visuográfica, fazer uma anamnese na procura do tipo de personalidade do autor do delito. Janire Rámila (2012, p. 193) informa que, basicamente, "a técnica da perfilação criminal consiste em elaborar um esboço físico e psicológico, o mais próximo possível, do acusado por um determinado crime. Robert Ressler a define como a técnica que permite 'elaborar um mapa da mente do assassino'. A ideia é que, se o investigador consegue pensar como ele, sentir o que o assassino sente, será capaz de adiantar-se ao seu próximo movimento e chegar a capturá-lo".

Paul Roland (2010, p. 116) anota que "O agente especial Jim Fitzgerald define o método de criar perfis como uma combinação de arte e ciência, sendo o criador de perfis uma mistura de policial com psicólogo".

Embora a elaboração de perfis – atente-se – não se limite a homicídios em série, é justamente nesse tipo de crime que os resultados aparecem de forma mais expressiva.

Por isso, na **elaboração de perfis**, cada investigação de homicídio se inicia com um **meticuloso estudo dos laudos necroscópicos**, com o tempo provável da morte e sua causa; a descrição das lesões sofridas pela vítima, incluindo as de defesa; eventuais vestígios de violência sexual etc.

Em seguida, verifica-se pormenorizadamente o relatório preliminar de investigação e a **recognição visuográfica do local do crime**, com a descrição da cena do crime, posição do corpo, localização de objetos, armas, projéteis, manchas de sangue, esperma, urina, fezes etc.; se há indícios de luta; se há janelas e portas abertas ou fechadas ou danificadas (local interno); se há pegadas, marcas de pneus, trilhas etc. Caso haja algum objeto subtraído, este pode ter sido levado como *souvenir* pelo agressor e, dependendo do caso, ser sua própria **assinatura**.

Brent Turvey (apud INNES, 2003, p. 70) explica ter aprendido uma lição muito importante: "**os agressores mentem**". Geralmente as leis penais norte-americanas punem com muito rigor o crime de perjúrio (falso depoimento), atribuindo-lhe a mesma pena do crime principal (homicídio, estupro, roubo etc.). Turvey denominou o seu processo de criação de perfis de "análise da evidência comportamental", partindo do método dedutivo, em contraposição ao FBI, que se utilizava, com mais frequência, do método indutivo.

O **método indutivo** é o modelo científico que **obtém conclusões gerais a partir de premissas individuais**, caracterizando-se por ser o mais usual e seguir **quatro etapas básicas**, conforme esquema a seguir:

1ª) **Observação e registro** de todos os fatos.

2ª) **Análise** jurídica, científica e policial dos fatos e sua classificação.

3ª) **Derivação indutiva** de uma generalização (**padrão**) a partir dos fatos.

4ª) **Contraste/verificação** pela investigação de campo.

No **método indutivo** observa-se que crimes cometidos por indivíduos diferentes podem ser similares; daí os criminosos compartilharem **traços comuns** de personalidade.

Os **traços comuns** são coletados de crimes anteriores, de relatórios de investigação policial, de criminosos identificados e de outras fontes de informação (testemunhas, denúncias anônimas etc.).

As **vantagens** apresentadas pelo **método indutivo** são:

a) menor custo, pois se aproveita de dados já conhecidos;

b) maior rapidez, na medida em que se utiliza de dados já classificados;

c) não exigir conhecimentos específicos e profundos em diversas áreas das ciências.

Brian Innes (2003, p. 72) afirma que "não há nada de errado com o raciocínio indutivo, mas, de acordo com Turvey, ele pode levar a uma conclusão enganosa. Turvey menciona um exemplo típico:

PREMISSA: os 'serial killers' conhecidos são em sua maioria brancos.

PREMISSA: os 'serial killers' conhecidos são em sua maioria homens.

PREMISSA: a maioria dos 'serial killers' conhecidos trabalha dentro de uma 'zona de conforto'.

CONCLUSÃO: é provável que um 'serial killer' seja um homem branco que age dentro de uma zona de conforto".

Existem ainda outras desvantagens na criação de perfis por indução. O levantamento de dados estatísticos vem de amostragens da população e pode não ter utilidade em alguns casos, além do fato de que pode haver manipulação de dados pelas autoridades governamentais. Ademais, os dados coletados advêm de agressores capturados e podem não dizer absolutamente nada em relação àqueles que não foram presos e continuam soltos.

Por derradeiro, um perfil indutivo pode frequentemente apresentar imprecisões que levem, perigosamente, a uma série de injustiças com pessoas inocentes.

De outro lado, o **método dedutivo**, utilizado por Bret Turvey, considera que **a conclusão está implícita nas premissas**. Daí por que se imagina que as conclusões acompanham necessariamente as premissas. Se o raciocínio dedutivo for válido e as premissas forem verdadeiras, então a conclusão será verdadeira.

Por intermédio de uma análise descritiva completa do local de crime, que se pode obter com a utilização técnica da recognição visuográfica do local de crime, bem como pela coleta fiel de provas, o policial perfilador (*policeman profiler*) estará munido das necessárias informações para elaborar um "retrato mental" ou autópsia psicológica de um criminoso desconhecido.

As evidências deixadas no local de crime demonstram a interação do criminoso com a vítima.

Nesse sentido, a vitimologia é de extrema importância, porque, na medida em que se investiga a vítima, mais se consegue obter sobre o autor do delito.

Assim, o estilo de vida da vítima; suas atividades; com quem, onde e como se relacionava etc. podem apresentar uma ligação importante com o agressor, quer sob o aspecto geográfico, escolar, laboral ou de lazer.

A maior **desvantagem do método dedutivo é não ser tão rápido** quanto se espera.

É claro que Brian Turvey inicia sua técnica de perfil dedutivo em bases muito diferentes daquelas utilizadas pelo FBI.

A análise de evidência comportamental (perfil criminal) de Turvey é elaborada a partir de quatro fases:

1ª) **Análise forense ambivalente** → é ambivalente porque pode haver mais de uma interpretação da prova coligida e se deve avaliar aquela que seja mais provável. As evidências devem incluir, entre outras, fotos, vídeos, *croquis* da cena do crime, relatórios de investigação, registros do local de crime (laudos, vistorias e a recognição visuográfica), cópias do laudo necroscópico, entrevistas com testemunhas, vizinhos e parentes da vítima e o mapa do caminho da vítima antes do crime e seus antecedentes penais.

2ª) **Vitimologia** → imprescindível aprofundar a investigação acerca da vida da vítima. Conhecer como, onde, quando e por que uma determinada vítima foi escolhida é válido para entender o seu agressor. Portanto, a descrição física da vítima, seus hábitos e estilo de vida devem ser anotados, pois compreendem a "avaliação de riscos". Sustenta Brian Innes (2003, p. 76) que "o criador de perfis está interessado não somente no grau de risco que a vítima leva graças a seu estilo de vida, mas também no risco em que estava no momento do ataque e o risco que o agressor estava disposto a enfrentar".

3ª) **Características da cena do crime** → aqui aparecem as características peculiares do crime, conforme a postura do agressor no que toca à vítima, ao local de crime e seu significado posterior para o agressor. Nessa fase incluem-se o método de abordagem da vítima, o tipo de ataque, o método de controle, o tipo de localização, a natureza e a sequência de eventuais atos sexuais, os objetos usados, a ação verbalizada e os cuidados tomados pelo ofensor, a simbologia do local etc.

4ª) **Características do agressor** → não se trata de algo definitivo, pois exige atualização e revisão, consoante apareçam novas informações. Emergem os seguintes dados característicos relacionados ao agressor: tipo físico, sexo, tipo de trabalho e hábitos, sentimentos de culpa ou remorso, tipo de veículo, histórico criminal (antecedentes), nível de habilidade, agressividade, moradia/trabalho em relação ao local de crime, histórico médico-psicológico, estado civil e raça.

A força do perfil dedutivo está na insistência sobre a especificidade de cada caso, evitando-se as falhas e os perigos da aplicação de médias estatísticas para um caso determinado. Por conseguinte, minúcias de cada crime analisado somadas à investigação de campo dão sustentação ao perfil.

Premissas dedutivas de Brian Turvey
• Nenhum agressor age sem motivação.
• Cada crime deve ser investigado como sendo único em suas características comportamentais e motivacionais.
• Agressores diferentes podem exibir comportamentos semelhantes por razões absolutamente diferentes.
• Não existem dois casos completamente iguais.
• O comportamento humano se desenvolve exclusivamente em resposta a fatores ambientais e biológicos.
• O *modus operandi* do criminoso pode evoluir com a prática de vários delitos.
• Um único agressor é capaz de ter vários motivos para cometer vários crimes ou mesmo para cometer um único crime.

O criminólogo francês Laurent Montet (2003, p. 45-112) deduz certa metodologia para elaboração de perfis criminais, a saber:

Metodologia do *profiling*

1. Elementos do *profiling*
a) Análise da cena de crime
b) Análise do perfil vitimológico específico
c) Análise dos elementos das ciências legais
2. Modelos de classificação
a) Tipo de autor de homicídio(s)
b) Fatores espaço/tempo
c) Grau de vítima em risco
d) Grau de risco tomado pelo criminoso
e) Escalada criminal
f) Crime narcísico-sexual organizado, desorganizado ou misto

(continua)

(continuação)

3. Síntese dos elementos recolhidos (avaliação do crime)
a) Assinatura psicológica e *modus operandi*
b) Posicionamento do corpo e *mise en scène*
c) Reconstituição do cenário criminal
d) Confrontação dos métodos indutivos e dedutivos
4. Perfil criminal
a) Sexo e raça
b) Idade
c) Perfil caracterológico
d) Situação familiar e relações sentimentais
e) Vida social, escolaridade e serviço militar
f) Antecedentes e pontos fortes da biografia
g) Criminosos conhecidos similares
h) Perfil físico (a título indicativo)
5. Detenção

3.3.1.3 Perfil geográfico do agressor

O perfil geográfico se baseia na premissa de que a maioria das pessoas tem "um ponto de ancoragem". A grande maioria das pessoas indica sua casa, mas também pode ser o local de trabalho ou a casa de um parente ou amigo próximo.

Alguns criminosos podem focar sua ação em um centro comercial, como, por exemplo, uma loja, um bar ou uma quadra esportiva.

Esse "porto seguro" situa-se dentro do "mapa mental" da pessoa.

Os **mapas mentais** (que todos invariavelmente acabam criando) incluem **informações espaciais e detalhes como cores, sons, sensações, sentimentos e símbolos significativos**.

Brian Innes (2003, p. 17) ensina que "os elementos espaciais são divididos em cinco tipos:

1) Caminhos: rotas de viagem que dominam a imagem que a maioria das pessoas tem das cidades e de outros locais centrais, como rodovias e ferrovias.

2) Limites: fronteiras como rios, trilhos de trem ou grandes rodovias.
3) Bairros: subáreas com características reconhecíveis e centros bem estabelecidos com fronteiras menos claras, como bairros comerciais, bairros de imigrantes ou 'favelas'.
4) Pontos Importantes: centros de intensa atividade, como cruzamentos rodoviários principais, estações ferroviárias ou grandes lojas.
5) Sinais: símbolos reconhecidos que são usados para orientação, como sinalização, placas, árvores ou edifícios altos".

Em 1991, quando estávamos à frente da Equipe Delta do Departamento de Homicídios e Proteção à Pessoa – DHPP, de São Paulo, investigávamos diversos homicídios ocorridos em Santo Amaro, bairro composto por vários minibairros, zona sul de São Paulo (capital), especialmente nas localidades de Jardim Irene, Parque Santo Antonio e Cidade Fim de Semana, as quais eram atribuídas a um indivíduo, afamado como justiceiro ou "matador de aluguel", apelidado de "Dió"[2]. As únicas informações recebidas davam conta de que se tratava de um homem negro, forte, tipo boxeador peso-pesado, aproximadamente 30 anos, 1,75 m de altura, que transitava por aqueles bairros com certa facilidade.

Traçamos um perfil geográfico com relação aos locais de homicídio ao suspeito atribuídos, o que perfazia uma área de atuação de aproximadamente 6 km^2. Depois de algumas investigações e de alguns informes coletados pelo perito criminal Paulo Hutterer, conseguimos identificar o seu ponto de ancoragem (casa da irmã do suspeito no Jardim Irene – Capão Redondo). Daí, identificamos o bairro onde anteriormente o suspeito residia (Parque Santo Antonio) e o caminho para o trabalho e residência de amigos e parentes (Cidade Fim de Semana). As suspeitas, indícios e investigações demonstravam que o criminoso agia sempre numa faixa espacial triangular, com menos de 6 km^2. Uma vez devidamente identificado e qualificado, soubemos que estava foragido, tendo escapado para a casa de parentes em Feira de Santana, na Bahia. Com a prisão preventiva decretada, viajamos para lá, ocasião em que o prendemos e o recambiamos para São Paulo. Em resumo, ele alegou esponta-

2 Diógenes Ramos Conceição, vulgo Dió, atualmente cumpre pena no Presídio de Mongaguá-SP, local onde praticou, no início dos anos 2000, um triplo homicídio.

neamente para a imprensa televisiva que matou "de nove a dez pessoas", iniciando sua carreira de crimes porque teve sua casa invadida, sua esposa violada e ele próprio baleado no ombro por bandidos. Dizia que fazia uma limpeza nos bairros por onde passava...

Estudo de caso: Perfil geográfico de atuação do *serial killer* Diógenes Ramos Conceição – "Dió".

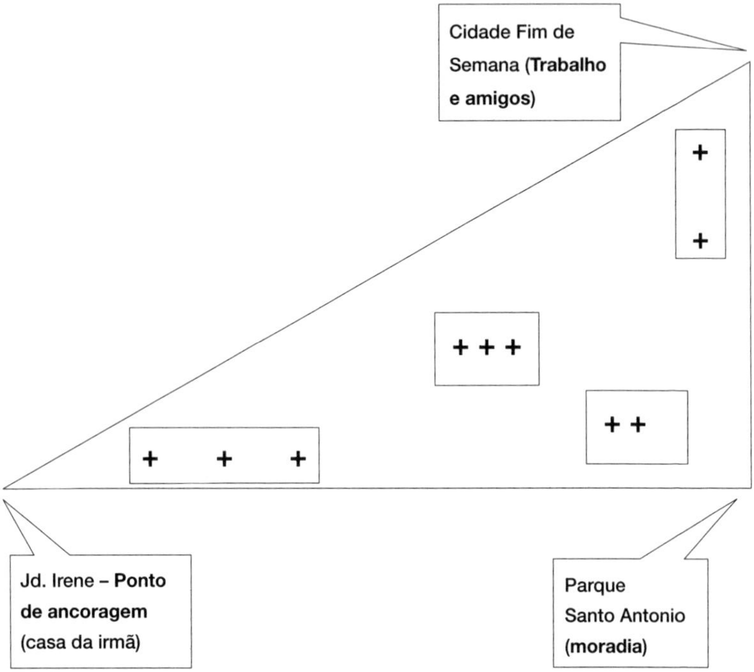

Legenda:
Cada vértice do triângulo representa um subdistrito ou minibairro da região de Santo Amaro, zona sul de São Paulo, em que transitava o suspeito.
As cruzes (+) indicam os homicídios.

3.3.1.4 Perfil genético do agressor no Brasil

Foi aprovada pelo Congresso Nacional brasileiro a Lei n. 12.654, de 28 de maio de 2012, com *vacatio legis* de 180 dias para entrada em vigor, que determina a criação de um banco de dados de perfis genéticos de criminosos.

A lei torna obrigatória a identificação genética, por meio de DNA, de condenados por crimes hediondos ou crimes violentos contra a pessoa, como homicídio, extorsão mediante sequestro, estupro, entre outros. O objetivo é utilizar os dados colhidos nas investigações de crimes cometidos por **ex-detentos**, ou seja, os **reincidentes**.

A nova lei é uma grande evolução, na visão do Instituto Nacional de Criminalística (INC) da Polícia Federal e de sua área de genética forense. A investigação criminal passa a contar com um auxílio essencial, que é a comparação do DNA encontrado em vestígios no local do crime com o de suspeitos.

A doação do material genético, anteriormente, só era feita de forma voluntária, em grande parte por familiares em busca de desaparecidos ou vítimas de acidentes.

Trata-se de mais um instrumento tecnológico posto à disposição das autoridades policiais e judiciárias do sistema criminal brasileiro.

3.4 Testes de personalidade projetivos

Os testes em criminologia são técnicas de investigação que, por meio de padrões ou tipos preestabelecidos, destacam as características pessoais e da constituição do indivíduo, mediante respostas a estímulos previamente planejados, visando traçar o perfil psicológico e a capacitação pessoal de cometimento ou recidiva no crime.

A realização de testes e exames criminológicos e, consequentemente, de prognósticos de futuras condutas criminosas e/ou perigosas, com certo grau de certeza ou ao menos de confiabilidade, depende muito das circunstâncias do cometimento delitivo, da natureza do teste e da capacitação profissional dos responsáveis pelos testes.

Nesse contexto, como leciona João Farias Junior (2009, p. 146), **testes projetivos** "são aqueles que procuram medir a personalidade através do uso de quadros, figuras, jogos, relatos etc., que imprimem estímulos no examinado, que provocam, consequentemente, reações das quais resultam as respostas que servirão de base para a interpretação dos resultados desejados". Exemplos: Teste de Rorschach (interpretação de manchas de vários formatos); Teste PMK – Psicodiagnóstico Miocinético da

Periculosidade Delinquencial (estímulos musculares e postura mental); Teste do Desenho (árvore, casa, pessoa etc., que, associados a um questionário, dão o perfil do autor).

3.5 Testes de personalidade prospectivos

Os testes prospectivos compreendem o emprego de técnica voltada a explorar, com minúcias, as intenções presentes e futuras, retirando do paciente as suas crenças e potencialidades lesivas ou não; os freios de contenção de boas condutas; o estilo de vida presente e futuro; o porquê da vida criminal; os porquês da causação de sofrimento às vítimas; o temor ou não à justiça e à pena; sua sensibilidade moral ou insensibilidade etc.

Trata-se de teste muito mais profundo, que depende bastante da habilidade do responsável e da sinceridade do examinando.

Deve-se revelar ao paciente que o fim do teste é traçar sua personalidade, em caráter sigiloso, e que os eventuais benefícios dependerão da honestidade das respostas.

O professor João Farias Junior (2009, p. 149) anota que "o testador deve ser calmo, fraterno e usar um gravador, para que possa analisar com precisão as respostas, as pausas, as reticências, o tom, a acentuação prosódica e, enfim, todo o contexto da sequência de respostas... e reações do examinando".

3.6 Testes de inteligência

Não é tarefa fácil conceituar inteligência, porque no processo de conhecimento tem-se, de um lado, o objeto a ser delimitado, externo à inteligência, e, de outro, a inteligência, o instrumento mental que alcança o conceito desse mesmo objeto. Conceituar a inteligência é fazê-la objeto e instrumento simultaneamente, é ter consciência do instrumento mental que permite conhecer o mundo e que está integrado à própria consciência.

A inteligência é função psíquica complexa; talvez por isso se acredita não haver um conceito de inteligência universalmente aceito. Hoje em dia se relacionam vários conceitos de inteligência, imbricados e interdependentes, que são observáveis conforme sua utilidade.

Numa análise amplíssima, pode-se dizer que inteligência é raciocínio, capacidade de entendimento, poder de abstração, julgamento, percepção exterior, memorização, iniciativa e bom senso.

Na psicologia e, mais de perto, na criminologia se procura medir a inteligência por meio do denominado **Quociente de Inteligência – QI**.

O conceito de idade mental foi estabelecido por Alfredo Binet e Theodore Simon em 1905, fixando a maneira de mostrar diferentes graus ou níveis de inteligência.

Em 1912, Willian Stern propôs o termo "QI" (quociente de inteligência) para representar o nível mental, e introduziu os termos "idade mental" e "idade cronológica". Stern propôs que o QI fosse determinado pela divisão da idade mental pela idade cronológica. Assim, uma criança com idade cronológica de 10 anos e nível mental de 8 anos teria QI = 0,8, porque 8 / 10 = 0,8. Em 1916, Lewis Madison Terman propôs multiplicar o QI por 100, a fim de eliminar a parte decimal: QI = 100 x IM / IC, em que IM = idade mental e IC = idade cronológica. Com essa fórmula, a criança do exemplo teria QI 80.

Denomina-se **QI** a divisão da **Idade Mental (IM)** pela **Idade Cronológica (IC)**, multiplicada por 100.

$$QI = \frac{\text{Idade Mental}}{\text{Idade Cronológica}} \times 100$$

A idade cronológica não traz muitas dificuldades, porque é a expressão do decurso temporal vivido por uma pessoa, contabilizada em anos, meses ou dias.

No entanto, a delimitação da idade mental é difícil, porque se compara um adulto a uma criança. A definição leva em conta o nível intelectual de uma criança de 1 ano, 5 anos, 10 anos e assim por diante, caso seu nível intelectual seja baixo. Há que se ressaltar também que existem pessoas cujo índice de intelectualidade pode estar muito acima do de uma pessoa tida por normal.

Sabe-se que a idade mental em uma criança normal equivale à idade cronológica, todavia o nível mental atinge um ponto de "saturação" em torno dos 15 anos, momento em que a capacidade intelectual fica praticamente estagnada. Contudo, há indivíduos cujos níveis de inteligência superam muito os níveis daqueles tidos por normais (superdotados), da mesma forma que há indivíduos cujos níveis estão abaixo da média (hipodotados).

Para chegar a um nível correto, os pesquisadores têm elaborado testes, os mais variados, visando colher todas as habilidades do examinando.

Apenas para ilustrar, sem fugir do campo de estudo proposto, podem ser citados os seguintes tipos de testes usados para medição do QI: **teste de informação** (questionário de conhecimentos gerais); **teste de compreensão geral** (escolha de uma entre várias respostas); **teste de raciocínio aritmético** (questões matemáticas; leva-se em conta o grau de estudo do examinando); **teste de memória para números** (nível de controle mental e atenção); **teste de semelhança** (palavras que se relacionam umas com as outras); **teste do arranjo de figuras** (gravuras que, colocadas em dada ordem, contam uma pequena história); **teste de completar figuras** (completa-se uma figura, onde falta uma peça, oferecendo ao examinando peças diferentes para que ele a escolha; exemplo: relógio sem ponteiro); **teste de desenho de cubos** (indicação da sequência de composição das partes de um cubo); **teste de números e símbolos** (associação de símbolos determinados em razão de uma velocidade); **teste de arranjo de objeto** (três ou quatro peças decompostas, cabendo ao examinando recompô-las); **teste de vocabulário** (definição de coisas, pessoas e animais visando verificar o raciocínio e os recursos verbais).

Uma vez concluídos e coletados os resultados dos testes, o pesquisador estará habilitado a delimitar a idade mental do examinando. Se o indivíduo tem idade cronológica de 10 anos, mas idade mental de 11 anos, seu QI será de: IM / IC x 100 = 1100 / 10 = 110.

Para efeito de padronização de testes, a idade mental só é analisada até os 15 anos.

O estudo do QI é muito importante para a determinação dos estados doentios ou anormais do desenvolvimento mental, refletindo na consciência ou não do injusto e se relacionando diretamente com a culpabilidade ou não do agente.

Considera-se o homem, portanto, em razão de sua inteligência, hipofrênico (oligofrenias), normal ou hiperfrênico (superior ou genial).

Observe a **tabela de QI** referida por Farias Junior:

Estado Mental	QI	Evolução Mental	Evolução Social
Hipofrenia	Abaixo de 90	Abaixo de 12 anos	------------------
1 – Idiota	Abaixo de 20	Abaixo de 3 anos	Incapacidade de cuidar-se e de bastar-se a si mesmo
2 – Imbecil	Entre 20 e 50	Entre 3 e 7 anos	Incapacidade de prover a sua subsistência em condições normais
3 – Débil mental	Entre 50 e 90	Entre 7 e 12 anos	Incapacidade de lutar pela vida em igualdade de condições com pessoas normais
Normal	Entre 90 e 120	Entre 12 e 18 anos	Capacidade de prover à vida e de manter relacionamento normal
Hiperfrenia	Acima de 120	Acima de 18 anos	Excepcional capacidade de assimilação
1 – QI super	Entre 120 e 140	Entre 17 e 22 anos	Impaciência e irritabilidade
2 – QI genial	Acima de 140	Acima de 22 anos	Rapidez de assimilação, que o torna desajustado ou inadaptado

Os idiotas, os imbecis e os débeis mentais estão inseridos na categoria dos oligofrênicos, cuja etiologia é variada, alçando desde fatores genéticos até os de desenvolvimento em vida.

Atualmente, prefere-se a expressão "retardos mentais" ao termo "oligofrenia".

É bom anotar que oligofrenia (do grego *olígos* = pouco; *phrĕn* → *phrenós* = espírito, inteligência) designa a gama de casos em que há um déficit de inteligência no ser humano, compondo a chamada **tríade oligofrênica**: debilidade, imbecilidade e idiotia, conforme tabela acima do prof. Farias.

4º Capítulo

Estatística criminal, cifra negra e prognóstico criminal

4.1 Estatística criminal

Depois do século XIX, as ciências criminais alcançaram projeção, daí por que passaram a se preocupar com o estudo do fenômeno da criminalidade, levando em consideração suas causas. Nesse sentido, como já dissemos, destacou-se a atuação do matemático belga Quetelet, autor da Escola Cartográfica (verdadeira ponte entre clássicos e positivistas), que estabeleceu o conceito de homem médio e alertou para a questão dos crimes não comunicados ao Poder Público (**cifra negra**).

Os criminólogos sustentam que, por intermédio das estatísticas criminais, pode-se conhecer o liame causal entre os fatores de criminalidade e os ilícitos criminais praticados.

Destarte, as estatísticas criminais servem para fundamentar a política criminal e a doutrina de segurança pública quanto à prevenção e à repressão criminais.

No entanto, é preciso ter cuidado ao analisar as estatísticas criminais oficiais, na medida em que há uma quantia significativa de delitos não comunicados ao Poder Público[1], quer por inércia ou desinteresse das vítimas, quer por outras causas, entre as quais os erros de coleta e a manipulação de dados pelo Estado[2].

Nesse sentido, convém diferenciar a **criminalidade real da criminalidade revelada e da cifra negra:** a primeira é a quantidade efetiva de

---

1 O Núcleo de Estudos de Violência da USP calcula que apenas a terça parte dos crimes é notificada ao Estado.

2 O jornal *Folha de S.Paulo*, em edição de 17-1-2005, noticia que casos de homicídio em São Paulo eram registrados como "encontro de cadáver" ou "morte a esclarecer", aduzindo o mascaramento de dados criminais.

crimes perpetrados pelos delinquentes; a segunda é o percentual que chega ao conhecimento do Estado; a terceira, a porcentagem não comunicada ou elucidada.

Como subtipo da cifra negra, convém mencionar a denominada **cifra dourada**, isto é, as infrações penais praticadas pela elite, não reveladas ou apuradas, como os crimes de sonegação fiscal, as falências fraudulentas, a lavagem de dinheiro, os crimes eleitorais etc.

4.2 Cifra negra. Cifra dourada

A correta delimitação da quantidade de crimes cometidos em determinado Estado é fator preponderante para a correta elaboração das normas jurídico-penais. Lamentavelmente, mesmo em países com certa cultura de estatísticas, dúvidas são levantadas sobre a confiabilidade dos dados divulgados. Isso decorre do fato de que apenas uma parcela dos crimes reais é registrada oficialmente pelo Estado.

Ressalta-se que os dados somente se oficializam, em termos criminais, segundo uma lógica de atos tríplices: **detecção do crime + notificação + registro em boletim de ocorrência**.

Antes de observar os crimes misteriosos ou, ainda, o comportamento omissivo das vítimas que não denunciam os crimes sofridos, é preciso analisar a forma como são coletadas as estatísticas criminais.

A atividade de segurança pública no Brasil foi delegada aos Estados (art. 144 da CF), salvo os órgãos federais. Nesse sentido, cada ente federativo tem competência para organizar suas polícias (civil e militar). É importante ressaltar que, por força do art. 23 do Código de Processo Penal, a autoridade policial, ao relatar o inquérito policial e encaminhá-lo a juízo, deverá oficiar ao Instituto de Estatística para informar os dados do delito e do delinquente.

Assim, cada Estado tem um órgão central de coleta e apresentação das estatísticas oficiais de crime, para receber os dados provenientes da polícia, que os compila de duas maneiras: ou por ação direta ou pelo relato de vítimas e/ou testemunhas.

Dessa forma, a estatística oficial pode estar contaminada por alguns equívocos.

É sabido que governantes inescrupulosos determinam a manipulação das estatísticas de criminalidade, com propósitos eleitoreiros. Trata-se de uma maneira sórdida de mascarar os verdadeiros índices de criminalidade para demonstrar a falsa ideia de que a política de governo está sendo conduzida eficientemente na seara da segurança pública. Sabe-se que o aumento contínuo da criminalidade provoca clamor público e, o que é pior, a insatisfação perante os órgãos de justiça e polícia, levando a uma situação de fracasso governamental em face da opinião pública. Como no Brasil os órgãos que elaboram as estatísticas são públicos (vinculados a Ministérios ou secretarias de Estado), suas compilações estarão sempre sujeitas a pressões políticas e, portanto, postas sob a pecha de suspeição.

De outra banda, há que registrar que muitos delitos são registrados erroneamente, por falha da polícia, além da manipulação às avessas, isto é, reduz-se o índice de criminalidade por meio do aumento de casos esclarecidos e da diminuição de casos registrados oficialmente.

Por derradeiro, há uma série expressiva de delitos não comunicados pelas vítimas às autoridades. Várias são as razões que as levam a isso: 1) a vítima omite o ato criminoso por vergonha ou medo (crimes sexuais); 2) a vítima entende que é inútil procurar a polícia, pois o bem violado é mínimo (pequenos furtos); 3) a vítima é coagida pelo criminoso (vizinho ou conhecido); 4) a vítima é parente do criminoso; 5) a vítima não acredita no aparato policial nem no sistema judicial etc.

Nesse contexto, ocorre aquilo que se denomina **cifra negra**, isto é, o número de delitos que por alguma razão não são levados ao conhecimento das autoridades, contribuindo para uma estatística divorciada da realidade fenomênica.

Sustenta Eduardo Luiz Santos Cabette[3], com apoio em vasta doutrina, a existência de uma **cifra dourada**, que "representa a criminalidade de 'colarinho branco', definida como práticas antissociais impunes do poder político e econômico (a nível nacional e internacional), em prejuízo da coletividade e dos cidadãos e em proveito das oligarquias econômico-financeiras".

Então haveria dupla falha nos dados estatísticos oficiais: a cifra negra (representada pela ausência de dados dos crimes de rua, como furtos, roubos, estupros etc.) e a cifra dourada (ausência de registro dos crimes políticos, ambientais, de corrupção etc.).

De lege ferenda, mostra-se imprescindível a criação de uma **agência independente**, sem vínculos governamentais, com atribuições legais de controle e levantamento dos dados referentes à criminalidade, além da estabilidade de seus dirigentes.

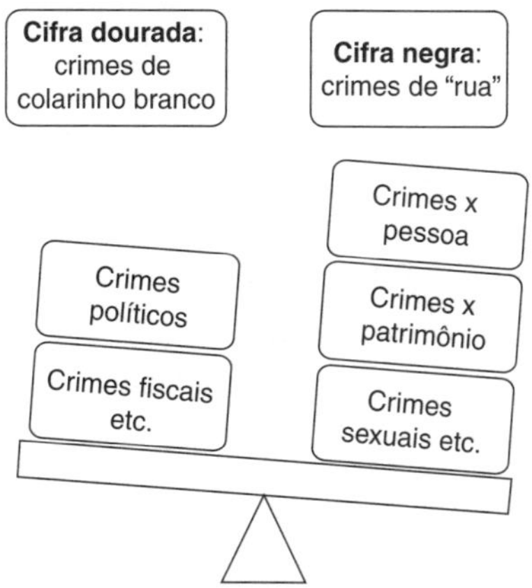

[3] As estatísticas criminais sob um enfoque criminológico crítico. *Jus Navigandi*, Teresina, ano 11, n. 1326, 17 fev. 2007. Disponível em: <http://jus2.uol.com.br/doutrina/texto.asp?id=9497>. Acesso em: 25 ago. 2009.

A professora Monica Resende Gamboa (2013, p. 109) ensina que "**cifras cinzas** são as ocorrências policiais registradas nos órgãos competentes, porém encontram nas próprias delegacias a solução dos conflitos". E a mesma autora ainda afirma que **cifras amarelas** correspondem aos delitos praticados com violência policial e que não são levados ao conhecimento das corregedorias, por medo de as vítimas sofrerem represálias por parte dos policiais. *Data venia*, entendemos que tais fatos não deixam de integrar a denominada **cifra dourada** de criminalidade (crimes praticados por indivíduos de certa posição social).

4.3 Técnicas de investigação da cifra negra

As cifras negras, ou campo obscuro da criminalidade, são uma preocupação histórica dos criminólogos.

Desde a criminologia tradicional já se acentuava a necessidade de investigar os delitos que não eram comunicados às instâncias de controle do Estado.

A maior crítica feita à criminologia tradicional, de cunho positivista, direcionava-se no sentido de que os estudos estatísticos levavam em conta apenas a população de encarcerados. Assim, o erro maior era procurar atribuir ao criminoso "fichado" os índices reais de delinquência. Ocorre que isso fugia à realidade sensível, pois inúmeros delitos deixavam de ser comunicados ou apurados pelos órgãos do Estado.

Acentua, com severa crítica, Alessandro Baratta (apud CERVINI, 2002, p. 186) que "o sistema só pode aplicar sanções penais previstas pela lei a um percentual dos reais infratores que, numa média relativa a todas as figuras delitivas, nas sociedades centrais, não é superior a um por cento".

É evidente que os estudos sobre criminosos incidem, majoritariamente, nas populações carcerárias, e isso facilita uma visão distorcida da realidade criminal, conduzindo o pesquisador aos erros decorrentes do *labelling approach* (os criminosos são etiquetados ou rotulados como tais pela sociedade).

Na verdade, o crime é um fenômeno generalizado na sociedade; não só os etiquetados, desviados ou bandidos violam as leis. Ainda que a maioria das condenações penais recaia sobre eles, existem grupos sociais que usufruem de uma impunidade virtual.

Muitas investigações, desenvolvidas sobretudo nos Estados Unidos e na Europa escandinava, demonstram que o risco de prisão aumenta sensivelmente em razão inversa à da situação econômica do acusado. Isso é corolário da chamada cifra dourada ou impunidade dos delitos de colarinho branco. Os crimes econômicos, por exemplo, não criam carreiras criminais e não estigmatizam seus autores. O estigma de delinquente é sentido no criminoso pobre, no proletário, que cresce em ambiente hostil e precário, divorciado das condições econômicas e afetivas de inserção social, transformado em adulto instável e marginalizado na comunidade.

Diante desse cenário, numerosos estudos foram realizados para detectar a real cifra negra de criminalidade. Os processos empregados são variados, na medida em que se pretende reduzir ao máximo a margem de erro.

Assim, são propostas as seguintes **técnicas de investigação da cifra negra** (apud CERVINI, 2002, p. 189):

a) investigação em face dos autores ou técnica de autodenúncia;

b) investigação em face de vítimas;

c) investigação em face de informantes criminais;

d) sistema de variáveis heterogêneas;

e) técnica do segmento operativo destinado aos agentes de controle formal (polícia e tribunais).

A **investigação em face de autores de crime (autodenúncia)** realiza-se com o interrogatório de pessoas em geral acerca dos fatos criminosos cometidos, resultando deles ou não o processo penal. As falhas aqui existentes levam em conta a amostragem populacional e o grau de sinceridade dos interrogados, variando de acordo com o grau de cultura e cidadania do povo.

Já **a investigação em face de vítimas de delitos** traz uma vertente diferenciada, pois são interrogadas pessoas em geral que tenham suportado algum tipo de crime. Aqui também se procura a causa da não comunicação ou não indiciação dos implicados, variando da tipologia penal (estupros) à participação da vítima (jogos de azar) e mesmo à cumplicidade (favorecimento pessoal), o que pode induzir o investigador a erro. Aliás, é sabido que muitas vítimas não denunciam certos crimes por medo de represálias[4], por não considerarem grave a conduta lesiva, por não confiarem na polícia e na justiça; por serem novamente vitimizadas pelo sistema etc.

A **investigação em face de informantes criminais** tem a vantagem de apresentar uma amostragem de terceiras pessoas de forma muito desinibida e confiável.

Todavia, da mesma maneira que a autodenúncia, muitos informantes são criminosos que vivem da delação alheia, alimentados pela mecânica do sistema, de sorte que esse método pode muitas vezes significar um exercício de revanchismo ou retraimento (cúmplices).

O **sistema de variáveis heterogêneas** impõe três níveis de controle informático, quais sejam: a análise da cifra negra dos delitos leves, que é maior em razão dos crimes graves; a tendência à autocomposição das vítimas nos delitos leves; a variação dos métodos de análise de país para país.

Por derradeiro, **a técnica do segmento operativo dos agentes de controle formal** (polícia e tribunais) muda o foco e direciona seus estudos no sentido de pesquisar as causas reais de vulnerabilidade e de disfunções do Sistema Criminal.

Todos os órgãos do Sistema Criminal intervêm num processo de filtração por etapas, pois grande parcela das vítimas não denuncia os crimes que sofreram à polícia; esta, por sua vez, não instaura todas as investigações necessárias, não transmitindo a juízo tudo o que apurou; e os tribunais, por seu turno, arquivam boa parte das investigações sob o manto do garantismo penal.

4.4 Prognóstico criminológico

É a probabilidade de o criminoso reincidir, em razão de certos dados estatísticos coletados. Nunca haverá certeza, porque não se conhece por completo o consciente do autor.

Os **prognósticos criminais** podem ser clínicos e estatísticos.

---

[4] É conhecida nas favelas de São Paulo e do Rio a denominada "Lei do Silêncio", imposta pelo crime organizado, por meio da qual os integrantes da comunidade silenciam acerca dos crimes testemunhados ou sofridos, sob pena de sofrerem represália por parte dos criminosos.

Prognósticos clínicos são aqueles em que se faz um detalhamento do criminoso, por meio da interdisciplinaridade: médicos, psicólogos, assistentes sociais etc.

Prognósticos estatísticos são aqueles baseados em tabelas de predição, que não levam em conta certos fatores internos e só servem para orientar o estudo de um tipo específico de crime e de seus autores (condenados). Nesse contexto, é bom ter em mira o **índice de criminalidade** (vários fatores), pois devem ser levados em conta os fatores psicoevolutivos, jurídico-penais e ressocializantes (penitenciários).

Os fatores psicoevolutivos levam em conta a evolução da personalidade do agente, compreendendo: a) doenças graves infantojuvenis com repercussão somático-psíquica; b) desagregação familiar; c) interrupção escolar ou do trabalho; d) automanutenção precoce; e) instabilidade profissional; f) internação em instituição de tratamento para menores; g) fugas de casa, da escola etc.; h) integração com grupos improdutivos; i) distúrbios precoces de conduta; j) perturbações psíquicas.

Os **fatores jurídico-penais** desenham a vida delitiva do indivíduo, compreendendo: a) início da criminalidade antes dos 18 anos; b) muitos antecedentes penais e policiais ("folha corrida"); c) reincidência rápida; d) criminalidade interlocal; e) quadrilhas (facções criminosas), qualificadoras ou agravantes; f) tipo de crime (contra o patrimônio, a dignidade sexual, a pessoa).

Os **fatores ressocializantes** dizem respeito ao aproveitamento das medidas repressivas, embora no Brasil as instituições penitenciárias sejam, em regra, verdadeiras pocilgas, que funcionam como "universidade criminosa", tamanho o desrespeito aos direitos mínimos do homem. Registrem-se: a) inadaptação à disciplina carcerária e às regras prisionais; b) precário ou nulo ajuste ao trabalho interno; c) péssimo aproveitamento escolar e profissional na cadeia; d) permanência nos regimes iniciais de pena.

5º Capítulo

Sociologia criminal

5.1 Sociologia criminal

A sociologia criminal, em seu início e postulados, confundiu-se com certos preceitos da antropologia criminal, uma vez que buscava a gênese delituosa nos fatores biológicos, em certas anomalias cranianas, na "disjunção" evolutiva.

O próprio Lombroso, no fim de seus dias, formulou o pensamento no sentido de que não só o crime surgia das degenerações, mas também certas transformações sociais afetavam os indivíduos, desajustando-os.

No entanto, a moderna sociologia partiu para uma divisão bipartida, analisando as chamadas teorias macrossociológicas, sob enfoques consensuais ou de conflito.

5.2 Modelos sociológicos de consenso e de conflito

Nessa perspectiva macrossociológica, as teorias criminológicas contemporâneas não se limitam à análise do delito segundo uma visão do indivíduo ou de pequenos grupos, mas sim da sociedade como um todo.

O **pensamento criminológico moderno** é influenciado por duas visões:

1) uma de cunho funcionalista, denominada teoria de integração, mais conhecida por **teorias de consenso**;

2) uma de cunho argumentativo, chamada de **teoria de conflito**.

São exemplos de teorias de consenso a Escola de Chicago, a teoria de associação diferencial, a teoria da anomia e a teoria da subcultura delinquente.

De outro lado, são exemplos de teorias de conflito o *labelling approach* e a teoria crítica ou radical.

As **teorias de consenso** entendem que os objetivos da sociedade são atingidos quando há o funcionamento perfeito de suas instituições, com os indivíduos convivendo e compartilhando as metas sociais comuns, concordando com as regras de convívio.

Aqui os sistemas sociais dependem da voluntariedade de pessoas e instituições, que dividem os mesmos valores.

As **teorias consensuais** partem dos seguintes **postulados**: toda sociedade é composta de elementos perenes, integrados, funcionais, estáveis, que se baseiam no consenso entre seus integrantes.

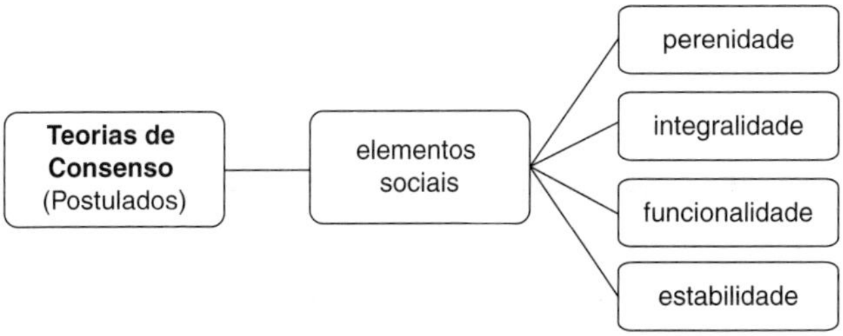

Por sua vez, as **teorias de conflito** argumentam que a harmonia social decorre da força e da coerção, em que há uma relação entre dominantes e dominados. Nesse caso, não existe voluntariedade entre os personagens para a pacificação social, mas esta é decorrente da imposição ou coerção.

Os **postulados das teorias de conflito** são: as sociedades são sujeitas a mudanças contínuas, sendo ubíquas, de modo que todo elemento coopera para sua dissolução. Haveria sempre uma luta de classes ou de ideologias a informar a sociedade moderna (Marx).

Os sociólogos contemporâneos afastam a luta de classes, argumentando que a violação da ordem deriva mais da ação de indivíduos, grupos ou bandos do que de um substrato ideológico e político[1].

1 Uma atual facção criminosa dos presídios paulistas redigiu um "estatuto" alegando que seu fim é lutar contra a opressão do Estado, o que de certa forma nega a postura dos sociólogos contemporâneos.

Como bem ressaltou Shecaira (2008, p. 141): "Qualquer que seja a visão adotada para a análise criminológica, a sociedade é como a cabeça de Janus[2], e suas duas faces são aspectos equivalentes da mesma realidade".

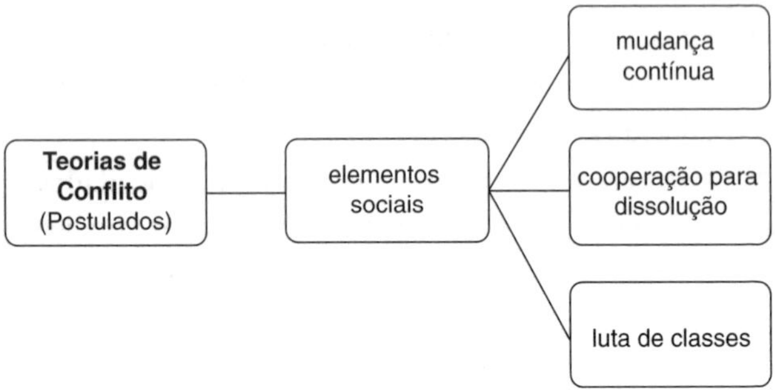

5.3 Teorias sociológicas explicativas do crime

Entre as diversas teorias sociológicas que buscam explicar todo o fenômeno criminal estão a Escola de Chicago, a associação diferencial, a anomia, a subcultura delinquente, o *labelling approach* e a teoria crítica (radical).

5.4 Escola de Chicago

A Revolução Industrial proporcionou uma forte expansão do mercado americano, com a consolidação da burguesia comercial.

---

2 Na Antiguidade, muitas cidades eram cercadas por fortificações que as protegiam, tendo portas e arcos como entradas. Janus, deus romano, protetor das entradas ou começos, é representado por uma cabeça dotada de duas faces, posicionadas em direções opostas, conforme aparece em antigas moedas romanas. Moeda romana em ouro representando as duas faces de Janus – 225-212 a.C.; depositada no *Keensthistoreshes Vienna Museum.*

Os estudos sociológicos americanos foram *a priori* marcados por uma influência significante da religião. Com a secularização, ocorreu a aproximação entre as elites e a classe baixa, sobretudo por uma matriz de pensamento, formada na Universidade de Chicago, que se denominou teoria da ecologia criminal ou desorganização social (Clifford Shaw e Henry Mckay).

Em função do crescimento desordenado da cidade de Chicago, que se expandiu do centro para a periferia (movimento circular centrífugo), inúmeros e graves problemas sociais, econômicos, culturais etc. criaram um ambiente favorável à instalação da criminalidade, ainda mais pela ausência de mecanismos de controle social.

A Escola de Chicago, atenta aos fenômenos criminais observáveis, passou a usar os **inquéritos sociais** (*social surveys*) na investigação daqueles.

Tais investigações sociais demandavam a realização de interrogatórios diretos, feitos por uma equipe especial junto a dado número de pessoas (amostragem). Ao lado desses inquéritos sociais, utilizaram-se análises biográficas de *individual cases*. Os casos individuais permitiram a verificação de um perfil de carreira delitiva.

Estabeleceu-se a metodologia de colocação dos resultados da criminalidade sobre o mapa da cidade, pois é a cidade o ponto de partida daquela (estrutura ecológica).

Os meios diferentes de adaptação das pessoas às cidades acabam por propiciar a mesma consequência: implicação moral e social num processo de interação na cidade.

Assim, com o crescimento das cidades começa a surgir uma relação de aproximação entre as pessoas, com a vizinhança se conhecendo. Passa a existir, por conseguinte, uma verdadeira identidade dos quarteirões. Esse mecanismo solidário de mútuas relações proporciona uma espécie de **controle informal** (polícia natural), na medida em que uns tomam conta dos outros[3] (ex.: família que viaja e pede ao vizinho que recolha o jornal, que mostre ao leiturista da água o local do hidrômetro etc.).

---

[3] Até os anos 1970 era comum nas cidades do interior a existência de inspetores de quarteirão, que zelavam pela mantença do equilíbrio naquela microárea.

Os avanços do progresso cultural aceleram a **mobilidade** social, fazendo aumentar a alteração, com as mudanças de emprego, residência, bairro etc., incorrendo em ascensão ou queda social. A mobilidade difere da **fluidez**, que é o movimento sem mudança da postura ecológica, proporcionado pelo avanço da tecnologia dos transportes (automóvel, trens, metrô).

Portanto, a mobilização e a fluidez impedem o efetivo controle social informal nas maiores cidades.

5.4.1 A teoria ecológica e suas propostas

Há dois conceitos básicos para que se possa entender a ecologia criminal e seu efeito criminógeno: **a ideia de "desorganização social" e a identificação de "áreas de criminalidade" (que seguem uma *gradient tendency*).**

O crescimento desordenado das cidades faz desaparecer o controle social informal; as pessoas vão se tornando anônimas, de modo que a família, a igreja, o trabalho, os clubes de serviço social etc. não dão mais conta de impedir os atos antissociais.

Destarte, a ruptura no grupo primário enfraquece o sistema, causando aumento da criminalidade nas grandes cidades.

No mesmo sentido, a ausência completa do Estado (não há delegacias, escolas, hospitais, creches etc.) cria uma sensação de anomia e insegurança, potencializando o surgimento de bandos armados, matadores de aluguel que se intitulam mantenedores da ordem[4].

O segundo dado característico é a existência de áreas de criminalidade segundo uma *gradient tendency*.

Para Shecaira (2008, p. 167), "uma cidade desenvolve-se, de acordo com a ideia central dos principais autores da teoria ecológica, segundo círculos concêntricos, por meio de um conjunto de zonas ou anéis a partir de uma área central. No mais central desses anéis estava o Loop, zona

---

[4] Na cidade de São Paulo, na zona sul, em áreas favelizadas (Parque Arariba, Cidade Fim de Semana, Parque Santo Antonio, Jardim Ângela etc.), nos anos 1980 e 1990, surgiram grupos de extermínio, intitulados "justiceiros ou pés de pato", que cometeram inúmeros homicídios, formando um verdadeiro esquadrão da morte. Alguns desses criminosos foram mortos em confronto com a polícia, outros foram presos e condenados. Fenômeno similar deu-se, na mesma época, também nas zonas norte (Favela Funerária no Parque Novo Mundo) e leste da capital paulista (favelas de Guaianazes e Itaquera).

comercial com os seus grandes bancos, armazéns, lojas de departamento, a administração da cidade, fábricas, estações ferroviárias, etc. A segunda zona, chamada de zona de transição, situa-se exatamente entre zonas residenciais (3ª zona) e a anterior (1ª zona), que concentra o comércio e a indústria. Como zona intersticial, está sujeita à invasão do crescimento da zona anterior e, por isso, é objeto de degradação constante".

Assim, a 2ª zona favorece a criação de guetos, a 3ª zona mostra-se como lugar de moradia de trabalhadores pobres e imigrantes, a 4ª zona destina-se aos conjuntos habitacionais da classe média e a 5ª zona compõe-se da mais alta camada social.

Teoria das Zonas Concêntricas

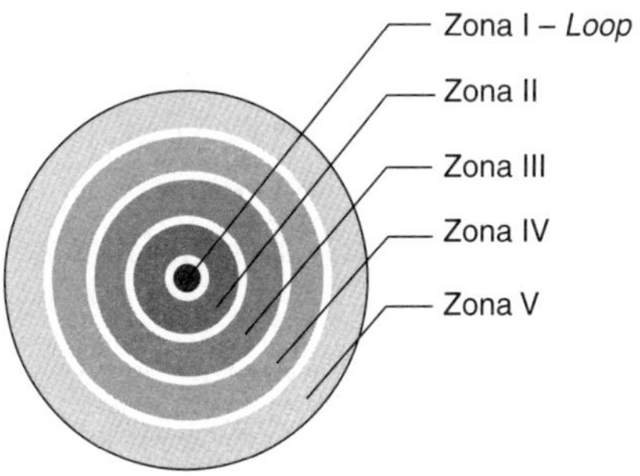

As principais propostas da **ecologia criminal** visando o combate à criminalidade são: alteração efetiva da situação socioeconômica das crianças; amplos programas comunitários para tratamento e prevenção; planejamento estratégico por áreas definidas; programas comunitários de recreação e lazer, como ruas de esportes, escotismo, artesanato, excursões etc.; reurbanização dos bairros pobres, com melhoria da estética e do padrão das casas.

Registra-se que a principal contribuição da Escola de Chicago deu-se no campo da metodologia (estudos empíricos) e da política criminal, lembrando que a consequência direta foi o destaque à prevenção, reduzindo a repressão.

Todavia, não há prevenção criminal ou repressão que resolvam a questão criminal se não existirem ações afirmativas que incluam o indivíduo na sociedade.

5.5 Associação diferencial

É considerada uma teoria de consenso, desenvolvida pelo sociólogo americano Edwin Sutherland (1883-1950), inspirado em Gabriel Tarde.

Cunhou-se, no final dos anos 1930, a expressão ***white collar crimes*** *(crimes de colarinho branco)* para designar os autores de crimes específicos, que se diferenciavam dos criminosos comuns.

Afirma que o comportamento do criminoso é aprendido, nunca herdado, criado ou desenvolvido pelo sujeito ativo. Sutherland não propõe a associação entre criminosos e não criminosos, mas sim entre definições favoráveis ou desfavoráveis ao delito.

Nesse contexto, a associação diferencial é um processo de apreensão de comportamentos desviantes, que requer conhecimento e habilidade para se locupletar das ações desviantes.

Isso é aprendido e promovido por gangues urbanas, grupos empresariais, aquelas despertadas para a prática de furtos e arruaças, e estes, para a prática de sonegações e fraudes comerciais.

A apreensão (aprendizagem) do comportamento delitivo se dá numa compreensão cênica, em decorrência de uma interação.

Conforme o ensino de Álvaro Mayrink da Costa (1976, p. 129), "a aprendizagem é feita num processo de comunicação com outras pessoas, principalmente, por grupos íntimos, incluindo técnicas de ação delitiva e a direção específica de motivos e impulsos, racionalizações e atitudes. Uma pessoa torna-se criminosa porque recebe mais definições favoráveis à violação da lei do que desfavoráveis a essa violação. Este é o princípio da associação diferencial".

Em outras palavras, a associação diferencial desperta as leis de imitação, porque, ao contrário do que suponha Lombroso, ninguém nasce criminoso, mas a criminalidade é consequência de uma socialização incorreta.

As classes sociais mais altas acabam por influenciar as mais baixas, inclusive em razão do monopólio dos meios de comunicação em massa, que criam estereótipos, modelos, comportamentos etc.

Portanto, não se pode dizer que o crime é uma forma de comportamento inadaptado das classes menos favorecidas. Não é exclusividade delas, porque assistimos a uma série de crimes de colarinho branco (sonegações, fraudes etc.), que são delitos praticados por pessoas de elevada estatura social e respeitadas no ambiente profissional (empresários, políticos, industriais etc.).

Nem todas as associações diferenciais têm a mesma força; variam na frequência, na duração, nos interesses e na intensidade.

Daí por que a teoria conduz à ideia de que a cultura mais ampla não é homogênea, levando a conceitos contraditórios do mesmo comportamento, porque se nega que o comportamento do delinquente possa ser explicado por necessidades e valores gerais.

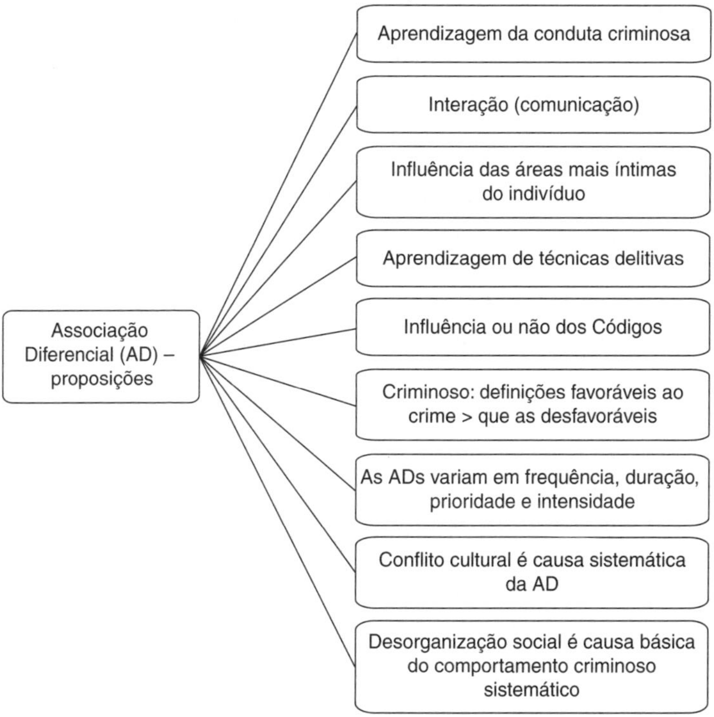

5.6 Anomia. Subcultura delinquente

A **teoria da anomia** também é vista como **teoria de consenso**, porém com *nuances* marxistas. Afasta-se dos estudos clínicos do delito porque não o compreende como anomalia.

De plano, convém citar que essa teoria se insere no plano das correntes funcionalistas, desenvolvidas por Robert King Merton, com apoio na doutrina de E. Durkheim (*O suicídio*). Para os funcionalistas, a sociedade é um todo orgânico articulado que, para funcionar perfeitamente, necessita que os indivíduos interajam num ambiente de valores e regras comuns.

No entanto, toda vez que o Estado falha é preciso resgatá-lo, preservando-o; se isso não for possível, haverá uma disfunção.

Merton explica que o comportamento desviado pode ser considerado, no plano sociológico, um sintoma de dissociação entre as aspirações socioculturais e os meios desenvolvidos para alcançar tais aspirações.

Assim, o fracasso no atingimento das aspirações ou metas culturais em razão da impropriedade dos meios institucionalizados pode levar à **anomia**, isto é, a manifestações comportamentais em que as normas sociais são ignoradas ou contornadas.

A anomia é uma situação de fato em que faltam coesão e ordem, sobretudo no que diz respeito a normas e valores. Exemplos: as forças de paz no Haiti tentaram debelar o caos anômico naquele país (2008); após a passagem do furacão Katrina em Nova Orleans (EUA, 2005), assistiu-se a um estado calamitoso de crimes naquela cidade, como se lá não houvesse nenhuma norma[5].

A anomia vista como um tipo de conflito cultural ou de normas sugere a existência de um segmento de dada cultura, cujo sistema de valores esteja em antítese e em conflito com outro segmento.

Então, o conceito de anomia de Merton atinge dois pontos conflitantes: as **metas culturais** (*status*, poder, riqueza etc.) e os **meios institucionalizados** (escola, trabalho etc.).

Nessa linha de raciocínio, Merton elabora um esquema no qual explica o modo de adaptação dos indivíduos em face das metas culturais e meios disponíveis, assinalando com um sinal positivo quando o homem aceita o meio institucionalizado e a meta cultural, e com um sinal negativo quando os reprova.

---

5 Na noite de 31 de agosto de 2005, o prefeito de Nova Orleans, Ray Nagin, declarou "lei marcial" na cidade e disse que "os policiais não precisavam se preocupar com os direitos civis para deter os saqueadores". Fonte: <http://ultimosegundo.ig.com.br/mundo/2008/08/31/>.

Modos de Adaptação	Meios Culturais	Meios Institucionalizados
Conformidade	+	+
Inovação	+	–
Ritualismo	–	+
Evasão/Retraimento	–	–
Rebelião	±	±

A **conformidade** ou comportamento modal (conformista), num ambiente social estável, é o tipo mais comum, pois os indivíduos aceitam os meios institucionalizados para alcançar as metas socioculturais. Existe adesão total e não ocorre comportamento desviante desses aderentes.

No modo de **inovação** os indivíduos acatam as metas culturais, mas não aceitam os meios institucionalizados. Quando se apercebem de que nem todos os meios estão a sua disposição, eles rompem com o sistema e, pela conduta desviante, tentam alçar as metas culturais. Nesse aspecto, o delinquente corta caminho para chegar às metas culturais.

Outro modo referido por Merton é o **ritualismo**, por meio do qual os indivíduos fogem das metas culturais, que, por uma razão ou outra, acreditam que jamais atingirão. Renunciam às metas culturais por entenderem que são incapazes de alcançá-las.

Na **evasão ou retraimento** os indivíduos renunciam tanto às metas culturais quanto aos meios institucionalizados. Aqui se acham os bêbados, drogados, mendigos e párias, que são derrotistas sociais.

Por derradeiro, cita-se a **rebelião**, caracterizada pelo inconformismo e pela revolta, em que os indivíduos rejeitam as metas e meios, lutando pelo estabelecimento de novos paradigmas, de uma nova ordem social. São, individualmente, os "rebeldes sem causa", ou, ainda, coletivamente, as revoluções sociais.

A **anomia**, como uma espécie de confusão de normas ou um encontro de normas conflitantes, é o primeiro passo para a análise das subculturas.

Lembra o festejado professor Sérgio Marcos de Moraes Pitombo[6] que a "anomia, portanto, funciona qual fator criminógeno, pela oscilação entre a desobediência tolerada e a impunidade ostensiva. O delito aflora, pois, como resposta esperada em face das estruturas sociais anormais. Solução que, sem culpa ou medo, se acentua na medida em que se abrem as oportunidades ilegítimas".

A sociedade pode ser ideologicamente igualitária, democrática ou não, mas em verdade desigual. Os meios legítimos, postos à disposição do corpo social para atingimento de suas aspirações, não significam oportunidades reais, iguais. E a partilha irregular das oportunidades produz subalternos e as oportunidades ilegítimas exsurgem escassas e distribuídas de maneira desigual. Esquematicamente[7]:

Subcultura criminal	Aprendizagem dos valores e técnicas, para desempenho de papéis desviantes; possibilidade de desempenho de tais papéis; ausência de culpa ou medo, em relação aos meios legítimos.
Subcultura de conflitos	Saída para a violência, para os que não têm oportunidades legítimas e ilegítimas.
Subcultura de evasão	Abandono ou renúncia de tudo, como resultado de fracasso. Apatia.

Subcultura delinquente

A teoria da **subcultura delinquente** é tida como teoria de consenso, criada pelo sociólogo Albert Cohen (*Delinquent boys*, 1955).

Três ideias básicas sustentam a subcultura: 1) o caráter pluralista e atomizado da ordem social; 2) a cobertura normativa da conduta desviada; 3) as semelhanças estruturais, na gênese, dos comportamentos regulares e irregulares.

Essa teoria é contrária à noção de uma ordem social, ofertada pela criminologia tradicional.

Identificam-se como exemplos as gangues de jovens delinquentes, em que o garoto passa a aceitar os valores daquele grupo, admitindo-os para si mesmo, mais que os valores sociais dominantes.

6 Disponível em: <www.sergio.pitombo.nom.br>. Acesso em: 23 jul. 2019.

7 Idem, ibidem.

Segundo Cohen, a subcultura delinquente se caracteriza por três fatores: **não utilitarismo da ação**; **malícia da conduta**; e **negativismo**.

O **não utilitarismo da ação** se revela no fato de que muitos delitos não possuem motivação racional (ex.: alguns jovens furtam roupas que não vão usar).

A **malícia** da conduta é o prazer em desconcertar, em prejudicar o outro (ex.: atemorização que gangues fazem em jovens que não as integram).

O **negativismo** da conduta mostra-se como um polo oposto aos padrões da sociedade.

A existência de subculturas criminais se mostra como forma de reação necessária de algumas minorias muito desfavorecidas diante das exigências sociais de sobrevivência.

Sustenta Alessandro Baratta (1999, p. 76) que "tanto a teoria funcionalista da anomia, quanto a teoria das subculturas criminais contribuíram, de modo particular, para esta relativização do sistema de valores e regras sancionadas pelo direito penal, em oposição à ideologia jurídica tradicional, que tende a reconhecer nele uma espécie de mínimo ético, ligado às exigências fundamentais da vida da sociedade e, frequentemente, aos princípios de toda convivência humana".

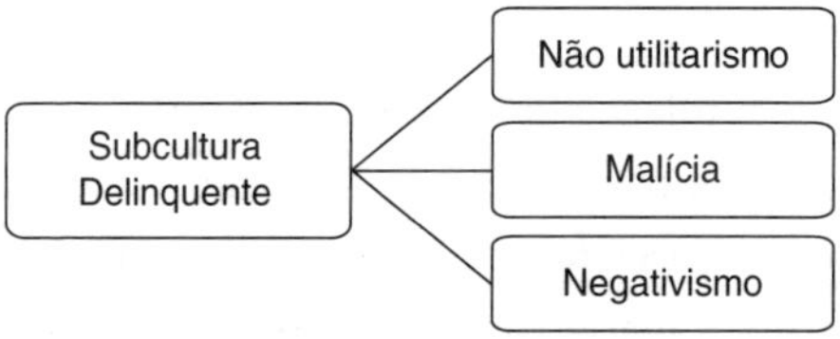

As soluções parecem fáceis de se elencar e difíceis de serem operacionalizadas. É indiscutível a necessidade de investimentos sociais com vistas à redução de desigualdades e à ampliação de oportunidades. Assim, investimentos em educação de qualidade, saúde e justa distribuição de rendas em paralelo com o soerguimento de valores éticos e no campo da justiça penal, a aplicação de penas alternativas, desjudicialização com a conciliação e a mediação de conflitos e a descriminalização de delitos e contravenções.

Trata-se de trabalho de longo prazo, caso haja vontade política dos governantes, com o objetivo de se restaurar a paz pública, a tranquilidade social e a harmonia de convivência.

5.7 *Labelling approach*

A **teoria do *labelling approach* (interacionismo simbólico, etiquetamento, rotulação ou reação social)** é uma das mais importantes **teorias de conflito.** Surgida nos anos 1960, nos Estados Unidos, seus principais expoentes foram Erving Goffman e Howard Becker.

Por meio dessa teoria ou enfoque, a criminalidade não é uma qualidade da conduta humana, mas a consequência de um processo em que se atribui tal "qualidade" (estigmatização).

Assim, o criminoso apenas se diferencia do homem comum em razão do estigma que sofre e do rótulo que recebe. Por isso, o tema central desse enfoque é o processo de interação em que o indivíduo é chamado de criminoso.

A sociedade define o que entende por "conduta desviante", isto é, todo comportamento considerado perigoso, constrangedor, impondo sanções àqueles que se comportarem dessa forma. Destarte, condutas desviantes são aquelas que as pessoas de uma sociedade rotulam às outras que as praticam.

A teoria da rotulação de criminosos cria um processo de estigma para os condenados, funcionando a pena como geradora de desigualdades. O sujeito acaba sofrendo reação da família, amigos, conhecidos, colegas, o que acarreta a marginalização no trabalho, na escola.

Sustenta-se que a criminalização primária produz a etiqueta ou rótulo, que por sua vez produz a criminalização secundária (reincidência). A etiqueta ou rótulo (materializados em atestado de antecedentes, folha corrida criminal, divulgação de jornais sensacionalistas etc.) acaba por impregnar o indivíduo, causando a expectativa social de que a conduta venha a ser praticada, perpetuando o comportamento delinquente e aproximando os indivíduos rotulados uns dos outros. Uma vez condenado, o indivíduo ingressa numa "instituição" (presídio), que gerará um processo institucionalizador, com seu afastamento da sociedade, rotinas do cárcere etc.

Uma versão mais radical dessa teoria anota que a criminalidade é apenas a etiqueta aplicada por policiais, promotores, juízes criminais, isto é, pelas instâncias formais de controle social. Outros, menos radicais, entendem que o etiquetamento não se acha apenas na instância formal de controle, mas também no controle informal, no interacionismo simbólico na família e escola ("irmão ovelha negra", "estudante rebelde" etc.).

As consequências políticas da teoria do *labelling approach* são reduzidas àquilo que se convencionou chamar de "**política dos quatro Ds" (Descriminalização, Diversão, Devido processo legal e Desinstitucionalização**). No plano jurídico-penal, os efeitos criminológicos dessa teoria se deram no sentido da prudente não intervenção ou do direito penal mínimo. Existe uma tendência garantista, de não prisionização, de progressão dos regimes de pena, de *abolitio criminis* etc.

O problema criminal brasileiro ultrapassa a ridícula dicotomia de esquerda ou direita na política penal.

É uma falácia pensar na criminalidade atual como subproduto de uma rotulação policial ou judicial.

Observa-se o crime organizado[8]: uma verdadeira empresa multinacional, com produção, gerências regionais, inteligência, infiltração nas universidades e no Poder Público, lavagem de dinheiro, hierarquia, disciplina, controle informal dos presídios. Isso seria produzido por etiquetamento? Certamente não, mas os penalistas brasileiros insistem na minimização do direito penal, na exacerbação de direitos dos presos, sendo "etiquetada" de reacionária, *démodé* ou "conservadora" qualquer medida de contenção e ordem imposta pelo Estado.

---

[8] O jornal *O Estado de S. Paulo*, de 30-3-2008, revelou que integrantes de uma facção criminosa que opera nos presídios paulistas negociaram com guerrilheiros das Forças Armadas Revolucionárias da Colômbia (FARC) o tráfico internacional de cocaína, bem como o treinamento de seu pessoal.

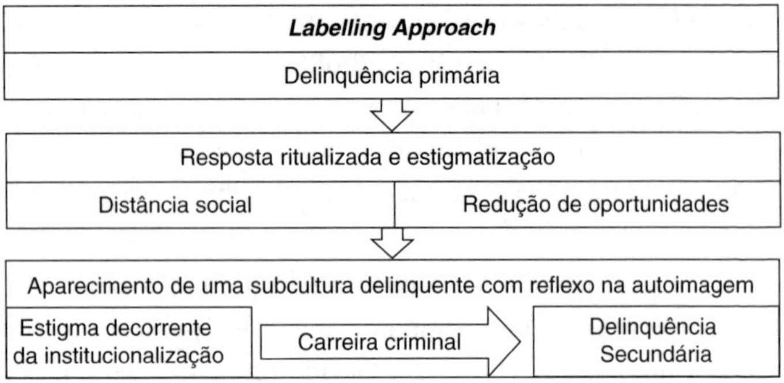

5.8 Teoria crítica ou radical

A origem histórica dessa teoria de conflito se encontra no início do século XX, com o trabalho do holandês Bonger, que, inspirado pelo marxismo, entende ser o capitalismo a base da criminalidade, na medida em que promove o egoísmo; este, por seu turno, leva os homens a delinquir.

Afirma, ainda, que as condutas delitivas dos menos favorecidos são as efetivamente perseguidas, ao contrário do que acontece com a criminalidade dos poderosos.

Portanto, essa teoria, de origem marxista, entende que a realidade não é neutra, de modo que se vê todo o processo de **estigmatização da população marginalizada**, que se estende à classe trabalhadora, alvo preferencial do sistema punitivo, e que visa criar um temor da criminalização e da prisão para manter a estabilidade da produção e da ordem social.

As principais características da **corrente crítica** são:

a) a concepção conflitual da sociedade e do direito (o direito penal se ocupa de proteger os interesses do grupo social dominante);
b) reclama compreensão e até apreço pelo criminoso;
c) critica severamente a criminologia tradicional;
d) o capitalismo é a base da criminalidade;
e) propõe reformas estruturais na sociedade para redução das desigualdades e, consequentemente, da criminalidade.

É criticada por apontar problemas nos Estados capitalistas, não analisando o crime nos países socialistas.

Destacam-se as correntes do neorrealismo de esquerda; do direito penal mínimo e do abolicionismo penal, que, no fundo, apregoam a reestruturação da sociedade, extinguindo o sistema de exploração econômica.

5.8.1 *Neorretribucionismo (lei e ordem; tolerância zero;* broken windows theory*)*

Uma vertente diferenciada surge nos Estados Unidos, com a denominação **lei e ordem** ou **tolerância zero** (*zero tolerance*), decorrente da **teoria das "*janelas quebradas*"** (*broken windows theory*), inspirada pela escola de Chicago, dando um caráter "sagrado" aos espaços públicos.

Alguns a denominam **realismo de direita** (apud SHECAIRA, 2004, p. 331) ou **neorretribucionismo**.

Parte da premissa de que os pequenos delitos devem ser rechaçados, o que inibiria os mais graves (fulminar o mal em seu nascedouro), atuando como **prevenção geral**; os espaços públicos e privados devem ser tutelados e preservados.

Alguns doutrinadores discordam dessa teoria, no sentido de que produz um elevado número de encarceramentos (nos EUA, em 2008, havia 2.319.258 encarcerados e aproximadamente 5.000.000 pessoas beneficiadas com algum tipo de instituto processual, como *sursis*, liberdade condicional etc.).

Em 1982 foi publicada na revista *The Atlantic Monthly* uma teoria elaborada por dois criminólogos americanos, James Wilson e George Kelling, denominada **Teoria das Janelas Quebradas** (*Broken Windows Theory*).

Essa teoria parte da premissa de que existe uma relação de causalidade entre a **desordem** e a **criminalidade**.

A teoria baseia-se num **experimento realizado por Philip Zimbardo**, psicólogo da Universidade de Stanford, com um automóvel deixado em um bairro de classe alta de Palo Alto (Califórnia) e outro deixado no Bronx (Nova York). No Bronx o veículo foi depenado em 30 minutos; em Palo Alto, o carro permaneceu intacto por uma semana. Porém, após o pesquisador quebrar uma das janelas, o carro foi completamente destroçado e saqueado por grupos de vândalos em poucas horas.

João Milanez da Cunha Lima e Luis Fernando da Cunha Lima (2009, p. 88) afirmam que "estes fatos estão a demonstrar que uma área se torna vulnerável ao crime quando os moradores se descuidam dos seus padrões de controle social, quando deixam de tomar as providências devidas para eliminar fatores adversos, quando se isolam em suas próprias casas, quando não se interessam pelo que se passa à sua volta, evitando até os vizinhos. O ambiente de desleixo e abandono, por falta de coesão social, dando a sensação de que as pessoas 'não estão nem aí', constitui claro indício do afrouxamento do controle social, que não deixará de fomentar desordens, pequenas infrações, arruaças e bebedeiras, em detrimento da qualidade de vida. Não tarda mudarem-se dali as pessoas ordeiras, mais apegadas ao bairro, sendo substituídas por moradores mais instáveis, que passam a habitá-lo em caráter provisório. O caminho fica aberto para o tráfico de entorpecentes e o crime violento, pragas de nossa época".

Irretocável a lição dos ilustres autores, valendo apenas acrescentar que, no Brasil da "social-democracia", houve um enxugamento do Estado, proporcionado pela bisonha política econômica do neoliberalismo, com o consequente sucateamento e desvalorização dos órgãos policiais, bem como pela pífia atuação na infraestrutura da sociedade. Isso tudo, aliado ao estrangulamento do mercado de trabalho (cada vez mais competitivo), vem causando a favelização centrípeta dos grandes centros urbanos (São Paulo, Rio de Janeiro, Recife, Campinas etc.) que, uma vez deteriorados, se mostram como terreno fértil à criminalidade[9].

---

[9] A título de exemplo, apenas no Estado de São Paulo, no ano de 2018, ocorreram 1.235.574 delitos, sobretudo crimes contra a vida, a dignidade sexual e o patrimônio,

Nesse sentido, caso se quebre uma janela de um prédio e ela não seja imediatamente consertada, os transeuntes pensarão que não existe autoridade responsável pela conservação da ordem naquela localidade. Logo todas as outras janelas serão quebradas.

Assim, haverá a decadência daquele espaço urbano em pouco tempo, facilitando a permanência de marginais no lugar; criar-se-á, dessa forma, terreno propício para a criminalidade.

A **teoria das janelas quebradas** (ou *broken windows theory*), desenvolvida nos EUA e aplicada em Nova York, quando Rudolph Giuliani era prefeito, por meio da **Operação Tolerância Zero**, reduziu consideravelmente os índices de criminalidade naquela cidade.

O resultado da aplicação da *broken windows theory* foi a redução satisfatória da criminalidade em Nova York, que antigamente era conhecida como a capital do crime. Hoje, essa cidade é considerada a mais segura dos Estados Unidos.

Uma das principais críticas a essa teoria está no fato de que, com a política de tolerância zero, houve o encarceramento em massa dos menos favorecidos (prostitutas, mendigos, sem-teto etc.).

Na verdade, a crítica não procede, porque a política criminal analisava a conduta do indivíduo, não a sua situação pessoal.

Em 1990 o americano Wesley Skogan realizou uma pesquisa em várias cidades dos EUA que confirmou os fundamentos da teoria. A relação de causalidade existente entre desordem e criminalidade é muito maior do que a relação entre criminalidade e pobreza, desemprego, falta de moradia.

O estudo foi de extrema importância para que fosse colocada em prática a política criminal de tolerância zero, implantada pelo chefe de polícia de Nova York, Willian Bratton, que combatia veementemente os vândalos no metrô. Do metrô para as ruas implantou-se uma **teoria da lei e ordem**, em que se agia contra os grupos de vândalos que lavavam os para-brisas de veículos e extorquiam dinheiro dos motoristas. Essa conduta era punida com serviços comunitários e não levava à prisão. Assim, as pessoas eram intimadas e muitas não cumpriam a determinação judi-

---

excetuando-se crimes como tráfico de drogas e estelionato, segundo dados da Coordenadoria de Análise e Planejamento da Secretaria Estadual de Segurança Pública – CAP (disponível em: <www.ssp.sp.gov.br/Estatistica/Pesquisa.aspx>, acesso em: 23 jul. 2019), o que se mostra absolutamente preocupante, bem como o desastre na condução da Pasta da segurança pública por neófitos e despreparados.

cial, cujo descumprimento autorizava, então, a prisão. As prisões foram feitas às centenas, o que intimidava os demais, levando os nova-iorquinos a acabar em semanas com um temor de anos.

Em Nova York, após a atuação de Rudolph Giuliani (prefeito) e de Willian Bratton (chefe de polícia) com a "zero tolerance", os índices de criminalidade caíram 57% em geral e os casos de homicídio caíram 65%, o que é, no mínimo, elogiável.

Índices semelhantes foram obtidos em Los Angeles, Las Vegas e São Francisco, que, guardadas as devidas proporções, adotaram a "zero tolerance" em seus domínios, valendo ressaltar que Willian Bratton foi chefe de Polícia em Los Angeles por 7 anos, aposentando-se em outubro de 2009. Hoje em dia (2016) o Comissário Chefe de Polícia de Nova York é novamente William Bratton, reeleito para novo mandato, por conta do altíssimo grau de confiança popular na Polícia, que efetivamente preenche os espaços públicos, causando sensação de segurança.

Como ensina Eduardo Viana (2014, p. 189), "em síntese, os problemas derivados da criminalidade devem ser combatidos com a expansão do Direito Penal e Processual Penal, seja no endurecimento das sanções já existentes, seja pela criação de novos tipos penais, seja pela redução de garantias processuais".

As **características principais do movimento Lei e Ordem** são:

a) **a pena criminal é justificada como castigo e retribuição, mas não no sentido de retribuição jurídica, e sim no sentido clássico do tema, punição porque errou;**

b) **os delitos hediondos e que ferem os principais bens jurídicos devem ser punidos com o máximo rigor, com penas de morte e de longo encarceramento;**

c) **as penas aplicadas em decorrência de crimes violentos devem ser cumpridas em estabelecimentos prisionais de segurança máxima, com um regime de cumprimento de pena severo por parte do condenado, separando-o do convívio com os demais apenados;**

d) **a ampliação da prisão provisória para garantir imediatidade de resposta ao crime**[10]**;**

10 Defendemos a alteração da Lei n. 7.960, de 21-12-1989, no sentido de se atribuir ao

e) **diminuição dos poderes e controle da execução penal judicial e aumento dos poderes das autoridades penitenciárias.**

Em contrapartida, no Brasil a criminalidade é crescente e organizada a partir dos presídios. Como se não bastasse, progridem também as medidas despenalizadoras, na contramão da história e da necessidade de maior proteção do direito à segurança da sociedade, um direito constitucional fundamental e difuso. Mais disso, na periferia dos grandes centros urbanos brasileiros predomina uma indiscutível ausência estatal e, via de regra, uma desordem crescente, formando o ambiente favorável à instalação do crime organizado, das milícias etc. Parece até que alguns penalistas brasileiros pretendem uma neoanomia do "quanto pior, melhor". E para piorar, via de regra, os governantes nomeiam como Secretário de Segurança Pública promotores de justiça ou egressos de lá, que são concorrentes da investigação criminal dos delegados de polícia. Geralmente neófitos na área, acirram as disputas institucionais, causam rebuliço e saem do poder apagados, mas o estrago corporativo causado quase sempre leva décadas para depurar.

A corroborar o que se disse anteriormente, em alusão à promíscua ausência de políticas públicas de segurança no Brasil dos últimos trinta anos, cite-se o pensamento de Carlos Alberto Elbert, professor de criminologia da Universidade Nacional de Buenos Aires, para quem "o 'encolhimento do Estado', objetivo essencial das políticas neoliberais, que – como vimos – já se haviam posto (com outro nome) na Argentina do Centenário, afetou fortemente as estruturas do controle social. As restrições orçamentárias e a filosofia do novo 'Estado frágil' fizeram com que as polícias diminuíssem suas funções até privatizá-las, tarifando-as como 'serviços extraordinários'. Isso significa que numerosas atividades que antes contavam com a vigilância pública, como as esportivas, tiveram que contratar serviços de mercado à polícia. A passagem declarada das funções policiais ao livre mercado fez com que cada vez mais funcionários ficassem afetados para cobrir horas extras de serviços, com tarifas especiais, ou fossem diretamente recrutados por agências de segurança e vigilância privadas. Os serviços policiais 'de mercado' abarcam uma grande diversidade: vigi-

delegado de polícia a competência para decretação de prisão temporária por cinco dias nos crimes hediondos, com comunicação imediata ao juiz de direito competente, como medida a garantir pronta resposta à criminalidade violenta.

lância domiciliar, custódia pessoal, trâmites, apoio a empresas de recuperação de carros roubados, seguradoras, serviços privados de controle de trânsito etc. Com tais 'ganhos', o Estado tirou um peso de seus ombros com os custos de manutenção de uma polícia pública a serviço (ao menos teórico) de todos os cidadãos, debilitando sua identidade e sua legitimação sociais. (...) No Brasil e na Venezuela, os empresários e as autoridades se deslocam a seus locais de trabalho somente em helicópteros, para não terem de transitar pela cidade, expondo-se a seus perigos".

A incompetência do neoliberalismo da social-democracia fragilizou os órgãos policiais do Estado, notadamente ao designar como chefes de polícia alguns membros do Ministério Público que sentiam ojeriza pela atividade policial; culminando com um alarmante crescimento da criminalidade, em paralelo com a multiplicação de agências e setores de "segurança privada" e o fortalecimento de facções criminosas diretamente ligadas à estrutura prisional do Estado, o que, por si só, mostra que a crise de segurança construída pelo neoliberalismo deixa danos irreparáveis para reedificação por uma só geração.

Não é demais perguntar, a quem interessa que a polícia seja enfraquecida, corrompida, ultrajada em seus salários e sem os poderes legais necessários ao enfrentamento da criminalidade organizada? Quem lucra com a "indústria do medo", com a segurança privada, câmeras, blindagens, cercas elétricas etc.?

Aos responsáveis por esse estado de coisas, a história deixará sua marca e respectivo débito.

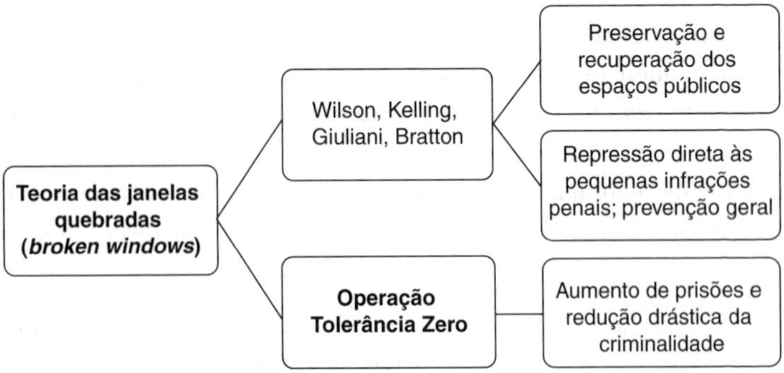

Vale exemplificar com dados estatísticos da Secretaria de Segurança Pública do Estado de São Paulo, conforme tabela oficial abaixo, retirada do *site* da SSP/SP[11]. O número astronômico de infrações penais praticadas durante o ano de 2018 no Estado de São Paulo (**1.418.758 – um milhão e quatrocentos e dezoito mil e setecentos e cinquenta e oito delitos**), **sem mencionar o tráfico de drogas, o estelionato, a apropriação indébita, as fraudes** etc., bem como a **cifra negra dos crimes patrimoniais**, faria o *impeachment* dos governantes em qualquer país pretensamente sério.

Natureza	Jan.	Fev.	Mar.	Abr.	Maio	Jun.	Jul.	Ago.	Set.	Out.	Nov.	Dez.	Total
HOMICÍDIO DOLOSO (2)	262	237	267	252	239	238	245	224	220	251	240	274	2.949
N. DE VÍTIMAS EM HOMICÍDIO DOLOSO (3)	277	246	281	271	248	247	261	233	232	264	257	289	3.106
HOMICÍDIO DOLOSO POR ACIDENTE DE TRÂNSITO	7	4	4	3	2	2	4	1	4	3	0	2	36
N. DE VÍTIMAS EM HOMICÍDIO DOLOSO POR ACIDENTE DE TRÂNSITO	10	4	5	4	2	2	6	1	5	3	0	2	44
HOMICÍDIO CULPOSO POR ACIDENTE DE TRÂNSITO	228	214	256	286	249	307	295	285	283	277	229	284	3.193
HOMICÍDIO CULPOSO - OUTROS	15	17	9	10	9	19	19	10	11	12	14	7	152
TENTATIVA DE HOMICÍDIO	333	265	331	292	269	281	268	257	288	307	272	321	3.484
LESÃO CORPORAL SEGUIDA DE MORTE	8	6	8	6	4	7	8	1	6	7	13	6	80
LESÃO CORPORAL DOLOSA	11.334	10.630	12.276	10.938	10.804	10.017	9.529	9.749	10.110	10.885	10.188	10.904	127.364
LESÃO CORPORAL CULPOSA POR ACIDENTE DE TRÂNSITO	6.317	6.002	7.145	7.229	6.997	6.457	6.328	6.634	5.947	6.348	5.738	5.644	76.786

(continua)

[11] Disponível em: <https://www.ssp.sp.gov.br/Estatistica/Pesquisa.aspx>. Acesso em: 23 jul. 2019.

(continuação)

LESÃO CORPORAL CULPOSA - OUTRAS	275	195	283	257	274	239	243	253	258	264	234	278	3.053
LATROCÍNIO	23	22	21	27	19	23	21	23	22	27	23	19	270
N. DE VÍTIMAS EM LATROCÍNIO	23	23	22	28	20	23	22	23	22	28	24	20	278
TOTAL DE ESTUPRO (4)	1.034	999	1.185	957	1.036	897	858	1.048	946	1.142	922	925	11.949
ESTUPRO	300	300	312	278	278	257	250	296	250	285	234	245	3.285
ESTUPRO DE VULNERÁVEL	734	699	873	679	758	640	608	752	696	857	688	680	8.664
TOTAL DE ROUBO - OUTROS (1)	23.032	22.244	22.479	22.772	24.178	22.190	20.509	21.856	20.214	22.613	21.306	19.722	263.115
ROUBO - OUTROS	22.286	21.495	21.678	22.001	23.507	21.407	19.774	21.103	19.563	21.894	20.611	19.004	254.323
ROUBO DE VEÍCULO	4.513	4.508	4.790	4.941	5.173	4.898	4.600	4.822	4.654	5.251	5.227	5.593	58.970
ROUBO A BANCO	4	4	5	3	9	6	6	5	2	6	1	3	54
ROUBO DE CARGA	742	745	796	768	662	777	729	748	649	713	694	715	8.738
FURTO - OUTROS	42.622	46.716	41.616	41.149	41.775	40.770	41.208	43.331	40.096	44.841	41.550	39.222	504.896
FURTO DE VEÍCULO	8.274	8.057	8.787	8.436	8.140	7.965	8.376	8.561	8.167	8.985	8.620	6.978	99.346

5.8.2 *Teoria dos testículos despedaçados ou quebrados* (breaking balls theory)

Trata-se de uma variante da teoria das janelas quebradas, igualmente originária dos EUA, que defende o **combate veemente às pequenas infrações penais**. Parte da premissa empírico-policial de que **os delinquentes devem ser perseguidos de forma eficaz pela polícia**; devem, ainda, ser sufocados em seus nichos por meio de ações contínuas da polícia que inviabilizam seu proceder criminoso. Assim a **repressão imediata e rigorosa aos pequenos delitos** faria com que os criminosos migrassem para outro lugar, pois seriam afugentados pela polícia. Não resolve a questão da criminalidade, apenas a transfere para outro bairro ou cidade[12].

12 Em São Paulo no ano de 1974 ocorreu a famigerada **Operação Camanducaia**, em que policiais civis lotaram três ônibus com menores infratores do centro da cidade (trombadinhas e pequenos viciados) e os levaram até a cidade de Camanducaia, Minas Gerais, onde foram soltos, agredidos e deixados nus. O fato teve grande repercussão e di-

5.9 Teoria behaviorista

O psicólogo norte-americano John Broadus Watson (1878-1958) é tido como o fundador do **behaviorismo**. A palavra deriva de *behavior*, que significa comportamento, na língua inglesa. Parte da ideia de que o comportamento humano deve ser observado e, a partir daí, criar um mecanismo de estímulos e respostas.

José César Naves de Lima Junior (2014, p. 81) afirma que o behaviorismo decorre da "ideia de que os organismos humanos e animais se adaptam ao meio ambiente por meio de fatores hereditários e hábito, e alguns estímulos conduzem os organismos a apresentar respostas. Por essa lógica, conhecendo-se a resposta pode-se prever o estímulo, e com isso controlar o comportamento".

Sustenta B. F. Skinner (2003, p. 16) que "o comportamento é uma matéria difícil, não porque seja inacessível, mas porque é extremamente complexo. Desde que é um processo, e não uma coisa, não pode ser facilmente imobilizado para observação. É mutável, fluido e evanescente, e, por esta razão, faz grandes exigências técnicas da engenhosidade e energia do cientista".

Malgrado as críticas ao behaviorismo, certo é que tal teoria proporcionou um estudo objetivo do comportamento, que procurou modificar a conduta do criminoso por meio de estímulos positivos.

5.10 Teoria das técnicas de neutralização

Os meios de se racionalizar a conduta delitiva usados em paralelo com os comportamentos humanos desviantes são chamados de "técnicas de neutralização", porque buscam neutralizar alguns valores e regras apreendidos pelo criminoso.

Nesse sentido, os criminosos que vivem uma subcultura delinquencial não perdem um mínimo de contato com a realidade normativa social, de modo que procuram justificar seu comportamento desviante como algo proibido, mas não incriminado. Aqui o criminoso se vê como vítima da sociedade e busca pôr a culpa na vítima do crime, criticando os órgãos de controle social (Polícia, Ministério Público, Justiça) e sobrevalorizando o grupo criminoso a que pertence. Um exemplo bastante claro

---

versos policiais foram processados, mostrando um péssimo exemplo empírico antecipado da "teoria dos testículos despedaçados".

disso é a postura de certos bandidos integrantes de facções criminosas que as exultam e execram o Estado.

5.11 Teoria da aprendizagem social (*social learning*)

Na verdade, é um grupo de teorias que desponta no século XIX e defende a aprendizagem de técnicas de cometimento do delito e os mecanismos correlatos de neutralização psicológica. Integram esse grupo: teoria da associação diferencial: teoria do reforço diferencial; teoria do condicionamento operante e teoria da neutralização.

5.11.1 Teoria da identificação diferencial (Daniel Glaser)

Segundo Natacha Alves de Oliveira[13], esta teoria defende "a aprendizagem da conduta delitiva a partir da identificação diferencial com criminosos tomados como referência, e não pela comunicação ou interação, conforme defendido pela teoria da associação diferencial".

Tal teoria conjugou a importância dos papéis desempenhados por cada um e a presença dos meios de comunicação em massa. Assim, por exemplo, critica a exibição de programas televisivos em que criminosos (traficantes, ladrões, estelionatários etc.) são glamourizados pela mídia com *status* de heróis, vitoriosos, poderosos etc., pois influenciam, por mimetismo, outros que tais, sobretudo os adolescentes.

5.11.2 Teoria do condicionamento operante (Ronald Akers e Robert Burgees)

Esta teoria propugna que a conduta criminosa deriva de uma série de estímulos na vida do sujeito, relacionando-se à sua vida passada. Exemplo: indivíduo que sofreu abuso na infância é mais tendente a praticar abusos também.

Destarte, o comportamento se acha vinculado à exposição de estímulos negativos ou positivos, decorrentes de experiências já vividas, como gratificações ou castigos. É o que cientistas fazem com ratos de laboratório, que são condicionados positivamente com o recebimento de ração em razão da conduta certa perpetrada e punidos com eletrochoque no caso de errarem a conduta esperada.

---

13 Oliveira, op. cit., p. 108.

5.11.3 Teoria do reforço diferencial (Jeffery)

Jeffery assevera a importância de fatores extra-sociedade no comportamento humano, incorporando elementos biológicos e bioquímicos. A teoria parte da premissa de que o comportamento criminoso é operante, que interage com o meio continuamente, guiado pelo condicionamento, sobretudo pelas ideias de privação e saciedade.

5.11.4 Teoria dos instintos

É uma das teorias freudianas. Aqui o delito por sentimento de culpa se traduz na ideia de que os instintos delituosos, embora contidos pelo superego, não são destruídos, permanecem *in potentia* no inconsciente, onde vinculam-se a um sentimento de culpa e a uma tendência de confessar. Portanto, com a prática da infração penal, o criminoso passa por cima do sentimento de culpa e realiza sua propensão à confissão.

6º Capítulo

Bioantropologia criminal

6.1 Teorias bioantropológicas

Pode-se afirmar que os primeiros estudos bioantropológicos, ou melhor, biológicos, foram desenvolvidos por Lombroso, com predomínio das análises morfológicas e fisiognômicas.

Nesse prisma, ganhou relevo a **antropometria** (estudos das medidas e proporções do organismo humano para fins de estatística e comparação), que serviria de base para os estudos subsequentes. É indispensável citar **Alphonse Bertillon** (Paris, 22 de abril de 1853 – 13 de fevereiro de 1914), que foi um criminólogo e oficial de polícia francês. Em 1870, fundou o primeiro laboratório de identificação criminal baseada nas medidas do corpo humano, criando a **antropometria judicial**, conhecida como **sistema Bertillon**, um sistema de identificação adotado rapidamente em toda a Europa e nos Estados Unidos, e utilizado até 1970. Esse sistema de identificação humana consistia na medição das diferentes partes do corpo.

Na era pós-lombrosiana desenvolveram-se estudos biotipológicos, endocrinológicos e psicopatológicos, estes três relacionados sobretudo à criminologia clínica, conforme veremos adiante.

Na medida em que as teses anatômicas acerca da conduta humana foram se revelando insuficientes para a causalidade criminal, surgiram novas teses, se bem que críticas, de conteúdo psiquiátrico.

Merecem destaque as **teorias dos tipos de autor** (Kretschmer, 1921) e **das personalidades psicóticas** (Schneider, 1923).

Kretschmer (**tipos de autor**) diferenciou quatro tipos de constituição corporal:

1) **Leptossômicos**: alta estatura, tórax largo, peito fundo, cabeça pequena, pés e mãos curtos, cabelos crespos (propensão ao furto e estelionato).
2) **Atléticos**: estatura média, tórax largo, musculoso, forte estrutura óssea, rosto uniforme, pés e mãos grandes, cabelos fortes (crimes violentos).
3) **Pícnicos**: tórax pequeno, fundo, curvado, formas arredondadas e femininas, pescoço curto, cabeça grande e redonda, rosto largo e pés, mãos e cabelos curtos (menor propensão ao crime).
4) **Displásicos**: pessoas com corpo desproporcional, com crescimento anormal (crimes sexuais).

As maiores críticas a essa corrente foram no sentido de que tinham forte tendência discriminatória, adotadas pelo nazifascismo para justificar a eliminação de "raças inferiores".

Por seu turno, Kurt Schneider (1923) desenvolveu o conceito de **personalidades psicóticas**, sustentando tratar-se de personalidades alteradas na afetividade e nos sentimentos individuais. Importante notar que, para essa teoria, as anomalias são mais de caráter que de inteligência, conforme a lição de Winfried Hassemer e Muñoz Conde (2008, p. 27).

6.2 Teorias bioantropológicas modernas

Estas teorias acreditam que há pessoas predispostas para o crime, cuja explicação depende de variáveis congênitas (relativas à estrutura orgânica do indivíduo). O criminoso é um ser organicamente diferente do cidadão normal.

Desde a segunda metade do século XX, a genética médica vem procurando destacar a possibilidade de transmissão de fatores hereditários na gênese do delito. É certo que os fatores genéticos são transmitidos por meio dos cromossomos, valendo citar que o homem tem 46 deles. Por outro lado, sabe-se, igualmente, que o substrato da hereditariedade é o denominado DNA (ácido desoxirribonucleico), molécula em duplo espiral que contém até 200 mil genes, encontrada com mais quantidade nos glóbulos brancos, fios de cabelo, esperma etc.

O **DNA** é formado pela associação de bases nitrogenadas na seguinte conformidade: adenina/timina; citosina/guanina.

Esquema do DNA

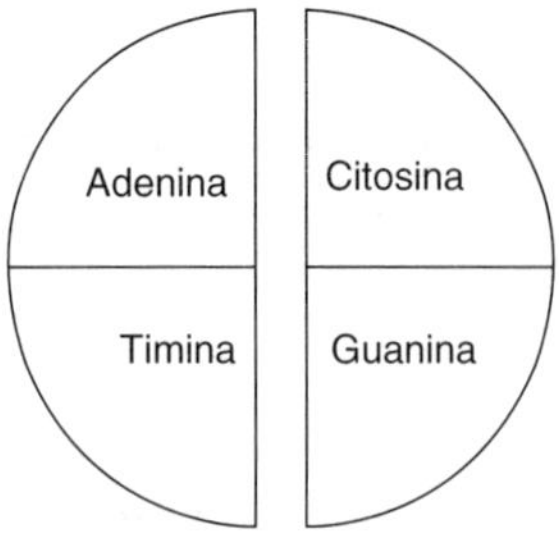

A partir do ano 2000 vários cientistas começam a decifrar o genoma humano, traçando o esboço do mapa genético de três cromossomos (11% do todo).

Sustenta-se que a herança genética se manifesta ao mesmo tempo por semelhanças e diferenças. As semelhanças derivam diretamente dos caracteres passados de pai para filho, ao passo que as diferenças aparecem em consequência da herança de outros ancestrais (**atavismo**).

Assim, na bagagem genética estariam inseridos os caracteres morfológicos (sexo, raça, estatura etc.), fisiológicos (sexualidade, força muscular etc.) e psicológicos (sensibilidade, inteligência etc.).

Existem ainda estudos sobre gêmeos e sobre alterações cromossômicas, que fogem do proposto a este trabalho.

Por fim, comungamos do pensamento de Hassemer (2008), no sentido de que só pode ser estudada a desviação criminal por meio de investigações sobre a pessoa *in concreto* e sobre sua interação com o ambiente e a sociedade.

7º Capítulo

Vitimologia

7.1 Conceito de vitimologia

A **vitimologia** é o terceiro componente da antiga tríade criminológica: criminoso, vítima e ato (fato crime). Acrescentamos ainda os meios de contenção social.

É, na verdade, um conceito evolutivo, passando do aspecto religioso (imolado ou sacrificado; evitar a ira dos deuses) para o jurídico.

A vítima, que sofre um resultado infeliz dos próprios atos (suicida), das ações de outrem (homicídio) e do acaso (acidente), esteve relegada a plano inferior desde a Escola Clássica (preocupava-se com o crime), passando pela Escola Positiva (preocupava-se com o criminoso).

Por conta de razões culturais e políticas, a sociedade sempre devotou muito mais ódio pelo transgressor do que piedade pelo ofendido.

A vitimologia é a ciência que se ocupa da vítima e da vitimização, cujo objeto é a existência de menos vítimas na sociedade, quando esta tiver real interesse nisso.

(Benjamim Mendelsohn)

7.2 Evolução histórica

A vítima (ofendido), desde o início da década de 1950 até os dias atuais, ganha destaque muito importante no sistema processual penal. Mas nem sempre foi assim. A história registra basicamente três fases no estudo das vítimas:

1) **Idade de ouro**, com o protagonismo da vítima, tal qual ocorria com a vingança privada, **"o olho por olho"**, a denominada **vingança de sangue**, atribuindo-se à vítima o poder de revide a

agressão na mesma intensidade. Isso perdurou até a fase das monarquias absolutistas, que, com a concentração de poderes nas mãos do rei, institui-se a "**vingança pública**", com proeminência do papel do direito penal e do processo penal na repressão criminal, minimizando a importância da vítima. Assim pondera Eduardo Viana (2014, p. 63): "(...) o progresso do processo penal no modelo de justiça repressiva desampara a vítima no quadro do fenômeno criminal".

2) **Neutralização**, com o **monopólio da jurisdição penal nas mãos do Estado**, a vítima é relegada a segundo plano, tornando-se de somenos importância no processo penal. Nesse sentido, basta observar a opção do legislador ao propiciar ao Estado iniciar, na imensa maioria dos crimes, a persecução penal (ação penal pública), atribuindo, em casos específicos (*numerus clausus*), a iniciativa do processo à vítima (ação penal privada). Talvez o Poder Público receasse que a vítima assumisse a justiça pelas próprias mãos, tornando-se justiceira ou vigilante.

3) **Revalorização**, a partir do desenvolvimento da **Escola Clássica do Direito Penal** (Beccaria, Carrara, Carmignani), passando pela **macrovitimização** causada por **duas grandes guerras mundiais no século XX**, bem como pela **atuação acadêmica, com os estudos efetuados no Congresso Internacional de Vitimologia em Israel (1973)**. Nesse sentido, despontam não apenas ações efetivas de Política Criminal (delegacias de polícia de defesa da mulher, promotorias de justiça de defesa da mulher, defensorias públicas etc.), mas também alterações legislativas muito significativas (Lei Maria da Penha), que protagonizam novamente a vítima na sistemática criminal.

Posicionamento relevante sobre o papel da vítima na evolução da criminologia é apresentado pela brilhante professora e Delegada de Polícia Mônica Resende Gamboa (2013, p. 46), explicando que, "Ao longo da história, a vítima migrou por três importantes períodos. No primeiro, denominado fase de **protagonismo ou idade de ouro**, a vítima era titular do *jus puniendi*, em que, apoiada no exercício das próprias razões, revidava a ofensa sofrida. O segundo e mais árduo período, denominado fase de **neutralização**, caracterizou-se pelo total abandono da vítima pelo Estado, não havendo qualquer ressarcimento do dano ocorrido, restituição de seus bens ou mero amparo psicológico oferecido a seu favor. Finalmente, em meados da década de 1950, após inúmeras barbáries contra vítimas distintas, surge o período de redescobrimento, com a chegada da vitimologia fundada por Benjamin Mendelsohn, ocasião em que foram reconhecidos os direitos da vítima, passando a ser protegida pelo Estado.

Os primeiros trabalhos sobre vítimas, segundo o professor Marlet (1995), foram de Hans Gross (1901). Somente a partir da década de 1940, com Von Hentig e Benjamim Mendelsohn, é que se começou a fazer um estudo sistemático das vítimas. Conforme já se disse, em razão da postura das Escolas Clássica e Positiva, naquela época ao direito penal só importavam o delito, o delinquente e a pena.

Depois, com o **1º Simpósio Internacional de Vitimologia, de 1973, em Israel**, sob a supervisão do famoso criminólogo chileno Israel Drapkin, impulsionaram-se os estudos e a atenção comportamentais, buscando traçar perfis de vítimas potenciais, com a interação do direito penal, da psicologia e da psiquiatria.

7.3 Classificação das vítimas/síndromes de Estocolmo, de Londres e da mulher de Potifar

Uma primeira classificação importante das vítimas é atribuída a Benjamim Mendelsohn, que leva em conta **a participação ou provocação da vítima**: a) **vítimas ideais** (completamente inocentes); b) **vítimas menos culpadas que os criminosos** (*ex ignorantia*); c) **vítimas tão culpadas quanto os criminosos** (dupla suicida, aborto consentido, eutanásia); d) **vítimas mais culpadas que os criminosos** (vítimas por provocação que dão causa ao delito); e) **vítimas como únicas culpadas** (vítimas agressoras, simuladas e imaginárias).

Dessa forma, Mendelsohn sintetiza a classificação em três grupos: a) **vítima inocente**, que não concorre de forma alguma para o injusto típico; b) **vítima provocadora**, que, voluntária ou imprudentemente, colabora com o ânimo criminoso do agente; c) **vítima agressora, simuladora ou imaginária**, suposta ou pseudovítima, que acaba justificando a legítima defesa de seu agressor.

É muito importante aferir o binômio criminoso/vítima, sobretudo quando esta interage no fato típico, de forma que a análise de seu perfil psicológico desponta como fator a ser considerado no desate judicial do delito (*vide*, nos casos de extorsão mediante sequestro, a ocorrência da chamada "**síndrome de Estocolmo**", na qual **a vítima se afeiçoa ao criminoso e interage com ele pelo próprio instinto de sobrevivência**).

Em sentido oposto, fala-se em **síndrome de Londres**[1], **que consiste no comportamento psicológico totalmente oposto àquele relacionado com a síndrome de Estocolmo**. Enquanto na síndrome de Estocolmo o refém desenvolve um vínculo de afetividade com o seu sequestrador, na **síndrome de Londres a vítima discute e discorda dos criminosos, causando uma atmosfera de antipatia e animosidade que pode ser fatal**.

Fala-se ainda em síndrome da mulher de Potifar[2] para designar **a conduta de uma pessoa rejeitada por outra e que passa a lhe imputar, falsamente, a prática de crime contra a dignidade sexual** (estupro, importunação etc.).

Por sua vez, **Hans von Hentig** elaborou a seguinte classificação: **1º grupo – criminoso – vítima – criminoso** (**sucessivamente**), reincidente que é hostilizado no cárcere, vindo a delinquir novamente pela repulsa social que encontra fora da cadeia; **2º grupo – criminoso – vítima – criminoso** (**simultaneamente**), caso das vítimas de drogas que de usuárias passam a ser traficantes; **3º grupo – criminoso – vítima** (**imprevisível**), por exemplo, linchamentos, saques, epilepsia, alcoolismo etc.

---

1 A expressão "**síndrome de Londres**" surgiu após o sequestro em que seis terroristas árabes iranianos invadiram a Embaixada do Irã em Londres e fizeram 26 pessoas reféns em 30 de abril de 1980. Dentre as vítimas, havia um funcionário que discutia constantemente com os sequestradores. Em um determinado momento, os criminosos decidiram que um dos reféns deveria ser morto para que passassem a acreditar nas ameaças deles e, assim sendo, decidiram executar aquele com quem estavam frequentemente discutindo.

2 Tal fenômeno faz referência à narrativa bíblica na qual Potifar, um capitão egípcio da guarda do palácio real, prende José, filho de Jacó, com base somente nas palavras da sua esposa, que, após frustradas tentativas de se relacionar sexualmente com José, decide acusá-lo de tentativa de estupro.

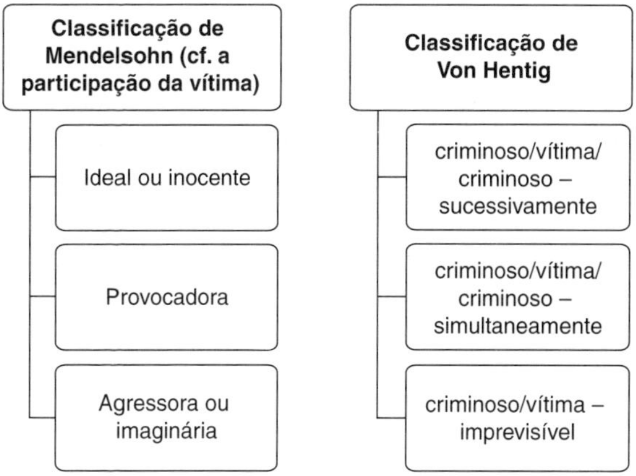

7.4 Complexo criminógeno delinquente e vítima

É importante analisar a relação entre criminoso e vítima (***par penal***) para aferir o dolo e a culpa daquele, bem como a responsabilidade da vítima ou sua contribuição involuntária para o fato crime. Isso repercute na adequação típica e na aplicação da pena (art. 59 do CP). É inegável o papel da vítima no homicídio privilegiado, por exemplo. Nos crimes sexuais muitas vezes o autor é "seduzido" pela vítima, que não é tão vítima assim.

Da mesma maneira que existem criminosos reincidentes, é certa para a criminologia a existência de vítimas latentes ou potenciais (*potencial de receptividade vitimal*).

Determinadas pessoas padecem de um impulso fatal e irresistível para serem vítimas dos mesmos crimes. Exemplos: vigias de bancos e lojas; médicos vitimados por denúncias caluniosas; policiais acusados de agressões etc.

Assim é que, como há delinquentes recidivos, há vítimas voluntárias, como os "encrenqueiros", os "truculentos", os "piadistas" etc.

No entanto, muitas pessoas – **vítimas autênticas** – não contribuem para o evento criminal por ação ou omissão nem interagem com o comportamento do autor do delito. São completamente **inocentes** na compreensão cênica do delito.

7.5 Política criminal de tratamento da vítima

Fundado em São Paulo em 1987, o Instituto de Ensino e Pesquisa – **Insper** é uma instituição de ensino sem fins lucrativos que tem o compromisso de ser um centro de referência em ensino e pesquisa nas áreas de negócios e economia.

Nesse terreno, coadjuvado pelo Centro de Políticas Públicas do Instituto Futuro Brasil (IFB), realizou importante pesquisa acerca da vitimização na cidade de São Paulo no período de 2003 a 2008, revelando dados inéditos sobre a criminalidade. O estudo mostra a evolução da violência em São Paulo nesse período, com dados de criminalidade como estelionato, agressão verbal, agressão física, trânsito, crime contra a pessoa, roubo de veículos e roubos a residências. O estudo utilizou como base pesquisa domiciliar com 2.967 pessoas na cidade de São Paulo no ano de 2008.

À guisa de ilustração, transcrevemos as tabelas[3] acerca da pesquisa de vitimização acima referida:

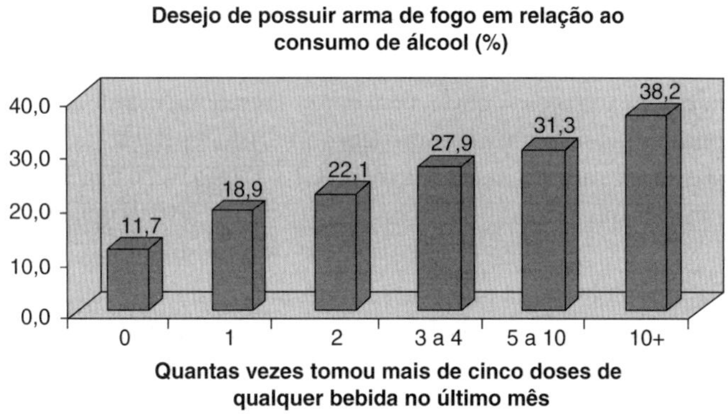

[3] Dados obtidos no *site* <http://www.insper.org.br/docentes-e-pesquisa/centro-de-politicas-publicas/pesquisa-vitimizacao>. Acesso em: 2 out. 2009.

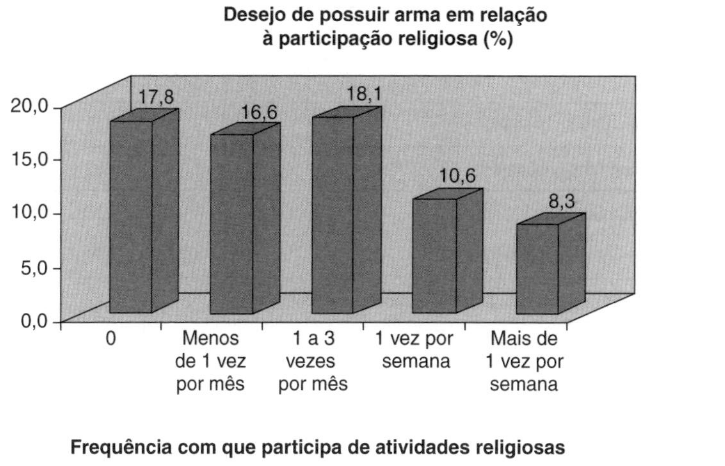
Desejo de possuir arma em relação
à participação religiosa (%)
20,0
15,0
10,0
5,0
0,0
17,8
16,6
18,1
10,6
8,3
0
Menos de 1 vez por mês
1 a 3 vezes por mês
1 vez por semana
Mais de 1 vez por semana
Frequência com que participa de atividades religiosas

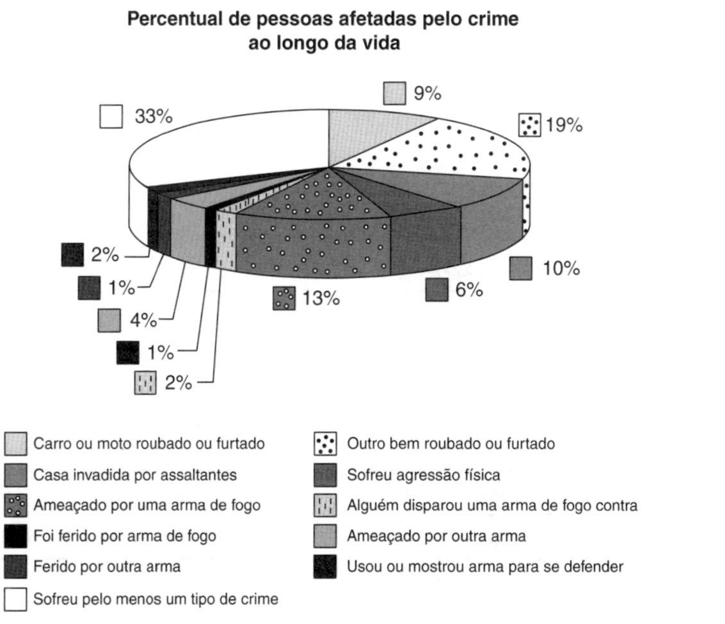
Percentual de pessoas afetadas pelo crime
ao longo da vida
9%
33%
19%
2%
1%
4%
1%
2%
13%
6%
10%
Carro ou moto roubado ou furtado
Outro bem roubado ou furtado
Casa invadida por assaltantes
Sofreu agressão física
Ameaçado por uma arma de fogo
Alguém disparou uma arma de fogo contra
Foi ferido por arma de fogo
Ameaçado por outra arma
Ferido por outra arma
Usou ou mostrou arma para se defender
Sofreu pelo menos um tipo de crime

Criminalidade ao longo da vida e renda	Baixa		Média	
	N	%	N	%
Carro ou moto roubado ou furtado	78	6,6	316	15,8
Outro bem roubado ou furtado	315	26,6	675	33,8
Casa invadida por assaltantes	148	12,5	361	18,1
Sofreu agressão física	131	11,1	218	10,9
Ameaçado por uma arma de fogo	185	15,6	470	23,5
Alguém disparou uma arma de fogo contra	41	3,5	75	3,8
Foi ferido por arma de fogo	20	1,7	21	1,1
Ameaçado por outra arma	67	5,7	151	7,6
Ferido por outra arma	28	2,4	31	1,6
Usou ou mostrou arma para se defender	24	2,0	59	3,0
Sofreu pelo menos um tipo de crime	**556**	**47,1**	**1177**	**59,0**

Criminalidade ao longo da vida e renda	Alta		Total	
	N	%	N	%
Carro ou moto roubado ou furtado	267	33,3	816	16,3
Outro bem roubado ou furtado	408	50,7	1727	34,5
Casa invadida por assaltantes	223	27,8	916	18,3
Sofreu agressão física	118	14,7	568	11,4
Ameaçado por uma arma de fogo	266	33,1	1142	22,8
Alguém disparou uma arma de fogo contra	43	5,4	193	3,9
Foi ferido por arma de fogo	8	1,0	58	1,2
Ameaçado por outra arma	116	14,4	402	8,0
Ferido por outra arma	13	1,6	85	1,7
Usou ou mostrou arma para se defender	36	4,5	148	3,0
Sofreu pelo menos um tipo de crime	**616**	**76,8**	**2889**	**57,9**

Taxa de roubo e furto por cor

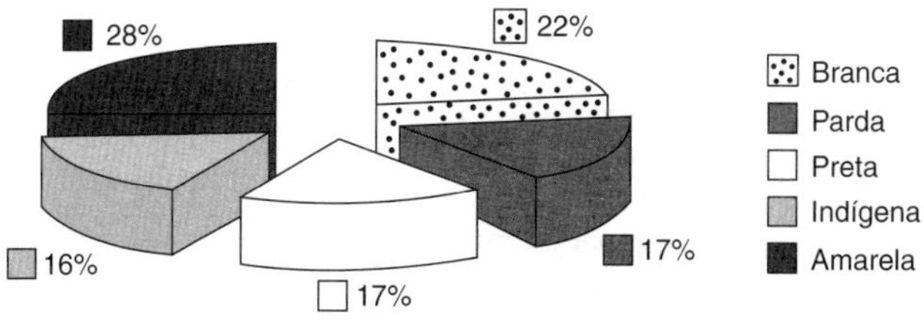

Taxa de agressão física por cor

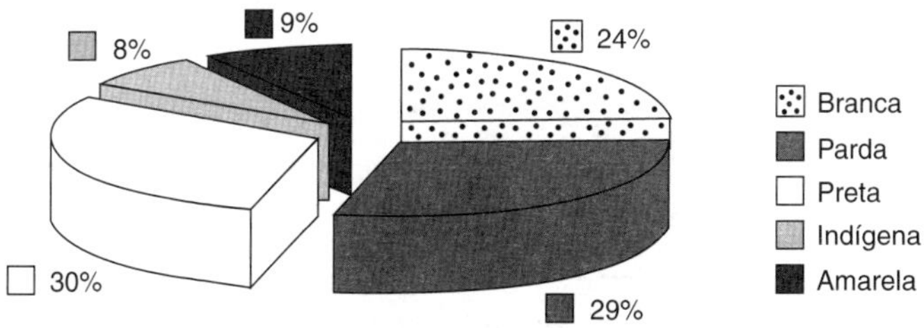

Por sua vez, a Secretaria de Segurança Pública do Estado de São Paulo elaborou pesquisa, coordenada pelo sociólogo Túlio Kahn[4], que asseverou, entre outros relevantes criminais, que o homicídio é o tipo de crime com consequências mais graves para a sociedade, o que eleva muito a importância de estudar sua ocorrência com o objetivo de entendê-lo e encontrar ações efetivas no seu combate e prevenção.

A ocorrência de homicídios tem predominância noturna; após as 19h a incidência aumenta muito, atingindo o pico às 22h. Depois o número de ocorrências decresce durante a madrugada, mas ainda com altas taxas, até atingir o ponto mínimo por volta das 10h.

Tendo em vista os dias da semana, a ocorrência de homicídios se concentra nos finais de semana, tanto no sábado como no domingo. A diferença na distribuição dos dois dias reside no fato de que no sábado

[4] Apud <http://www.ssp.sp.gov.br/estatisticas/downloads/manual_estudos_criminologicos_2.pdf>. Acesso em: 2 out. 2009.

existe um aumento de homicídios durante todo o dia, enquanto no domingo o aumento ocorre praticamente só no período da manhã.

Por derradeiro, ao contrário da maioria dos tipos de crime, os homicídios estão mais relacionados a favelas do que a qualquer outro tipo de infraestrutura urbana, relacionando-se, num só contexto, às precárias condições ambientais e fatores socioeconômicos e até culturais.

Esse introito deu-se para demonstrarmos a importância do estudo estatístico para o fim de criar uma política pública de suporte às vítimas da criminalidade.

As modernas tendências criminológicas aparecem desde o final do século XX como consequência de mobilizações sociais em prol de vítimas.

O direito penal moderno sofreu um forte golpe em seu parâmetro de observação da vítima com neutralidade. A neutralização da vítima é cada vez mais afetada pelos anseios sociais que a empurram para um papel de maior relevância no processo penal.

Na **Europa** (Alemanha e Espanha) e nos **EUA** as **tendências político-criminais** desenham-se em quatro grandes vertentes:

1) Maior proteção de vítimas, mediante a **redução de direitos e garantias do criminoso no processo penal** (por exemplo, uso de prova ilícita; maior valor ao depoimento da vítima que do réu; facilitação da prisão preventiva etc.), o que provocou a indignação e a perplexidade de Hassemer (2008, p. 148).
2) Investimento na **aplicação e execução de penas de prisão, sobretudo a perpétua, assim também a pena de morte**, afastando a reinserção social para estupradores, terroristas, traficantes, assassinos em série etc.; paralelamente, a adoção de medidas rígidas de policiamento com base na **lei e ordem** e **tolerância zero** para todos os crimes, inclusive os de menor poder ofensivo, o que também provocou a ira do renomado penalista alemão.
3) Ampliação da **participação da vítima no processo penal**, auxiliando na produção de provas e mesmo substituindo o acusador oficial.
4) Por derradeiro, o **fomento à ajuda e atenção à vítima por parte das instituições públicas**, com a criação de órgãos de apoio e proteção, bem como o dever estatal de indenização, caso o réu seja insolvente, prevenindo-se a vitimização terciária.

A tendência atual de maior proteção e destaque à vítima ganha importância também no âmbito de aplicação de pena. Ensinam Muñoz Conde e Hassemer (2008, p. 149) que "insiste-se na prevenção geral intimidatória, deixando de lado a finalidade de reinserção social, pleiteando a prisão perpétua (inclusive a pena de morte) para o delinquente estuprador, terrorista, traficante ou assassino em série ou, pelo menos, que este cumpra integralmente a pena de prisão imposta sem redução de sua duração ou atenuação do regime de cumprimento, eliminando institutos como progressão de regime, liberdade condicional e outros benefícios penitenciários. Paralelamente, os meios de comunicação desencadeiam campanhas de 'lei e ordem', solicitando um maior rigor na atuação policial e uma 'tolerância zero', inclusive nos delitos de escassa gravidade".

No Brasil, as ações afirmativas de tutela de vítimas da violência são ainda extremamente tímidas, na medida em que se vive uma crise de valores morais, culturais e da própria autoridade constituída, com escândalos de corrupção grassando nos três poderes da República.

Contudo, particular destaque merece a edição da recente Lei n. 11.340/2006 (Lei Maria da Penha), que refletiu a preocupação da sociedade brasileira com a violência doméstica contra a mulher.

7.6 Vitimização primária, secundária e terciária

A legislação penal e processual penal brasileira emprega os termos "vítima", "ofendido" e "lesado" indistintamente, por vezes até como sinônimos. Porém, entende-se que a palavra "vítima" tem cabimento específico nos crimes contra a pessoa; "ofendido" designa aquele que sofreu delitos contra a honra; e "lesado" alcança as pessoas que sofreram ataques a seu patrimônio.

Para a **Declaração dos Princípios Fundamentais de Justiça Relativos às Vítimas da Criminalidade e de Abuso de Poder**, das Nações Unidas (ONU-1985), define-se "vítimas" como "as pessoas que, individual ou coletivamente, tenham sofrido um prejuízo, nomeadamente um atentado à sua integridade física ou mental, um sofrimento de ordem moral, uma perda material, ou um grave atentado aos seus direitos fundamentais, como consequência de atos ou de omissões violadores das leis penais em vigor num Estado membro, incluindo as que proíbem o abuso de poder".

Assim, vítima é quem sofreu ou foi agredido de alguma maneira em razão de uma infração penal, cometida por um agente.

A criminologia, ao analisar a questão vitimológica, classifica a vitimização em três grandes grupos, conforme veremos adiante.

- **Vitimização primária**: é normalmente entendida como aquela provocada pelo cometimento do crime, pela conduta violadora dos direitos da vítima – pode causar danos variados, materiais, físicos, psicológicos, de acordo com a natureza da infração, a personalidade da vítima, sua relação com o agente violador, a extensão do dano etc. Então, **é aquela que corresponde aos danos à vítima decorrentes do crime**.

- **Vitimização secundária**: ou **sobrevitimização**; entende-se ser aquela causada pelas instâncias formais de controle social, no decorrer do processo de registro e apuração do crime, com o **sofrimento adicional causado pela dinâmica do sistema de justiça criminal** (inquérito policial e processo penal).
- **Vitimização terciária**: falta de amparo dos órgãos públicos às vítimas; nesse contexto, a própria sociedade não acolhe a vítima, e muitas vezes a incentiva a não denunciar o delito às autoridades, ocorrendo o que se chama de **cifra negra** (quantidade de crimes que não chegam ao conhecimento do Estado).

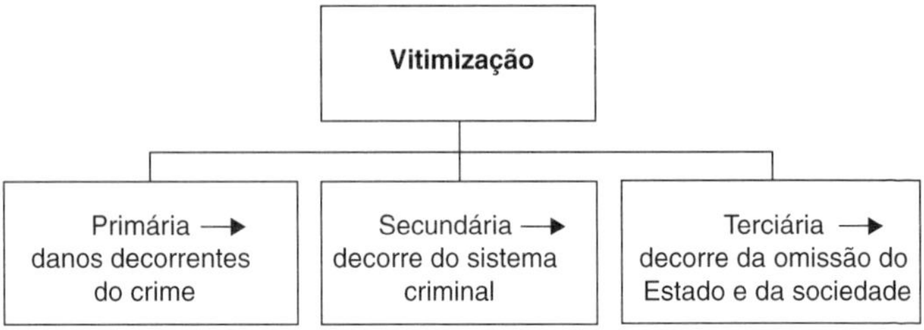

Além do conceito, a precitada Declaração afirma alguns **direitos fundamentais das vítimas**, como, por exemplo, o **direito à informação** (acerca da marcha da investigação e do processo penal), o **direito à proteção** (minimização dos efeitos da vitimização secundária), o **direito de participação** (maior participação e papel no processo penal), o **direito à assistência** (médica, psicológica etc.), o **direito à reparação** (indenização), dentre outros.

A importância dos estudos científicos sobre a vítima do delito no âmbito da criminologia e do próprio direito penal, a partir da Segunda Guerra Mundial, ganhou relevante interesse e está em constante evolução. Dessa forma, verifica-se que os concursos públicos passaram a inserir questões dessa natureza e o tema foi objeto de cobrança em certame, como se verifica no Anexo de Questões de concursos públicos.

7.7 Vulnerabilidade da vítima e vitimização psicológica

Não se pode deixar de mencionar que a vulnerabilidade da vítima está relacionada a diversos fatores que, nessa linha, adquirem relevância de acordo com a pessoa e o próprio delito.

Com efeito, oportuna a transcrição do texto exemplificativo na visão de Antonio García-Pablos de Molina (2013, p. 28): "São muitos – e diversos – os fatores moduladores de vulnerabilidade nas vítimas. Citam-se, entre outros: fatores biológicos (ex.: idade crítica, sexo, sensibilização); biográficos (ex.: estresse acumulativo, vitimização prévia, antecedentes psiquiátricos etc.); sociais (ex.: recursos laborais e econômicos, apoio social informal, sistema de redes e habilidades sociais etc.); assim como certas *dimensões da personalidade* (ex.: baixa inteligência, ansiedade, *locus* de controle externo, instabilidade, impulsividade etc.)".

Constata-se, ainda, que as vítimas do delito frequentemente adquirem lesões psíquicas, dentre elas, ansiedade, depressão, transtorno por estresse pós-traumático (TEPT), transtorno por estresse agudo e desatabilização da própria personalidade.

Outros quadros de interferências remanescem nas vítimas de violência, em linhas gerais, variando de pessoa, trata-se de humilhação, raiva, agressividade, vergonha, impotência, autoculpabilização – em que constantemente se revivem os acontecimentos, acentuando o sofrimento psicológico –, tendência ao suicídio conforme a violência sofrida, disfunções sexuais, alteração do sono, perda da autoestima, isolamente repetitivo, desconfiança generalizada, medo de sair de casa, de andar sozinha e de frequentar determinados locais etc.

7.8 *Iter victimae* (caminho ou fases da vitimização)

Consiste no trajeto seguido por um indivíduo para ser convertido em vítima. Assim como o ***iter criminis***[5] (é o "caminho ou fases do crime", é dizer, o itinerário percorrido pelo agente até a consumação do delito), também ocorre a divisão do ***iter victimae*** em fases, quais sejam: **"intuição, atos preparatórios, início da execução, execução e consu-**

---

5 O *iter criminis* pode ser dividido em quatro etapas: 1 – cogitação (*cogitatio*); 2 – atos preparatórios (*conatus remotus*); 3 – atos executórios; e 4 – consumação. Obs.: exaurimento é uma etapa "pós-crime", um acontecimento posterior à consumação do delito, não alterando a tipificação da conduta, portanto, não integra o *iter criminis*.

mação" (MAZZUTTI, 2012, p. 77). Contudo, não há duvida alguma de que, na maioria das vezes, as vítimas em nada contribuem com o evento criminoso, a culpa pelo desencadear da ação delitiva é inteiramente do agente violador da Lei. Não há que se falar na **criminalização da vítima**, isto é, a vítima não contribuiu de modo algum para a ocorrência da ação delitiva do agente criminoso.

Sobre a temática colocada, a conceituação de vítima ultrapassa a pessoa humana no direito penal atual, por exemplo, pessoa física, jurídica, ente coletivo e qualquer pessoa que tenha sido prejudicada por conduta humana que constitua uma infração penal.

7.9 Heterovitimização

A heterovitimização corresponde à autorrecriminação da vítima (autoculpabilização) diante de um crime cometido, por meio da busca pelas razões que a tornaram, de modo provável, responsável pela prática delitiva. Por exemplo, ter deixado a porta de um automóvel sem a trava, ter assinado uma folha de cheque que estava em branco, ter esquecido uma vela acessa ou o gás aberto no interior de qualquer local de abrigo humano.

8º Capítulo

Criminologia e crime organizado

8.1 Crime organizado

No Brasil havia basicamente duas leis que se referiam à criminalidade organizada, a Lei n. 9.034/95 e a Lei n. 10.217/2001. Nenhuma delas definia crime organizado, o que não deixava de ser um lapso lamentável do Legislativo. No entanto, com o advento da **Lei n. 12.850**[1], **de 2 de agosto de 2013**, houve a definição legal de **organização criminosa**, a saber: "Art. 1º (...) § 1º Considera-se organização criminosa a associação de 4 (quatro) ou mais pessoas estruturalmente ordenada e caracterizada pela divisão de tarefas, ainda que informalmente, com objetivo de obter, direta ou indiretamente, vantagem de qualquer natureza, mediante a prática de infrações penais cujas penas máximas sejam superiores a 4 (quatro) anos, ou que sejam de caráter transnacional". Além disso, a nova lei estabeleceu meios de investigação, tais como a colaboração premiada, a infiltração etc.

Do que se vê na citada Lei, ela assenta a possibilidade de aplicá-la também aos **crimes previstos em tratados ou convenções internacionais**[2] quando, iniciada a execução no Brasil, o resultado tenha ou devesse ter ocorrido no exterior, ou ao contrário, quando a execução do crime se iniciar no exterior e o resultado tenha ou devesse ter ocorrido no Brasil.

---

1 Revogou a Lei n. 9.034/95, que até 2013 tratava da utilização de meios operacionais para a prevenção e repressão de ações praticadas por organizações criminosas.

2 Por exemplo, tráfico internacional de pessoas para fins de exploração sexual, crime previsto no art. 231 do CP, promover ou facilitar a entrada, no território nacional, de alguém que nele venha a exercer a prostituição ou outra forma de exploração sexual, ou a saída de alguém que vá exercê-la no estrangeiro.

Essa incidência socorre também as **organizações terroristas**[3], entendidas como aquelas voltadas para a prática dos atos de terrorismo legalmente definidos (Lei n. 13.260/2016).

Importa lembrar que a Lei n. 12.850/2013 (define organização criminosa e dispõe sobre a investigação criminal, os meios de obtenção da prova, as infrações penais correlatas e o procedimento criminal) promoveu, ainda, alterações no Código Penal, modificando o tipo penal de quadrilha ou bando, instituindo o de **associação criminosa (art. 288 do CP)**.

Nesse contexto, indispensável explicar o objeto de incidência da associação criminosa e da organização criminosa: a associação criminosa é composta por três ou mais pessoas, com o fim específico de cometer crimes, enquanto a organização criminosa precisa ter quatro ou mais pessoas, além das especificidades: ordenamento estrutural, divisão de tarefas, com o objetivo de obter, direta ou indiretamente, vantagem de qualquer natureza, mediante a prática de crimes graves, com penas máximas superiores a quatro anos.

A criminalidade organizada pressupõe uma potencialidade destruidora e lesiva extremamente grande, pior ainda para a sociedade do que as infrações individuais, daí a justa preocupação dos Estados com a repressão ao tráfico de drogas e pessoas, ao terrorismo, ao contrabando etc.

8.2 Aspectos criminológicos do crime organizado

No âmbito penal são conhecidas duas espécies de criminalidade organizada, com reflexos evidentes para os estudos criminológicos: a do tipo mafiosa e a do tipo empresarial.

- **Criminalidade organizada do tipo mafiosa** (*Cosa Nostra*, *Camorra*, *Ndrangheta* e *Stida*, na Itália; *Yakuza*, no Japão; *Tríade*, na China; e *Cartel de Cali*, na Colômbia), cuja atividade delituosa se baseia no **uso da violência e da intimidação**, com **estrutura hierarquizada, distribuição de tarefas e planejamento de lucros**, contando com clientela e impondo a **lei do silêncio**. Seus integrantes vão desde os agentes do Estado até os executores dos delitos; as **vítimas são difusas**, e o controle social encontra sério óbice na corrupção governamental.

3 Lei n. 13.260/2016, referindo-se às organizações terroristas, incidindo sobre aquelas voltadas à prática dos atos de terrorismo legalmente definidos.

- **A criminalidade organizada do tipo empresarial** não possui apadrinhados nem rituais de iniciação; tem uma **estrutura empresarial que visa apenas o lucro econômico de seus sócios**. Trata-se de uma empresa voltada para a atividade delitiva. Busca o anonimato e **não lança mão da intimidação ou violência**. Seus criminosos são empresários, comerciantes, políticos, *hackers* etc. As vítimas também são difusas, mas, quando individualizadas, muitas vezes sequer sabem que sofreram os efeitos de um crime. Nesse contexto, ganha relevo a discussão doutrinária do direito penal do cidadão contra o direito penal do inimigo. Este, conforme a doutrina de Gunther Jakobs (2007), volta-se para a preservação do Estado e propõe tratamento gravoso aos criminosos que violam bens jurídicos mais importantes (vida, liberdade, dignidade sexual), à semelhança do que ocorre com os terroristas, e aquele de cunho minimalista, em que se defende um sistema mais garantista ao imputado.

O Estado deve ampliar ações sociais capazes de prover as necessidades da população (saúde, educação, trabalho, segurança etc.), pois a criminalidade organizada ocupa espaços e coopta os indivíduos abandonados por ele, mediante um projeto de médio prazo, alterando a legislação criminal, fortalecendo o sistema de persecução penal, entre outras medidas.

8.3 Crimes do colarinho branco[4] (ou crime corporativo)

A expressão ***white collar crimes*** (crimes do colarinho branco) foi apresentada pela primeira vez em 1939, à Sociedade Americana de Sociologia, por Edwin Sutherland.

Malgrado elaborada a partir de uma visão sociológica da criminalidade, a definição de Sutherland obteve o respeito da comunidade científica e acelerou os estudos acerca do crime organizado no aspecto empresarial a partir da metade do século XX.

Os crimes do colarinho branco têm duas características próprias e simultâneas: o *status* respeitável do autor e a interação da atividade criminosa com sua profissão.

---

4 Lei n. 9.613/98 (crimes de lavagem ou ocultação de bens, direitos e valores).

Nesse ambiente, destacam-se os crimes contra a ordem tributária, as relações de consumo, a economia popular, o mercado de ações, os crimes falimentares, os crimes ambientais e contra a ordem previdenciária (arts. 168-A e 337-A do CP) etc., de modo que seus autores, em regra, são pessoas ou grupos de pessoas de amplo prestígio social e político, com fácil trânsito em todas as áreas governamentais. As propinas, o tráfico de influência e favorecimento são, de igual raiz, atividades correlacionadas àqueles ilícitos, que contam com o apoio de agentes públicos ímprobos e desonestos.

De maneira irrespondível, anota o mestre Alvino Augusto de Sá (SÁ; SHECAIRA, 2008, p. 211) que, "se os crimes violentos (criminalidade de massa) têm alto poder de sedução sobre as pessoas, exercem sobre elas verdadeiro fascínio, o mesmo não acontece com os crimes de colarinho branco e, em particular, com os crimes ambientais. Os crimes ambientais raramente provocam, se é que provocam, fortes impactos emocionais nas pessoas, na opinião pública em geral. Uma coisa é lesar o meio ambiente, definido como bem da humanidade no art. 225, *caput*, da Constituição Federal, outra coisa é lesar, sobretudo com violência, os bens fundamentais das pessoas, definidos como tais no art. 5º da mesma Constituição".

Os crimes do colarinho branco, à vista de sua pretensa impunidade, acabam propiciando a ocorrência da chamada **cifra dourada** de criminalidade, isto é, o percentual de tais delitos que sequer chega ao conhecimento das autoridades.

Ensina Elbert (2009, p. 165) que "a realização dos delitos de colarinho branco, no meio cultural empresarial, era considerada, então, mais um mérito que uma mácula, conformando uma concepção subcultural dos poderosos. Dali deduz Sutherland que o comportamento e os valores se aprendem no curso da vida social e se expressam em sistemas de trabalho, ideias e modos de relação comuns". Aí estava desenhado um modelo de subcultura delinquente, proporcionado pela associação diferencial.

Claro fica que, nos crime de colarinho branco, a impunidade é uma característica que incentiva sua prática reiterada, considerando que tais delitos, não raro, não possuem vítima ou têm vítimas difusas, o que conduz a consideráveis cifras negras, possuindo, ainda, difusão da responsabilidade. O Conselho de Controle de Atividades

Financeiras (Coaf) pode requerer aos órgãos da Administração Pública as informações cadastrais bancárias e financeiras de pessoas envolvidas em atividades criminosas ou condutas que direcionam a indícios de práticas ilegais, entretanto, não tem competência para promover a quebra de sigilo bancário, devendo, se for o caso, requerer judicialmente.

Eventual processo de crime de lavagem de dinheiro não depende do processo correlato ao crime que deu origem aos bens ou recursos ilícitos. O juiz designado para julgar o crime de lavagem de dinheiro poderá decidir pela união dos processos, caso conclua tratar-se de medida adequada com fundamento na economia processual. Veja-se ainda a dicção do art. 2º, § 1º, da Lei n. 9.613/98, que determina que "a denúncia deve ser instruída com indícios suficientes de existência da infração penal antecedente, sendo puníveis os fatos previstos nesta Lei, ainda que desconhecido ou isento de pena o autor, ou extinta a punibilidade da infração penal antecedente".

9º Capítulo

Classificação dos criminosos

9.1 Classificação dos criminosos

O professor Afrânio Peixoto (1953, p. 83), há mais de meio século, ensinava na Faculdade de Direito da UERJ que classificação é "uma disposição de fatos ou de coisas, em certa ordem, (por classes) para melhor julgar-se da totalidade deles, e de cada um, nas suas relações com os demais".

É verdade que a classificação de criminosos oferece ampla utilidade criminológica, sobretudo nos aspectos atinentes a um diagnóstico correto, como também a um prognóstico delitivo, assumindo, portanto, papel preponderante na função ressocializadora do direito penal.

Assim, à terapêutica criminal (conjunto de medidas que visam reeducar o criminoso) interessa conhecer os tipos de delinquentes, a fim de lhes traçar um perfil de ação.

Ressalta-se, por oportuno, que hoje em dia as classificações de criminosos perderam um pouco da importância que cintilavam em meados do século XX, alcançando maior valor o chamado ***individual case study***, que personalizou a casuística criminal, conforme alerta Hilário Veiga de Carvalho (1987).

9.2 Classificação etiológica de Hilário Veiga de Carvalho

Procurando fugir das classificações que levavam mais em conta a personalidade do autor, o festejado mestre Hilário Veiga de Carvalho propôs a famosa classificação etiológica de delinquentes, conforme a prevalência de fatores biológicos ou mesológicos, a saber: **biocriminoso puro; biocriminoso preponderante; biomesocriminoso; mesocriminoso preponderante; mesocriminoso puro**.

Biocriminosos puros (pseudocriminosos)

São aqueles que apresentam apenas fatores biológicos; aplica-se-lhes tratamento médico psiquiátrico em manicômio judiciário; é o caso dos psicopatas ou epiléticos que, em crise, efetuam disparos de arma de fogo ou dos retardados mentais severos, esquizofrênicos e outros.

Biocriminosos preponderantes (difícil correção)

São aqueles que tendem ao delito *motu proprio*; neles já se apresentam alguns fatores mesológicos, porém em menor quantidade; portadores de alguma anomalia biológica, insuficiente para desencadear a ofensiva criminosa, cedem a estímulos externos e a eles respondem facilmente ("a ocasião faz o ladrão"); sugere-se o tratamento em colônias disciplinares, casas de custódia ou institutos de trabalho, com assistência médico-psiquiátrica e eventual internação em hospital psiquiátrico, temporária ou definitivamente, conforme o caso; reincidência potencial; engendram sequestros, roubos e/ou latrocínios, que "cometem por cometer". Reincidentes com eficácia por vezes ouvem vozes que os encorajam ao crime.

Biomesocriminosos (correção possível)

São aqueles que sofrem influências biológicas e do meio, mas é impossível decidir quais os fatores que mais pesam na conduta delituosa; reincidência ocasional; sustenta-se o tratamento em regime de reformatório progressivo e apoios médico e pedagógico; exemplo: o jovem, inconformado com a sujeição paterna, sonha com um carro (objeto do desejo) e, vivendo num ambiente em que vigoram a impunidade e o sucesso, vale qualquer preço, rouba um automóvel a mão armada.

Mesocriminosos preponderantes (correção esperada)

Em geral, são tíbios no caráter; fraqueza da personalidade (eram chamados por Hilário Veiga de Carvalho de "Maria vai com as outras"); embora presentes ambos os fatores, os mesológicos ou ambientais são mais numerosos; reincidência excepcional; aponta-se o tratamento em colônias, com apoio sociopedagógico.

Mesocriminosos puros

Nestes só atuam fatores mesológicos, isto é, do meio social; agem antissocialmente por força de ingerências do meio externo, tornando-se quase "vítimas das circunstâncias exteriores", caso do brasileiro que, a serviço no Oriente, é surpreendido bebendo pelas autoridades locais após o término de sua jornada de trabalho, apenado com chibatadas, por se tratar de ilícito naquele lugar. No Brasil, tal conduta é irrelevante para o direito penal. É o caso ainda do índio que, no seio do grupo "civilizado", pratica ato tido como delituoso, mas aceito com normalidade em seu meio. São pseudocriminosos, tendo em vista que o crime emana apenas do meio ambiente em que vivem.

Classificação dos criminosos de Hilário Veiga de Carvalho

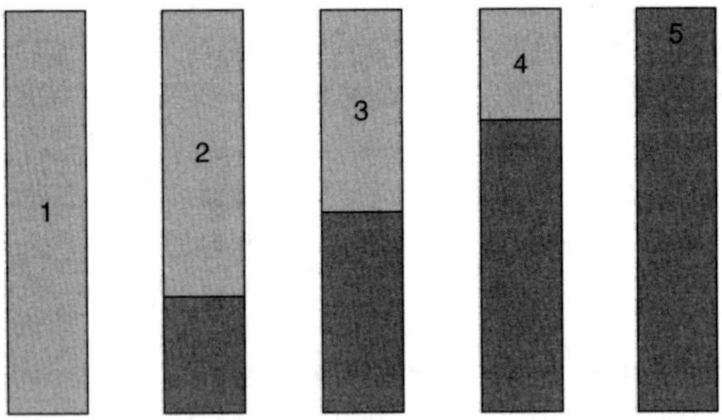

Observação: em tom claro, o fator mesológico; em tom escuro, o fator biológico.

Figura 1 – mesocriminoso puro

Figura 2 – mesocriminoso preponderante

Figura 3 – mesobiocriminoso ou biomesocriminoso

Figura 4 – biocriminoso preponderante

Figura 5 – biocriminoso puro

Em relação ao esquema acima exposto, anote-se que o mesocriminoso puro (fig. 1) e o biocriminoso puro (fig. 5) são considerados pseudocriminosos, por faltar ao primeiro o elemento anímico (*animus delinquendi*) e ao outro a capacidade de imputação penal (imputabilidade). Nesse sentido, uma classificação de criminosos séria é aquela que propicia prever o comportamento futuro do delinquente, em relação à reincidência (prognóstico).

Quanto aos demais, aplica-se a seguinte tabela (apud AMAR, 1987, p. 103):

Tipo	Correção	Reincidência
Mesocriminoso preponderante	Esperada	Excepcional
Mesobiocriminoso	Possível	Ocasional
Biocriminoso preponderante	Difícil	Potencial

9.3 Classificações de Cesare Lombroso, Enrico Ferri e Rafael Garófalo

Os três expoentes da Escola Positiva, cada qual a sua moda, todos influenciados pela construção da teoria do criminoso nato de Lombroso, elencaram suas classificações de delinquentes.

9.3.1 Classificação de Cesare Lombroso

Criminoso nato: influência biológica, estigmas, instinto criminoso, um selvagem da sociedade, o degenerado (cabeça pequena, deformada, fronte fugidia, sobrancelhas salientes, maçãs afastadas, orelhas malformadas, braços compridos, face enorme, tatuado, impulsivo, mentiroso e falador de gírias etc.). Depois agregou ao conceito a epilepsia. Na verdade, Lombroso estudou as características físicas do criminoso, não empregando a expressão "criminoso nato", como se supõe, na lição autorizada de Newton e Valter Fernandes (2002).

Criminosos loucos: perversos, loucos morais, alienados mentais que devem permanecer no hospício.

Criminosos de ocasião: predispostos hereditariamente, são pseudocriminosos; "a ocasião faz o ladrão"; assumem hábitos criminosos influenciados por circunstâncias.

Criminosos por paixão: sanguíneos, nervosos, irrefletidos, usam da violência para solucionar questões passionais; exaltados.

9.3.2 Classificação de Enrico Ferri

Criminoso nato: degenerado, com os estigmas de Lombroso, atrofia do senso moral (*Macbeth*, de Shakespeare); aliás, a expressão "criminoso nato" seria de autoria de Ferri e não de Lombroso, como erroneamente se pensava (apud FERNANDES; FERNANDES, 2002, p. 91).

Criminoso louco: além dos alienados, também os semiloucos ou fronteiriços (*Hamlet*, de Shakespeare).

Criminoso ocasional: eventualmente comete crimes; "o delito procura o indivíduo".

Criminoso habitual: reincidente na ação criminosa, faz do crime sua profissão; seria a grande maioria, a transição entre os demais tipos; começaria ocasionalmente até degenerar-se.

Criminoso passional: age pelo ímpeto, comete o crime na mocidade; próximo do louco, tempestade psíquica (*Otelo*, de Shakespeare).

9.3.3 Classificação de Garófalo (que propôs a pena de morte sem piedade aos criminosos natos ou sua expulsão do país)

Criminosos assassinos: são delinquentes típicos; egoístas, seguem o apetite instantâneo, apresentam sinais exteriores e se aproximam dos selvagens e das crianças.

Criminosos enérgicos ou violentos: falta-lhes a compaixão; não lhes falta o senso moral; falso preconceito; há um subtipo, os impulsivos (coléricos).

Ladrões ou neurastênicos: não lhes falta o senso moral; falta-lhes probidade, atávicos às vezes; pequenez, face móvel, olhos vivazes, nariz achatado etc.

9.4 Classificação natural de Odon Ramos Maranhão

Citando lição de Abrahamsen, o saudoso mestre da USP, Odon Ramos Maranhão (2008, p. 28), ensina que "o ato criminoso é a soma de tendências criminais de um indivíduo com sua situação global, dividida pelo acervo de suas resistências".

Esquematicamente:

$$C = \frac{T + S}{R}$$

Equação:

C = ato criminoso;

T = tendências criminais;

S = situação global;

R = resistências.

Na sistemática proposta, Odon adotou uma **classificação natural de criminosos, a saber**:

Criminoso ocasional: personalidade normal, poderoso fator desencadeante, e ato consequente do rompimento transitório dos meios contensores dos impulsos.

Criminoso sintomático[1]: personalidade com perturbação transitória ou permanente; mínimo ou nulo fator desencadeante; ato vinculado à sintomatologia da doença.

Criminoso caracterológico: personalidade com defeito constitucional ou formativo do caráter; mínimo ou eventual fator desencadeante e ato ligado à natureza do caráter do agente.

9.5 Classificação de Quintiliano Saldaña

Quintiliano Saldaña (2006, p. 229), catedrático da Universidade de Madri, expunha na década de 1930 a existência de duas grandes categorias de criminosos: os passionais e os habituais. Assim, o eminente criminalista tipificou-os em seis graus criminais, subdivididos em duas séries criminais, quais sejam, a da **paixão** e a do **hábito**. Graficamente:

Primeira série (da paixão)

Nomenclatura	Característico	Diagnóstico	Qualificação
Primeiro grau: passionais simples (*farens*, de Sêneca; loucura breve, dos moralistas do século XVII)	Prazer da paixão do crime	Delírio	Impulsivos afetivos
Segundo grau: perverso (criminoso nato, de Cubi e Lombroso; criminoso instintivo, de Ferri)	Prazer do crime	Inversão do sentido moral	Impulsivos viciosos
Terceiro grau: loucos morais (*moralis insônia*, de Abercromby; louco criminoso, de Ferri)	Insensibilidade do crime	Loucura moral	Impulsivos possessos

[1] Para Odon, esse tipo deve ser analisado pela psicopatologia forense.

Segunda série (do hábito)

Nomenclatura	Característico	Diagnóstico	Qualificação
Primeiro grau: acidentais ou momentâneos (*augenblicksverbrecher*, de von Liszt; criminaloide, de Lombroso; criminoso de acidente, de Inginieros; paradelinquência, de A. Aubert)	Descontinuidade mental e moral	Tendência oculta	Estreantes honestos
Segundo grau: ocasionais (ocasionários, de Bernardi)	Continuidade mental e descontinuidade moral	Tendência visível passiva	Repetentes corrompidos
Terceiro grau: habituais (*consuetudo delinquendi*, dos praxistas); simples, especializados ou profissionais	Continuidade mental e moral	Tendência visível ativa	Reincidentes perversos

9.6 Classificação de Alexandre Lacassagne

Para Lacassagne, os criminosos poderiam ser classificados por perturbações:

1) **Frontais**: perturbações referentes à intelectualidade;
2) **Parietais**: perturbações da vontade; impulsivos;
3) **Occipitais**: perturbações na esfera afetiva e sobretudo instintiva: o poder do freio cerebral está diminuído, são violentos e os mais perigosos de todos; correspondem aos instintivos de Garófalo e ao criminoso nato de Lombroso.

10º Capítulo

Prevenção criminal

10.1 Conceito de prevenção

Entende-se por **prevenção delitiva** o conjunto de ações que visam evitar a ocorrência do delito.

A noção de prevenção delitiva não é algo novo, suportando inúmeras transformações com o passar dos tempos em função da influência recebida de várias correntes do pensamento jusfilosófico.

Para que possa alcançar esse verdadeiro objetivo do Estado de Direito, que é a prevenção de atos nocivos e, consequentemente, a manutenção da paz e harmonia sociais, mostra-se irrefutável a necessidade de **dois tipos de medidas**: a primeira delas atingindo **indiretamente o delito** e a segunda, **diretamente**.

Em regra, as medidas indiretas visam as causas do crime, sem atingi-lo de imediato. O crime só seria alcançado porque, cessada a causa, cessam os efeitos (*sublata causa tollitur effectus*). Trata-se de excelente ação profilática, que demanda um campo de atuação intenso e extenso, buscando todas as causas possíveis da criminalidade, próximas ou remotas, genéricas ou específicas.

Tais **ações indiretas** devem focar dois caminhos básicos: o indivíduo e o meio em que ele vive.

Em relação ao indivíduo, devem as ações observar seu aspecto personalíssimo, contornando seu caráter e seu temperamento, com vistas a moldar e motivar sua conduta.

O meio social deve ser analisado sob seu múltiplo estilo de ser, adquirindo tal atividade um raio de ação muito extenso, visando uma redução de criminalidade e prevenção; até porque seria utopia zerar a criminalidade. Todavia, a conjugação de medidas sociais, políticas, econômicas etc. pode proporcionar uma sensível melhoria de vida ao ser humano.

A criminalidade transnacional, a importação de culturas e valores, a globalização econômica, a desorganização dos meios de comunicação em massa, o desequilíbrio social, a proliferação da miséria, a reiteração de medidas criminais pífias e outros impelem o homem ao delito.

Porém, da mesma forma que o meio pode levar o homem à criminalidade, também pode ser um fator estimulante de alteração comportamental, até para aqueles indivíduos com carga genético-biológica favorável ao crime. Nesse aspecto, a urbanização das cidades, a desfavelização, o fomento de empregos e reciclagem profissional, a educação pública, gratuita e acessível a todos etc. podem claramente imbuir o indivíduo de boas ações e oportunidades.

Na ***profilaxia indireta***, assume papel relevante a medicina, por meio dos exames pré-natal, do planejamento familiar, da cura de certas doenças, do uso de células-tronco embrionárias para a correção de defeitos congênitos e a cura de doenças graves, da recuperação de alcoólatras e dependentes químicos, da boa alimentação (*mens sana in corpore sano*) etc., o que poderia facilitar, por evidente, a obtenção de um sistema preventivo eficaz.

Por sua vez, as **medidas diretas de prevenção criminal** direcionam-se para a infração penal *in itinere ou* em formação (*iter criminis*).

Grande valia possuem as medidas de ordem jurídica, entre as quais se destacam aquelas atinentes à efetiva punição de crimes graves, incluindo os de colarinho branco; repressão implacável às infrações penais de todos os matizes (tolerância zero), substituindo o direito penal nas pequenas infrações pela adoção de medidas de cunho administrativo (*police acts*); atuação da polícia ostensiva[1] em seu papel de prevenção, manutenção da ordem e vigilância; aparelhar e treinar as polícias judiciárias para a repres-

---

1 É desarrazoada, além de inconstitucional, a atuação das polícias militares na apuração de infrações penais, como ocorre com o malfadado "ciclo completo", que turva e subtrai competências das polícias judiciárias, em grave ofensa à Constituição e às regras orientadoras do processo penal brasileiro. Nesse sentido, decidiu o STF (ADI 3.614/PR, rel. Min. Cármen Lúcia, *DJ* de 23-11-2007) que caracteriza desvio de função e ofensa à Constituição Federal o emprego de policiais militares nas atividades de polícia civil. Nada justifica o escárnio à Constituição Federal, salvante a sanha autoritária e o desvio de conduta (psicopatia) que alimentam alguns detentores do poder aventureiros e descompromissados com o Estado Democrático de Direito. Nada obstante, reconhece-se o papel importante das PMs na prevenção criminal, por meio do policiamento ostensivo e fardado.

são delitiva em todos os segmentos da criminalidade; repressão jurídico-processual, além de medidas de cunho administrativo, contra o jogo, a prostituição, a pornografia generalizada etc.; elevação de valores morais, com o culto à família, religião, costumes e ética, além da reconstrução do sentimento de civismo, estranhamente ausente entre os brasileiros.

10.2 Prevenção criminal no Estado Democrático de Direito

Sustenta-se que o crime não é uma doença, mas sim um grave problema da sociedade, que deve ser resolvido por ela.

A criminologia moderna defende a ideia de que o delito assume papel mais complexo, de acordo com a dinâmica de seus protagonistas (autor, vítima e comunidade), assim como pelos fatores de convergência social.

Enquanto a criminologia clássica vislumbra o crime como um enfrentamento da sociedade pelo criminoso (luta do bem contra o mal), numa forma minimalista do problema, a criminologia moderna observa o delito de maneira ampla e interativa, como um ato complexo em que os custos da reação social também são demarcados.

No Estado Democrático de Direito em que vivemos, a prevenção criminal é integrante da "agenda federativa", passando por todos os setores do Poder Público, e não apenas pela Segurança Pública e pelo Judiciário. Ademais, no modelo federativo brasileiro a União, os Estados, o Distrito Federal e sobretudo os Municípios devem agir conjuntamente, visando a redução criminal (art. 144, *caput*, da CF).

A prevenção delituosa alcança, portanto, as ações dissuasórias do delinquente, inclusive com parcela intimidativa da pena cabível ao crime em vias de ser cometido; a alteração dos espaços físicos e urbanos com novos desenhos arquitetônicos, aumento de iluminação pública etc. (neoecologismo + neorretribucionismo), bem como atitudes visando impedir a reincidência (reinserção social, fomento de oportunidades laborais etc.).

10.3 Prevenção primária, secundária e terciária

10.3.1 Primária

Ataca a raiz do conflito (educação, emprego, moradia, segurança etc.); aqui desponta a inelutável necessidade de o Estado, de forma célere, implantar os direitos sociais progressiva e universalmente, atribuindo a fatores exógenos a etiologia delitiva; a prevenção primária liga-se à garantia de educação, saúde, trabalho, segurança e qualidade de vida do povo, instrumentos preventivos de médio e longo prazo.

10.3.2 Secundária

Destina-se a setores da sociedade que podem vir a padecer do problema criminal e não ao indivíduo, manifestando-se a curto e médio prazo de maneira seletiva, ligando-se à ação policial, programas de apoio, controle das comunicações etc.

10.3.3 Terciária

Voltada ao recluso, visando sua recuperação e evitando a reincidência (sistema prisional); realiza-se por meio de medidas socioeducativas, como a laborterapia, a liberdade assistida, a prestação de serviços comunitários etc.

10.4 Teoria da reação social

A ocorrência de ação criminosa gera uma reação social (estatal) em sentido contrário, no mínimo proporcional àquela. Da evolução das reações sociais ao crime prevalecem hodiernamente três modelos: **dissuasório, ressocializador** e **restaurador** (integrador).

1. **Modelo dissuasório (direito penal clássico):** repressão por meio da punição ao agente criminoso, mostrando a todos que o crime não compensa e gera castigo. Aplica-se a pena somente aos imputáveis e semi-imputáveis, pois aos inimputáveis se dispensa tratamento psiquiátrico.

(continua)

(continuação)

2. **Modelo ressocializador:** intervém na vida e na pessoa do infrator, não apenas lhe aplicando uma punição, mas também lhe possibilitando a reinserção social. Aqui a participação da sociedade é relevante para a ressocialização do infrator, prevenindo a ocorrência de estigmas.

3. **Modelo restaurador (integrador):** recebe também a denominação de "justiça restaurativa" e procura restabelecer, da melhor maneira possível, o ***status quo ante***, visando à reeducação do infrator, à assistência à vítima e ao controle social afetado pelo crime. Gera sua restauração, mediante a reparação do dano causado.

10.5 Teoria da pena. A penologia

O Estado existe para propiciar o bem comum da coletividade administrada, o que não pode ser alcançado sem a manutenção dos direitos mínimos dos integrantes da sociedade. Por conseguinte, quando se entrechocam direitos fundamentais para o indivíduo e para o próprio Poder Público e as outras sanções (civis, administrativas etc.) são ineficazes ou imperfeitas, advém para este o *jus puniendi*, com a reprimenda penal, que é a sanção mais grave que existe, na medida em que pode cercear a liberdade daquele e, em casos extremos, privá-lo até da vida.

A pena é uma espécie de retribuição, de privação de bens jurídicos, imposta ao delinquente em razão do ilícito cometido.

O estudo da pena constata a existência de três grandes correntes sobre o tema: **teorias absolutas, relativas** e **mistas**.

As **teorias absolutas** (Kant, Hegel) entendem que a pena é um imperativo de justiça, negando fins utilitários; pune-se porque se cometeu o delito (*punitur quia peccatum est*).

As **teorias relativas** ensejam um fim utilitário para a punição, sustentando que o crime não é causa da pena, mas ocasião para que seja aplicada; baseia-se na necessidade social (*punitur ne peccetur*). Seus fins são duplos: prevenção geral (intimidação de todos) e prevenção particular (impedir o réu de praticar novos crimes; intimidá-lo e corrigi-lo).

Por fim, as **teorias mistas** conjugam as duas primeiras, sustentando o caráter retributivo da pena, mas acrescentam a este os fins de reeducação do criminoso e intimidação.

A **penologia** é a disciplina integrante da criminologia que cuida do conhecimento geral das penas (sanções) e castigos impostos pelo Estado aos violadores da lei.

10.6 Prevenção geral e prevenção especial

Por meio da **prevenção geral**, a pena se dirige à sociedade, **intimidando os propensos a delinquir**. Como expõe Magalhães Noronha (2003, p. 226), a pena "dirige-se à sociedade, tem por escopo intimidar os propensos a delinquir, os que tangenciam o Código Penal, os destituídos de freios inibitórios seguros, advertindo-os de não transgredirem o mínimo ético".

A **prevenção especial** atenta para o fato de que o delito é instado por fatores endógenos e exógenos, de modo que busca alcançar a reeducação do indivíduo e sua recuperação. Por esse motivo, sua individualização se trata de preceito constitucional (art. 5º, XLVI).

10.7 Prevenção geral negativa e prevenção geral positiva

A prevenção geral da pena pode ser estudada sob dois ângulos: negativo e positivo.

Pela **prevenção geral negativa** (**prevenção por intimidação**), a pena aplicada ao autor do delito reflete na comunidade, levando os demais membros do grupo social, ao observar a condenação, a repensar antes da prática delituosa.

A **prevenção geral positiva ou integradora** direciona-se a atingir a consciência geral, incutindo a necessidade de respeito aos valores mais importantes da comunidade e, por conseguinte, à ordem jurídica.

10.8 Prevenção especial negativa e prevenção especial positiva

A prevenção especial, por seu turno, também pode ser vista sob as formas negativa e positiva.

Na **prevenção especial negativa** existe uma espécie de **neutralização** do autor do delito, que se materializa com a segregação no cárcere. Essa retirada provisória do autor do fato do convívio social impede que ele cometa novos delitos, pelo menos no ambiente social do qual foi privado.

Por meio da **prevenção especial positiva**, a finalidade da pena consiste em fazer com que o autor desista de cometer novas infrações, assumindo caráter ressocializador e pedagógico.

11º Capítulo

Aspectos criminológicos das drogas

11.1 Toxicomanias e alcoolismo

Desde os mais longínquos tempos de que se tem notícia, o homem utilizava drogas[1] psicoativas no seu dia a dia, para os mais diversos fins ou propósitos.

Aliás, registre-se que **o vocábulo "droga" é de origem persa e significava demônio** (apud PENTEADO, 1982, p. 13).

Hoje seu duplo sentido, **medicamento ou tóxico**, vem de encontro a certas conceituações religiosas de demônio, que, atuando no interior do indivíduo, menos ou mais, inclina-o para o bem ou para o mal.

As drogas estão presentes nas histórias mais antigas de quase todos os povos do mundo, algumas das quais somente recentes escavações arqueológicas permitiram descobrir. Por exemplo, os sumerianos, na região da antiga Mesopotâmia (Rios Tigre e Eufrates), há mais de 5.000 anos, usavam certas drogas que, sob a forma de incensos e beberagens, teriam o condão de curar doenças ou mesmo de elevar seus espíritos, ou ainda de atrair a atenção dos deuses.

É sabido também que no vedantismo os deuses ingeriam o *soma*, e, na civilização grega, o manjar divino era conhecido por *ambrosia*. As civilizações indígenas não fugiram à regra: utilizavam abertamente certas substâncias psicotrópicas. Os astecas cultuavam o *peyotl*, cacto mexicano mais conhecido por peiote, do qual se extrai a mescalina (*lophopora williamsi*), poderoso alucinógeno; os incas se alucinavam com a *coca*, retirada de um arbusto natural dos países andinos, sobretudo Peru e Bo-

---

[1] A Lei n. 11.343/2006 usa o termo "drogas" para se referir aos entorpecentes, fazendo menção expressa à necessidade de buscar nas listas elaboradas pelo Executivo Federal quais são as substâncias ilícitas. Trate-se, portanto, de lei penal em branco.

lívia, e também da floresta amazônica, chamado de *Erytroxilon Coca*, ou simplesmente *epatu* ou *epadu*, na língua dos índios brasileiros.

Com o passar dos séculos, a evolução da humanidade e o progresso tecnológico, principalmente no campo das pesquisas científicas, com os avanços da genética, da biologia etc., o homem começou a sintetizar em laboratórios certas drogas, cuja função inicial seria a cura e/ou o controle de certas doenças. É bem verdade que se alcançou um notável progresso para a medicina, no entanto malefícios enormes foram desencadeados colateralmente.

Esse progresso ou desenvolvimento de ponta, em todos os seus aspectos, revolucionou a vida do homem, sobretudo após as décadas de 1940 e 1950, quando se sintetizou uma série infindável de fármacos, entre os quais as famigeradas anfetaminas ("bolinhas") ou moderadores de apetite; as telecomunicações evoluíram, com o rádio e a televisão, os avanços da informática, da rede mundial de computadores (internet); as viagens espaciais, a robótica, enfim, tudo o que de certa forma propiciou a facilitação da vida, mas, por outro lado, encurtou o tempo e o espaço, retirando o ineditismo da vida.

Não só os eventos dignificantes da natureza humana, mas também aqueles bestiais, degradantes, pornográficos, são divulgados no globo terrestre em segundos, incitando, o que é bem pior, uma nova série de eventos deletérios, maliciosos, permissivos, licenciosos. As pessoas se corrompem moral e fisicamente nos quatro cantos do mundo.

O **uso de drogas**, que no passado se reduzia a uma porção nítida da sociedade (prostitutas, marginais), passou a aflorar indistintamente em todos os segmentos (escolas, universidades, serviços públicos, empresas etc.); ocorreu uma espécie de **globalização de consumo** de entorpecentes.

Antes de serem conceituadas as substâncias que determinam a dependência física ou psíquica, é bom conhecer os principais termos utilizados nessa área.

- **Tóxico** é qualquer substância de origem animal, vegetal ou mineral que, introduzida em quantidade suficiente num organismo vivo, produz efeitos maléficos, podendo ocasionar a morte.

- **Psicotrópico** (*psico* = mente + *tropismo* = atração) é toda substância que exerce efeito sobre a mente, alterando sua funcionalidade.

(continua)

(continuação)

- **Toxicomania**, de acordo com a Organização Mundial de Saúde (OMS), é um estado de intoxicação periódica ou crônica, nociva ao indivíduo e à sociedade, produzido pelo consumo repetido de uma droga natural ou sintética.
- **Dependência ou farmacodependência** é um estado psíquico e às vezes físico causado pela interação entre um organismo vivo e um fármaco; caracteriza-se por modificações comportamentais e outras reações que compreendem um impulso irrefreável para tomar o fármaco, em forma contínua ou periódica, a fim de experimentar seus efeitos psíquicos e, às vezes, evitar o mal-estar produzido pela privação. A dependência pode ser ou não acompanhada de tolerância, e se divide em **dependência psíquica** (compulsão de consumo) e **dependência física** (transtornos físicos e síndrome de abstinência pela ausência de consumo da droga).
- **Tolerância** é a tendência a aumentar paulatinamente a dosagem da droga para obtenção dos mesmos efeitos.
- **Compulsão** é o desejo irrefreável de consumir droga.

Nessa abordagem da temática sobre drogas é importante, ainda que de forma superficial, conhecer sua classificação. Assim, levando em conta os **efeitos** que as drogas produzem sobre o sistema nervoso central (S.N.C.), são catalogadas em quatro grandes grupos:

I – Psicoanaléticos (estimulantes): são as drogas que aceleram o sistema nervoso central, fazendo-o funcionar mais depressa, causando euforia, prolongando a vigília e dando sensação de aceleração da atividade do intelecto; são exemplos as anfetaminas e os anorexígenos.

II – Psicolépticos (depressores): são as drogas que deprimem o sistema nervoso central, reduzindo sua motricidade, sedando e diminuindo o raciocínio e as emoções; incluem-se aí os barbitúricos ou hipnóticos, tranquilizantes e analgésicos.

III – Psicodislépticos (alucinógenos): são as drogas que distorcem o sistema nervoso central, causando delírios e alucinações (maconha, LSD, mescalina, chá do Santo Daime).

IV – Pampsicoptrícos: são as drogas atuais, usadas como anticonvulsivantes (depressão e angústia), que podem induzir à dependência física ou psíquica.

Digna de nota e transcrição a sinopse geral sobre drogas psicotrópicas estampada na obra do Prof. Protásio de Carvalho, sob o título *A didática dos tóxicos* (1977, p. 30), considerando que psicotrópicos são substâncias químicas ou naturais que agem na mente, causando excitação, depressão ou reação no psiquismo.

DROGAS PSICOTRÓPICAS
SINOPSE GERAL

- **1 – PSICOLÉPTICOS**
  - Hipnossedativos
    - Barbitúricos
    - Não barbitúricos
  - Neurolépticos
    - Clorpromazina e outros derivados fenotiazínicos
    - Proclorpemazina e outros derivados piperazínicos da fenotiazina
    - Reserpina
    - Butirofenona: Haloperidol
    - Tioxanteno: Ro 4-0403
  - Tranquilizantes
    - Derivados do difenilmetano: Hidroxizina, Benactiniza, Azaciclonol
    - Miorrelaxantes com atividade neurossedativa: Meprobamato, Fenaglicodol, Clordiazepóxido etc.
    - Miorrelaxantes sem atividade neurossedativa: Mefenezina, Clorzoxazona, Zoxazolamina etc.
- **2 – PSICANALÉPTICOS**
  - Timolépticos
    - Derivados da iminodibenzila: Imipramina, 8307 RP Tofranil
  - Psicotônicos
    - Aril-alquilaminas simpatomiméticas: Anfetamina, Dextro-anfetamina, Fentermina etc.
    - Derivados piperidínicos: Pipradrol, Metifenidato, Facetoperano etc.
    - Inibidores da monoaminoxidose (MAO): Iproniazida, Nialamida, Fenilisopropil-hidrazina etc.
    - Derivados oxazolidínicos e canfânicos: Fenoxazol, Etilamino-fenil-norcanfano etc.
    - Outros compostos: Cafeína, Acetano de desoxicorticosterona (DOCA), Deanol, Centrofenoxina etc.
- **3 – PSICODISLÉPTICOS**
  - Euforizantes
    - Álcool
    - Ópio hipnoanalgésico
    - Cocaína
    - Óxido nitroso
  - Alucinógenos ou Despersonalizantes
    - Mescalina
    - Bufotenina – Adrenolutina
    - Psicocibina
    - Estramônio
    - Maconha (hashish, mamarihuana)
    - Lagê (telepatina ou harmina)
    - LSD-25 (dietilamina do ácido lisérgico)
- **4 – PAN-PSICOTRÓPICOS**
  - Clorprotixeno
  - Trimeprimina

Para a criminologia, é importante o estudo das drogas e de seus reflexos na sociedade e na própria criminalidade. João Farias Junior (2009) aponta os principais efeitos do consumo indevido de tóxicos como a maconha, a cocaína, a morfina, a heroína e outros: a dependência, a tolerância, a depauperação da saúde, a destruição de famílias e os reflexos na criminalidade. A seguir, uma classificação das drogas, seu uso na medicina, consumo e efeitos.

Drogas	Uso na Medicina	Consumo usual	Efeitos possíveis
1 – Narcóticos			
Ópio	Antidiarreico, analgésico	Oral	Euforia, tonturas, depressão respiratória
Morfina	Analgésico	Oral ou injetada	Euforia, tonturas, depressão respiratória
Codeína	Antitussígeno	Oral ou injetada	Contração da pupila
Heroína	Em análise	Oral ou injetada	Náuseas
Mepirina	Analgésico	Oral ou injetada	Náuseas
2 – Depressores			
Barbitúricos	Anticonvulsivo, sedativo hipnótico	Oral ou injetada	Voz pastosa, sonolência, hipotensão arterial, apatia
Benzodiazepínicos	Antiansiedade, sedação hipnótica	Oral ou injetada	Estado de embriaguez, desorientação
Solventes orgânicos	Nenhum	Inalados	Estado de embriaguez
Clorofórmio, Lança-Perfume (cloreto de etilo), benzina, colas	Anestésico	Inalados	Estado de embriaguez, tonturas, taquicardia, delírios
3 – Estimulantes			
Anfetaminas	Moderador de apetite	Oral ou injetada	Anorexia, hiperatividade, euforia, insônia, hipertensão, taquicardia, convulsão, coma e morte

(continua)

(continuação)

Metanfetamina, Ecstasy (MDMA)	Moderador de apetite	Oral ou injetada	Excitação, euforia, hiperatividade, sudorese intensa, perda de apetite, pupilas dilatadas, hipertensão, coma e morte
Efedrina	Asma	Oral ou injetada	Excitação, euforia, insônia, perda de apetite, dilatação de pupilas, hipertensão, síndrome amotivacional (fissura), convulsões, coma e morte
Cocaína	Anestésico	Aspirada, injetada ou fumada	
Crack (pedra), Merla (pasta)	Nenhum	Fumada e aspirada	
4 – Alucinógenos			
LSD	Nenhum	Oral ou injetada	Distorções de tempo e espaço, parestesias e cinestesias, pânico, alucinações
Mescalina, Psilocibina	Analgésico	Oral ou injetada	Perda de afetividade, agressividade, indiferença, autismo, alucinações visuais, delírios, insônia, midríase, taquicardia, hiperglicemia, astenia etc.
Maconha	Nenhum	Fumada ou ingerida	Apatia, hipertrofia dos ventrículos cerebrais, redução de linfócitos T (defesa), impotência nos homens e esterilidade em mulheres
Haxixe	Nenhum	Fumada ou ingerida	Apatia, hipertrofia dos ventrículos cerebrais, redução de linfócitos T (defesa), impotência nos homens e esterilidade em mulheres

Sustentam Elias Abdalla-Filho, Everardo Furtado de Oliveira e Issam Ahmad Jomaa[2] que "o uso dessas substâncias ocorre em todas as classes, em ambos os sexos e em todos os grupos raciais, étnicos e geográficos. Nos últimos anos, o uso de alucinógenos, maconha e fenilciclidina (PCP) tem decrescido em relação ao uso de cocaína, que tem aumentado drasticamente,

[2] In: *Psiquiatria forense de Taborda*. 3. ed. Porto Alegre: Artmed, 2016. p. 415.

em especial na forma de crack". Informam referidos professores, ainda, que os custos do uso indevido de drogas para a sociedade são estimados em **US$ 150 bilhões por ano**, incluindo aí redução de horas de trabalho, queda de desempenho escolar ou profissional, prejuízos nas linhas de produção e montagem, absenteísmo, crimes violentos etc., constituindo os adolescentes o grupo mais vulnerável à ação nociva e destruidora das drogas psicoativas.

Tanto quanto as drogas, o **álcool** acompanha a história da humanidade, desde os tempos mais remotos.

Sabe-se que as civilizações greco-romanas usavam bebidas alcoólicas em seus cerimoniais, da mesma forma que os egípcios cultivavam a cerveja e o vinho.

Hoje em dia, a cerveja, o uísque, o vinho, a aguardente, a vodca e os destilados em geral são as bebidas dos tempos modernos, sabendo-se que o alcoolismo é um problema antiquíssimo que degenera o homem e a família. Lamenta-se a exposição excessiva que a mídia, em especial a televisão, faz das bebidas alcoólicas, incentivando por via indireta o consumo.

Entende-se o **alcoolismo** como o consumo compulsivo e excessivo de bebidas alcoólicas, muitas vezes motivado por baixa autoestima, fracassos profissionais etc. Desde 1950 a **OMS** deliberou que "alcoolismo é toda e qualquer forma de absorção de álcool que exceda o consumo alimentar diário, tradicional e comum, em cada região, ou que ultrapasse o quadro dos hábitos sociais, próprios do conjunto de cada comunidade".

No aspecto criminológico, os impulsos do alcoólatra muitas vezes descambam para a prática de delitos contra a vida, a liberdade ou os costumes (dignidade sexual), quase sempre vitimando familiares e amigos mais próximos.

No corpo humano o álcool pode agir de várias formas, desde a simples embriaguez eventual até a psicose alcoólica (transtorno psicótico induzido pelo álcool), mas tais psicoses e alterações da saúde devem ser objeto de estudo da medicina legal (toxicologia médico-legal). É bem verdade que a intoxicação alcoólica pode apresentar duas fases fundamentais: **alcoolismo agudo** e **alcoolismo crônico**.

A título de ilustração, mostrando os malefícios do **alcoolismo agudo**, transcrevemos a lição do arguto professor Hilário Veiga de Carvalho (1973, p. 327): "**O alcoolismo agudo decorre de três fases, quando prossegue até a sua manifestação última. Essas três fases têm a sua representação em uma lenda sempre citada, a este propósito: Noé, após o dilúvio, ao plantar, de novo, uma videira, veio-lhe por trás o Demônio e regou o** pé da vide com o sangue de três animais – o macaco, o leão e o porco. Esses três animais repetiriam, depois, em quem usasse o vinho, as suas características próprias. Na primeira fase da embriaguez alcoólica (a do macaco), o indivíduo faz-se de engraçado, conta anedotas, parece brilhante, de olhos acesos, jocoso, buliçoso, animado, de palavra mais fácil, dando uma aparência de maior vivacidade mental (ainda que o conteúdo intelectual de suas palavras não o revele tanto assim: apenas, diminui-lhe o mecanismo da censura, das inibições). Vem, depois, a segunda fase; não sendo sempre bem recebida a sua loquacidade e nem as suas brincadeiras (em geral, de mau gosto) ou macaquices, põe-se o indivíduo a se irritar, o que é suscitado e condicionado mesmo pelo aumento das libações alcoólicas e da consequente intoxicação: faz-se ele, então, de rixento, provocador, valentão (fase de leão). Aumentando o grau de intoxicação, pela ingestão de mais bebida, vem, por fim, a fase última, em que o indivíduo perde o domínio motor e psíquico, sem se aguentar em pé, caindo e apresentando incontinência estomacal, a vomitar; chega, afinal, o coma, a insolvência total, de porco, a sujar-se no seu próprio vômito. É a inconsciência e, se forte a intoxicação, o próprio êxito letal".

O **alcoolismo crônico** caminha para os mesmos efeitos do agudo, destruindo a saúde, corrompendo a mente humana, despersonalizando o homem, aniquilando sua dignidade, fazendo aflorar, quando instalado, as psicoses alcoólicas.

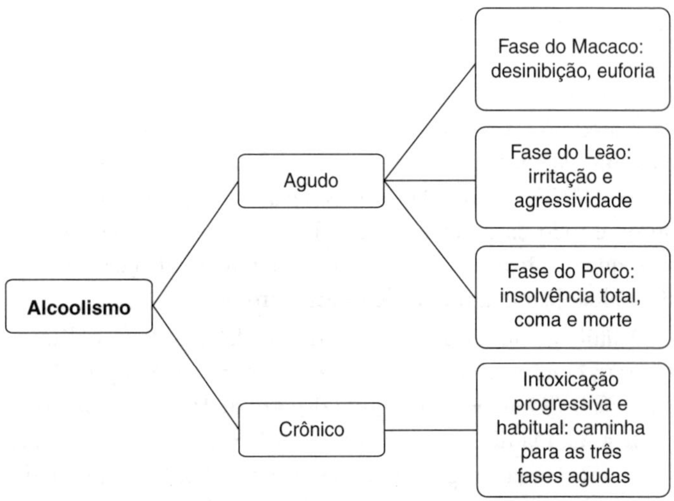

Por oportuno, um lembrete: os entorpecentes e o álcool integram aquilo que se denomina juridicamente como droga, salientando que **droga**, etimologicamente, é sinônimo de ***demônio***.

11.1.1 Fatores endógenos e exógenos

Entre os fatores endógenos apontam-se certa predisposição hereditária, bem como as chamadas personalidades toxicofílicas.

Já os fatores exógenos se multiplicam: desagregação do lar e da família, curiosidade, modismo, procura de *status*, contestação de padrões vigentes, falta de religiosidade, desemprego, prostituição etc.

11.2 Fatores de risco. Fatores de proteção

A prevenção ao uso indevido de drogas deve voltar-se para o resgate da dignidade humana, premissa constitucional indeclinável. Trata-se de tarefa muito difícil, pois exige uma ação multifacetada, no sentido de restabelecer condições de vida social, econômica e de restaurar valores éticos e morais que defendam a tolerância e o respeito às diferenças culturais, religiosas, políticas etc.

A isso os humanistas e internacionalistas denominam "**melhoria de qualidade de vida**", focalizando não o produto, nem o combate às drogas, mas sim o homem como cidadão, titular de direitos fundamentais na ordem jurídica.

Ao optar pela valorização da vida e da **qualidade de vida** como preceitos básicos para o desenvolvimento de ações preventivas, considera-se que o problema da toxicomania é amplo e não se limita a uma causa, o que revela a existência de **fatores de risco** e **fatores de proteção ao uso indevido de drogas**.

Fatores de risco são aqueles que ocorrem **antes** do uso indevido de drogas, e estão associados, estatisticamente, a um aumento da probabilidade do abuso de drogas.

Tais fatores podem expor o indivíduo a riscos de agressões; o que se procura é prevenir o uso indevido de drogas, com a redução ou eliminação desses fatores. Exemplos: **fatores legais** (inexistência de leis que proíbam o uso de drogas ou a venda de bebidas a menores); **disponibilidade das drogas** (fácil acesso); **fatores econômicos** (pobreza, riqueza, desemprego); **fatores comunitários** (mudanças de residência, violência urbana); **fatores familiares** (famílias desfeitas, pais usuários); **fatores comporta-**

mentais (uso de drogas na infância); **fatores escolares** (repetência, faltas, violência nas escolas); e **fatores de pressão do grupo** (más companhias).

Os **fatores de proteção** são aqueles que tutelam o indivíduo contra fatos e situações que possam agredi-lo física, psíquica ou socialmente, garantindo um desenvolvimento saudável.

Esses fatores minimizam ou eliminam a exposição a situações de risco. Exemplos: **dinâmica familiar estruturada** (a família é o vínculo referencial do homem); **diversidade de opção de vida**; **postura ética e moral**; **respeito aos direitos humanos**; **estrutura social adequada**, com saúde, educação, segurança etc.

11.3 Prevenção ao uso indevido de drogas

As drogas não elegem suas vítimas. Proliferam como pandemia, em todos os níveis da sociedade. Estão no submundo, nos cárceres, nas indústrias, nas escolas e universidades, nos bares, danceterias, no meio artístico, na realeza etc.

Sabe-se que o usuário é um escravo que se ajoelha para obter a droga.

Assim, além das medidas legais de combate a esse malefício que destrói, a princípio, a família e, em seguida, a Nação, é preciso urgentemente adotar medidas polifacetadas na prevenção ao uso indevido de drogas.

A prevenção ao uso indevido de drogas abrange os aspectos **formal** e **informal**.

No **aspecto formal**, a prevenção atinge três níveis: **primário**, **secundário** e **terciário**. A ação **primária** tem o escopo de evitar o uso ilegal de drogas ou reduzir ao máximo sua incidência (a lei como imperativo restaurador, em seus aspectos penais e administrativos; planejamentos educativos e esportivos etc.); no plano **secundário**, busca-se a detecção e o tratamento do usuário (cumprimento da pena, assistência médica e terapêutica); o plano **terciário** cuida da recuperação ou reinserção do usuário de drogas, com amplo apoio da sociedade e do Estado, possibilitando verdadeiramente sua ressocialização.

No Brasil, a Constituição Federal[3] estabelece em seu art. 5º, XLIII, que "a lei considerará crimes inafiançáveis e insuscetíveis de graça ou anistia

---

3 Cuida-se de mandado constitucional de criminalização explícito.

a prática da tortura, o tráfico ilícito de entorpecentes e drogas afins, o terrorismo e os definidos como crimes hediondos, por eles respondendo os mandantes, os executores e os que, podendo evitá-los, se omitirem".

Nesse passo, o legislador ordinário estabeleceu tratamento jurídico mais severo aos crimes hediondos propriamente ditos, listados no art. 1º da Lei n. 8.072/90, estendendo-se também aos **equiparados ou assemelhados a hediondos**, quais sejam, **tráfico de drogas**, tortura e terrorismo.

Revelam-se indispensáveis as lições de Masson e Marçal (2019, p. 23), ressaltando que, "visando concretizar o **mandado constitucional de criminalização explícito**, foi promulgada a Lei n. 11.343/2006 – Lei de Drogas, a qual, além de revogar expressamente suas antecessoras – Leis n. 6.368/76 e 10.409/2002 –, instituiu o Sistema Nacional de Políticas Públicas sobre Drogas – Sisnad (arts. 3º a 17), prescreveu medidas para prevenção do uso indevido (arts. 18 e 19), atenção e reinserção social de usuários e dependentes de drogas (arts. 20 a 26), estabeleceu normas para a repressão à produção não autorizada e ao tráfico ilícito (arts. 31 e 32), definiu diversos crimes (arts. 28 e 33 a 39), dispôs sobre o 'procedimento penal' (arts. 48 a 59), disciplinou meios especiais de investigação (arts. 41 e 53), tratou da apreensão, arrecadação e destinação de bens do investigado ou réu (arts. 60 a 64) e previu a cooperação internacional (art. 65)".

Observe-se, porém, que na Lei n. 11.343/2006 (Lei de Drogas) os ilícitos são normas penais em branco em sentido estrito (ou heterogêneas), ou, ainda, cegas ou abertas, por serem completadas por Lei ou em âmbito administrativo, vale dizer, por meio da Portaria SVS/MS n. 344/98, editada pela Agência Nacional de Vigilância Sanitária. Para ser considerada droga ilícita, a substância deve necessariamente estar listada nessa Portaria, caso contrário, o fato será atípico.

É mister esclarecer que no Brasil é proibida a plantação e colheita de substâncias vegetais que possam ser transformadas em drogas, sob pena de responsabilidade criminal, exceto em casos de autorização legal ou regulamentar das autoridades competentes (Agência Nacional de Vigilância Sanitária – Anvisa). Como exemplo, citamos a utilização dessas plantas com finalidades **ritualístico-religiosa** (chá "ayahuasca", feito com cipós amazônicos de efeitos alucinógenos e empregado nos rituais da manifestação religiosa chamada "santo daime"), **medicinal**, exclusivamente pela indústria farmacêutica (as substâncias extraídas da *cannabis sativa* – maconha – podem ser transformadas em medicamentos) e indicada por profissional com capacitação técnica no tratamento de pessoas que apresentam quadro de epilepsia, autismo, Alzheimer, Parkinson, dores crônicas, câncer, entre outras), ou **científica**.

A **Lei n. 11.343/2006 (Lei de Drogas)** instituiu o **Sistema Nacional de Políticas Públicas sobre Drogas – Sisnad**. Além disso, prescreve as medidas para a prevenção ao **uso indevido** e a reinserção social de usuários e dependentes químicos, fixando normas para a repressão à produção não autorizada e ao tráfico ilícito de drogas.

O **Sisnad** tem a finalidade de articular, integrar, organizar e coordenar as atividades relacionadas à prevenção ao uso indevido, à atenção e à reinserção social de usuários e dependentes de drogas; à repressão da produção não autorizada e ao tráfico ilícito de drogas.

São **princípios** do **Sisnad**: o respeito aos direitos fundamentais da pessoa humana, especialmente quanto a sua autonomia e a sua liberdade; o respeito à diversidade e às especificidades populacionais existentes; a promoção dos valores éticos, culturais e de cidadania do povo brasileiro, reconhecendo-os como fatores de proteção para o uso indevido de drogas e outros comportamentos correlacionados; a promoção de consensos nacionais, de ampla participação social, para o estabelecimento dos fundamentos e estratégias do Sisnad; a promoção da **responsabilidade compartilhada** entre Estado e sociedade, reconhecendo a importância da **participação social** nas atividades do Sisnad; o reconhecimento da **intersetorialidade** dos fatores correlacionados ao uso indevido de drogas, com sua produção não autorizada e seu tráfico ilícito; a **integração das estratégias** nacionais e internacionais de prevenção do uso indevido, atenção e reinserção social de usuários e dependentes de drogas e de repressão a sua produção não autorizada e a seu tráfico ilícito; a **articulação com os órgãos do Ministério Público e dos Poderes Legislativo e Judiciário** visando a cooperação mútua nas atividades do Sisnad; a adoção de **abordagem multidisciplinar** que reconheça a interdependência e a natureza complementar das atividades de prevenção do uso indevido, atenção e reinserção social de usuários e dependentes de drogas, repressão da produção não autorizada e do tráfico ilícito de drogas; a observância do equilíbrio entre as atividades de prevenção do uso indevido, atenção e reinserção social de usuários e dependentes de drogas e de repressão a sua produção não autorizada e a seu tráfico ilícito, visando garantir a estabilidade e o bem-estar social; a observância das orientações e normas emanadas do Conselho Nacional Antidrogas – Conad.

O **Sisnad** tem como objetivos: contribuir para a **inclusão social** do cidadão, visando torná-lo menos vulnerável a assumir comportamentos de risco para o uso indevido de drogas, seu tráfico ilícito e outros comportamentos correlacionados; **promover a construção e a socialização do conhecimento sobre drogas** no País; promover a **integração entre as políticas de prevenção** do uso indevido, atenção e reinserção social de usuários e dependentes de drogas e de repressão a sua produção não autorizada e ao tráfico ilícito e as políticas públicas setoriais dos órgãos do Poder Executivo da União, Distrito Federal, Estados e Municípios; assegurar as condições para a coordenação, a integração e a articulação das atividades preventivas ao uso indevido de drogas e repressivas a seu tráfico ilícito.

A **prevenção informal** pretende a adoção de medidas educativas e repressivas, com divulgações, cursos e palestras de esclarecimentos para jovens, a ação preventiva de clubes de serviço (*Rotary*, *Lions*, lojas maçônicas); a criação de programas legais de prevenção, tratamento e reabilitação de dependentes químicos; a inserção do problema de drogas na "agenda Brasil"; a adoção de estatísticas de aferição de uso de drogas etc.

Nesse sentido, a Divisão de Prevenção e Educação (DIPE) do Departamento de Narcóticos de São Paulo realiza, há mais de 30 anos, cursos de prevenção ao uso indevido de drogas, bem como de formação de agentes multiplicadores, levando conhecimento, apoio e capacitação a inúmeras pessoas. É, como disse um antigo policial, um "santuário" da polícia que, mercê do descaso de muitos da administração superior, sobrevive a duras penas, não fossem o esforço e a abnegação de seus funcionários.

11.4 Repressão ao uso indevido e ao tráfico de drogas

O crime organizado no Brasil, liderado pelo narcotráfico, deu mostras em meados de 2006 de que é um Estado dentro do Estado, ocupando os espaços abandonados pelo Poder Público nas favelas, morros e periferias dos grandes centros urbanos e, mais, desencadeando uma série de ataques contra delegacias de polícia, bases militares, veículos oficiais etc., o que causou a morte de dezenas de policiais e impôs um inusitado toque de recolher ou sítio espontâneo na maior cidade do País.

No que diz respeito à **repressão delitiva** do tráfico de drogas, a lei de drogas (Lei n. 11.343/2006) não ousou o necessário. Foi tímida, aliás, como de fato é o realismo esquerdista do direito penal brasileiro, na contramão da história.

Pode-se dizer que a atual Lei de Drogas é uma falácia no aspecto repressivo... Insiste nos erros do passado. Despenalizou o usuário, como se ele não integrasse o macrossistema criminal. Não avançou no procedimento investigatório; limitou-se a aumentar o prazo de conclusão do inquérito com o réu preso; exigiu, no plano administrativo, prévia licença da autoridade para preparação ou qualquer forma de manipulação de drogas; impôs aos delegados de polícia o dever de incinerar de imediato as plantações ilegais de drogas; tipificou o crime de oferecimento ocasional para consumo conjunto e lhe impôs pena branda (favorecendo o tráfico entre os próximos); estabeleceu a cooperação internacional (intercâmbio de informações legislativas, de inteligência e de informações sobre criminosos), bem como outras similitudes decorrentes do direito penal mínimo, adotado e venerado no País.

A sociedade contemporânea, inspirada em Rousseau (o homem nasce bom, a sociedade é que o corrompe), relativiza de tal forma a conduta dos usuários de drogas, minimizando ou afastando sua responsabilidade, que acaba produzindo um gravíssimo erro "histórico".

Nesse sentido, a política de **Redução de Danos (RD)**, iniciada em 1926 na Inglaterra, por meio da qual profissionais da área da saúde (médicos, terapeutas etc.) poderiam prescrever legalmente opiáceos e outras drogas para dependentes químicos, como parte do tratamento, mostrou-se rigorosamente uma falácia. A preocupação primária das autoridades brasileiras no programa de redução de danos está direcionada à contenção de doenças sexualmente transmitidas (AIDS, sífilis etc.), porquanto os usuários compartilham da mesma seringa na aplicação de drogas injetáveis. Em outros países que adotaram tal política, como a Holanda, os usuários trocavam a droga licitamente distribuída (metadona) por heroína no mercado negro. Ademais, a burocracia estatal na distribuição de drogas lícitas é facilmente superada pelo informalismo e baixo custo do mercado negro.

É preciso desencadear uma política nacional antidrogas, com projetos educacionais que exponham a verdade sobre o tema (certas drogas são prazerosas no início do consumo), sobretudo as consequências físicas, emocionais, jurídicas e sociais do uso indevido de drogas. Não se deve simplesmente condicionar o agir estatal à premissa errada de que os usuários são vítimas do sistema. É que os usuários de **drogas não são vítimas de seu próprio**

agir; usam drogas por voluntariedade e porque o estado mental de torpor é mais atraente do que sua realidade. Assim, o raciocínio dos drogados é o seguinte: sou vítima de uma sociedade que não me deu oportunidades e, enquanto ela não mudar, não tenho culpa por me drogar. Ora, é só transportar esse raciocínio desonesto para outros infratores (ladrões, homicidas, traficantes, sequestradores) que se assiste a um panorama de associação diferencial desastroso, ou seja, o estabelecimento de uma cultura indevida de valores, uma cultura inconsequente de que "**os criminosos têm razão**". É o fim do ordenamento jurídico e, consequentemente, o aniquilamento do Estado.

Em contrapartida, foi promulgada recentemente a Lei n. 13.840/2019, que, dentre outras alterações na Lei de Drogas, criou a figura da **internação involuntária** de dependentes químicos, isto é, aquela que se dá, sem o consentimento do dependente, a pedido de familiar ou do responsável legal ou, na absoluta falta deste, de servidor público da área de saúde, da assistência social ou dos órgãos públicos integrantes do Sisnad, com exceção de servidores da área de segurança pública, que constate a existência de motivos que justifiquem a medida.

A **internação involuntária** deve ser realizada após a formalização da decisão por médico responsável e será indicada depois da avaliação sobre o tipo de droga utilizada, o padrão de uso e na hipótese comprovada da impossibilidade de utilização de outras alternativas terapêuticas previstas na rede de atenção à saúde. Tal medida impositiva perdurará apenas pelo tempo necessário à desintoxicação, no prazo máximo de 90 (noventa) dias, tendo seu término determinado pelo médico responsável e pela família, ou o representante legal poderá, a qualquer tempo, requerer ao médico a interrupção do tratamento.

Experiências sociais deploráveis nas últimas duas décadas, como a "cracolândia" no centro velho da cidade de São Paulo, onde usuários de drogas perambulam como mortos-vivos (zumbis) em busca de uma dose (pedra) de "crack", praticando furtos, roubos e violência à pessoa, bem como prostituição a céu aberto, revelaram o equívoco histórico do abandono dos dependentes e da descriminalização do uso de drogas.

É preciso, definitivamente, enfrentar o problema do consumo de drogas como um binômino: saúde pública + segurança pública. Irrompe observar que o uso de drogas se insere na cadeia causal do narcotráfico e alimenta essa tragédia urbana social há décadas.

12º Capítulo

Criminologia dialética ou crítica

De origem marxista, a criminologia crítica ou dialética (Roberto Lyra Filho) entende que a realidade não é neutra, de modo que se vê todo o processo de **estigmatização da população marginalizada**, que se estende à classe trabalhadora, como alvo preferencial do sistema punitivo, e que visa criar um temor da criminalização e da prisão para manter a estabilidade da produção e da ordem social.

É criticada por apontar problemas nos Estados capitalistas, não analisando o crime nos países socialistas. Destacam-se as correntes do **neorrealismo de esquerda, do direito penal mínimo e do abolicionismo penal**, que, no fundo, apregoam a reestruturação da sociedade, extinguindo o sistema de exploração econômica.

Merece destaque também a corrente denominada **criminologia verde**, que assinala a exclusão social das mulheres e outras minorias nos processos decisivos ambientais; insiste no realismo de esquerda, atacando as grandes corporações e responsabilizando-as pela lavagem de dinheiro em decorrência de crimes contra o meio ambiente (*greenwashing*).

12.1 Criminologia fenomenológica

Com a clareza de hábito, Newton e Valter Fernandes (2002) ensinam que a criminologia fenomenológica criou o conceito de número, para a essência das coisas, enquanto o fenômeno representa a realidade objetiva. **Busca-se a essência das coisas por meio de sua aparência**.

Sustenta-se que a criminologia fenomenológica não integra a teoria crítica, porque se divorciou da essência criminógena, na exata medida em que não analisou os sistemas de controle social, despreocupando-se com as mudanças das leis penais e processuais penais.

12.2 Teses de Juarez Cirino dos Santos e Roberto Lyra

Juarez Cirino dos Santos (2008) adverte que a criminologia radical tem por objeto geral as relações sociais de produção (estrutura de classes) e de reprodução político-jurídica (superestruturas de controle) da formação social, voltada para a análise de seu objeto, isto é, o crime e o controle social.

Para o ilustre criminalista, a base social da criminologia radical é composta das classes trabalhadoras e de outros oprimidos, o que justifica a luta contra o imperialismo, a construção do socialismo e a criação de uma teoria materialista do direito penal e do delito no plano capitalista. E arremata, numa postura de extremo radicalismo: "São tarefas complementares da política criminal alternativa da Criminologia Radical (a) conjugar os movimentos de presos com as lutas dos trabalhadores, (b) inverter a direção ideológica dos processos de formação da opinião pública pela intensificação da produção científica radical e a difusão de informações sobre a ideologia do controle social, (c) coordenar as lutas contra o uso capitalista do Estado e a organização capitalista do trabalho e (d) desenvolver o contrapoder proletário" (2008, p. 132).

Por seu turno, o eminente professor Roberto Lyra Filho (1972) afirma que é visível o insucesso das correntes puramente biológicas ou psicológicas, da mesma forma que o neossociologismo da aberração (*deviant behavior*), devendo o criminólogo se ocupar também da gênese das normas éticas e jurídicas.

13º Capítulo

Responsabilidade penal

Em direito penal, crime, sob o aspecto analítico, é toda ação ou omissão típica, antijurídica e culpável (finalismo tripartido, causalismo). Ou, ao menos, todo comportamento típico e ilícito (finalismo bipartido). Os penalistas modernos entendem que o conceito analítico de crime envolve toda conduta típica, antijurídica e ameaçada por pena (teoria constitucionalista do delito).

Esquematicamente:

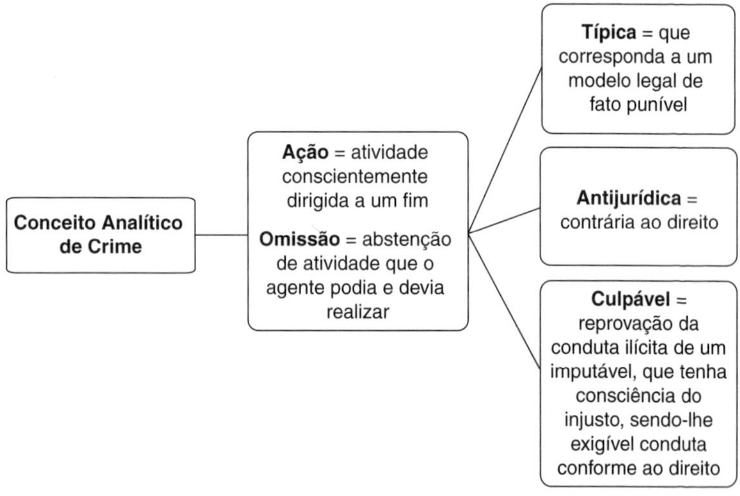

A responsabilidade penal corresponde ao dever jurídico de responder pela ação delituosa que recai sobre o agente imputável.

Entende-se que a culpa penal consiste na censurabilidade da conduta ilícita (típica e antijurídica) daquele que tem a capacidade profana de entender o caráter ilícito do fato (consciência potencial da ilicitude) e de se determinar de maneira ajustada ao direito (exigibilidade de conduta conforme ao direito).

13.1 Imputabilidade

Imputabilidade é **capacidade de culpa**, compreendendo-se em pressuposto e não elemento da culpabilidade.

Da leitura do atual Código Penal brasileiro (arts. 26 e s.), extrai-se que a imputabilidade é a capacidade de entender e de querer, isto é, do entendimento da ilicitude de sua conduta e de seu autodomínio, que tem o **maior de 18 anos**.

O professor Heleno Cláudio Fragoso (1986, p. 203) preleciona que "a imputabilidade é a condição pessoal de maturidade e sanidade mental que confere ao agente a capacidade de entender o caráter ilícito do fato ou de se determinar segundo esse entendimento".

13.2 Inimputabilidade e semi-imputabilidade

Sabe-se que a imputabilidade é a capacidade de culpabilidade. No entanto, em razão de doença mental, desenvolvimento mental incompleto ou retardado, a higidez biopsíquica do agente pode restar comprometida.

Assim, a inimputabilidade ou incapacidade de culpabilidade pode decorrer da norma, ao se presumir o desenvolvimento incompleto dos menores de 18 anos, bem como nos casos de ausência de sanidade mental. O **menor de 18 anos**, por força do art. 228 da Constituição Federal, é tido por **penalmente irresponsável**, ou seja, é inimputável. Idêntica disposição se verifica no art. 27 do Código Penal.

Razões de política criminal influenciaram o legislador a adotar a menoridade como fator de inimputabilidade absoluta.

Além da menoridade, o Código Penal consagra outras três causas biológicas que podem conduzir o agente à inimputabilidade, quais sejam, doença mental, desenvolvimento mental incompleto e desenvolvimento mental retardado.

Há certas condições psíquicas, de que são exemplos algumas neuroses, transtornos obsessivo-compulsivos, em que o sujeito, apesar de saber o valor de seu comportamento, não detém a capacidade de autodeterminação ou de autogoverno para refrear seu agir, daí ser considerado, para o direito penal, um doente mental, de forma a ser rotulado de absolutamente incapaz.

Essa falta de capacidade decorre de **doença mental ou do desenvolvimento mental incompleto ou retardado**.

O eminente Cezar Roberto Bitencourt (2008) ensina que se devem entender por **doença mental** as psicoses, os estados de alienação mental por desintegração da personalidade, a evolução deformada de seus componentes (esquizofrenia, psicose maníaco-depressiva, paranoia) e assim por diante, incluindo também o hipnotismo (falta de consciência e vontade).

Já o **desenvolvimento mental incompleto** é aquele que não se concluiu, alcançando, além dos menores, os surdos-mudos e os silvícolas (índios) não adaptados. Nesse caso, a **psicopatologia forense** verificará, no caso concreto, se a anormalidade produz a referida incapacidade (cf. n. 5, *infra*).

Por desenvolvimento mental retardado compreende-se a oligofrenia em todas as formas tradicionais: idiotia, imbecilidade e debilidade mental.

Todos esses estados de enfermidade mental carecem de exame médico-legal para comprovar a gravidade que ostentam, podendo este ser realizado tanto na fase do inquérito policial como no processo penal, mediante a instauração de incidente de insanidade mental do acusado (arts. 149 a 154 do CPP).

Uma vez determinada a **inimputabilidade** do agente, sua absolvição se impõe (art. 26 do CP), aplicando-se, no entanto, **medida de segurança** (absolvição imprópria – arts. 96 a 99 do CP).

Existe uma situação anômala que se situa entre a imputabilidade e a inimputabilidade, em que, à vista de certas gradações, pode haver uma influência decisiva na capacidade de entendimento e autogoverno do indivíduo. Trata-se da **semi-imputabilidade.**

Aqui se situam os denominados **fronteiriços (limítrofes)**, os quais apresentam situações *atenuadas* ou residuais de psicoses, de oligofrenias ou, ainda, quadro de psicopatias. Tais estados ou situações afetam a higidez mental do indivíduo, sem, contudo, privá-lo completamente dela (art. 26, parágrafo único, do CP).

Nesse sentido é a lição autorizada de Cezar Roberto Bitencourt (2008, p. 360): "A culpabilidade fica diminuída em razão da menor censura que se lhe pode fazer, em razão da maior dificuldade de valorar adequadamente o fato e posicionar-se de acordo com essa capacidade".

Critica-se o termo semi-imputabilidade (apud BITENCOURT, 2008, p. 360), que soaria parecido com semivirgem, semigrávida, pessoa semibranca ou semi-honesta, pois as pessoas nessas condições são dignas de um juízo de censurabilidade menor à vista da redução de sua capacidade de autocensura.

No caso dos **fronteiriços ou semi-imputáveis**, como sua culpabilidade está diminuída, em caso de **condenação é obrigatória** a redução da pena e, somente depois, numa segunda etapa, perquirir a necessidade ou não de aplicação de medida de segurança substitutiva (princípio vicariante).

Abordaremos com mais ênfase as questões referentes aos transtornos mentais na segunda parte deste livro, no campo da criminologia clínica.

Com o objetivo de proporcionar ao leitor melhor compreensão sobre a imputabilidade penal, adicionamos o quadro sinótico a seguir:

Situação pessoal do agente	Características	Sanção penal
Imputável	**Inteiramente capaz** de entender o caráter ilícito do fato e de se autodeterminar	Pena
Semi-imputável	**Parcialmente incapaz** de entender o caráter ilícito do fato e de se autodeterminar	Medida de segurança ou pena reduzida
Inimputável	**Inteiramente incapaz** de entender o caráter ilícito do fato e de se autodeterminar	Medida de segurança

Embriaguez	Consequência
Voluntária	Não exclui a imputabilidade penal
Culposa	Não exclui a imputabilidade penal
Caso fortuito ou força maior – completa	A pessoa é considerada inimputável
Caso fortuito ou força maior – incompleta	A pessoa é considerada semi-imputável
Preordenada (a pessoa se coloca na situação de embriaguez para "ter coragem" de cometer crime)	Não exclui a imputabilidade penal e incide a agravante do art. 61, II, *l*, do CP

14º Capítulo

Fatores sociais de criminalidade

14.1 Abordagem sociológica

A vertente sociológica da criminalidade alcança níveis de influência altíssimos na gênese delitiva.

Entre os fatores mesológicos, logo no início da vida humana destaca-se a **infância abandonada** (lares desfeitos, pais separados, crianças órfãs). Assiste-se a um número crescente de crianças que ganham as ruas, transformando-se em pedintes profissionais, viciados em drogas, criminalizados, sob o tacão do "pai de rua", que as explora economicamente.

Se for verdade que os avanços da engenharia genética, com a progressiva decodificação do genoma humano, podem contribuir para o esclarecimento definitivo de propulsões criminógenas herdadas, não é diferente, também, que a multiplicidade de fatores externos desencadeia um fator criminógeno, muitas vezes ausente no homem. Vejamos alguns desses fatores sociais.

14.2 Pobreza. Emprego, desemprego e subemprego

As estatísticas criminais demonstram existir uma relação de proximidade entre a **pobreza** e a **criminalidade**. Não que a pobreza seja um fator condicionante extremo de criminalidade, tendo em vista a ocorrência dos chamados "crimes do colarinho branco", geralmente praticados pelas camadas mais altas da sociedade.

Por outro lado, nos crimes contra o patrimônio, a imensa maioria dos assaltantes é semialfabetizada, pobre, quando não miserável, com formação moral inadequada. Percebe-se que nutrem ódio ou aversão àqueles que detêm posses e valores. Esses sentimentos fazem crescer uma tendência criminal violenta no indivíduo.

Nesse sentido, as causas da pobreza, conhecidas de todos – má distribuição de renda, desordem social, grandes latifúndios improdutivos etc. –, somente funcionam como fermento dos sentimentos de exclusão, revolta social e consequente criminalidade. Por conseguinte, a repressão policial[1] tem valor limitado, na medida em que ataca as consequências da criminalidade patrimonial e não as causas, justificando, no mais das vezes, as premissas da criminologia crítica ou radical.

Entre 55 e 90 milhões de pessoas passaram à condição de **pobreza** extrema em 2009 no Brasil, devido à recessão mundial resultante da crise financeira internacional. Mais de um bilhão sofre de fome crônica no mundo todo. Segundo pesquisas, 54 milhões de brasileiros são pobres; isso significa que quatro em cada dez brasileiros poderão viver em miséria absoluta. Esta retira o resquício de dignidade humana que a pobreza ainda não subtraiu ao homem.

No mesmo contexto, em países como o Brasil, com população jovial superior à idosa e instabilização entre as zonas rural e urbana, existe um desequilíbrio entre a área urbana e o contingente populacional, gerado não só pelo êxodo rural, mas também pela migração interna desordenada. Ademais, com os altos índices de natalidade, a redução do nível de oferta de emprego, na medida em que o mundo globalizado exige cada vez mais especialização de mão de obra, assiste-se a uma verdadeira multidão de desempregados, o que pode significar um fator criminógeno preocupante.

O número de desempregados nos 39 municípios da região metropolitana de São Paulo aumentou em 154 mil de fevereiro para março de 2009, elevando o número de contingente para 1,551 milhão. O resultado supera em 11% o registrado no mês anterior e é o maior desde 1985, quando começou a ser feita a Pesquisa do Emprego e Desemprego (PED), realizada pelo Departamento Intersindical de Estatística e Estudos Socioeconômicos (Dieese) e pela Fundação Sistema Estadual de Análise de Dados (Seade).

Só para ilustrar **a falha na política de segurança pública**, no Estado de **São Paulo**, no ano de **2015**, foram registrados **992.085 crimes de**

---

1 No Estado de São Paulo, a corroborar nosso entendimento, editou-se a Resolução da Secretaria de Segurança Pública n. 240, de 5 de outubro de 2009, que cria um programa de prevenção e repressão aos roubos em condomínios.

furto e roubo[2], quase um milhão de casos, o que dá uma média de 2.718 casos por dia! Sem falar na **cifra negra**, que atinge quase **70% de casos não notificados**.

É bem verdade que, se a **pobreza** pode facilitar a vida delitiva, a **abastança** também, caso contrário não haveria crimes do colarinho branco, lavagem de dinheiro, delitos ambientais, corrupção do Poder Público etc.

Ressalta-se que o subemprego ou desemprego disfarçado ("homem-placa", "vendedores de balas em semáforos" etc.), à vista da baixíssima remuneração e da instabilidade pessoal e familiar que proporciona, não deixa de ser um fator coadjuvante na escala ascendente da criminalidade. Lembre-se também dos *sacoleiros de fronteira*, que, para aumentar seus ganhos, estimulam o descaminho e o contrabando com a revenda desses produtos País afora.

Finalizando, atente-se para a advertência formulada por Newton e Valter Fernandes (2002, p. 404): "Não obstante a corrupção também seja um problema de personalidade moral, é inescondível que sua ocorrência, no seio do funcionalismo público, igualmente se deve ao pequeno vencimento que a maioria dos servidores recebe".

14.3 Meios de comunicação. Habitação

Dentre os fatores sociais de criminalidade, destaca-se a ação dos meios de comunicação em massa, sobretudo da televisão.

A televisão, a partir dos anos 1970, é o meio de comunicação que mais alcança os brasileiros, desbancando o rádio da posição que até então desfrutava.

Todavia, mediante o discurso libertário da absoluta liberdade de imprensa, assiste-se nas TVs à banalização do sexo e da violência em todos os horários.

As concessionárias de rádio e televisão, nas respectivas programações, descumprem um fundamento constitucional do Estado brasileiro: os programas da mídia devem se voltar para o respeito aos valores éticos da pessoa humana e da família (art. 221, IV, da CF).

É claro que a televisão assume um papel pedagógico exponencial nos dias modernos, criando estereótipos de comportamento, enal-

2 Fonte: SSP/SP. Disponível em: <www.ssp.sp.gov.br/>. Acesso em: 29 fev. 2016.

tecendo o amor livre, incitando a banalização de violência, entre outras atividades nefastas.

Dizem os policiais experimentados[3]: "o indivíduo chega em casa do trabalho, liga o televisor e desliga a família", tamanha a influência que ela ocupa na vida humana, papel que vem sendo desempenhado pelos computadores, *smartphones* e assemelhados, com a conexão diuturna à internet. As pessoas conectam-se à internet e desconectam-se da família, dos amigos etc. A moderna sociedade da informação empurra o homem à ausência "de corpo presente", transformando-o em refém da conexão digital, despersonalizando-o, retirando dele aquilo que tem de mais valioso: a capacidade de pensar, enfim, sua razão, pois transforma-o em autômato.

Em menor escala, mas ainda com relativa influência, registre-se o papel do rádio, do cinema e do teatro, sobretudo do primeiro, com o sensacionalismo de certos programas policiais, além da preocupante e crescente atuação das revistas, jornais e da própria mídia digital (internet), que intermedeiam a prostituição, o tráfico, o contrabando e outras mazelas.

Por seu turno, as **condições desfavoráveis de habitação ou moradia**, como ocorrem nos países em desenvolvimento ou emergentes, com a proliferação de favelas, cortiços, casas de tapera, de pau a pique etc., propiciam a promiscuidade, a perdição, o desaparecimento de valores, o desrespeito ao próximo e outros desvalores de comportamento, empurrando aqueles que vivem ou sobrevivem nessas situações à prostituição, ao tráfico de drogas, aos crimes contra o patrimônio e contra a vida.

14.4 Migração

A migração como movimento interno populacional dentro de um país pode causar dificuldades de adaptação em face da diferença de costumes, usos, hábitos, valores etc. de uma região para outra.

Essa alteração de culturas e valores, como ocorre com os migrantes nordestinos e os nisseis (MARLET, 1995) em São Paulo, gera um antagonismo de convivência, isto é, os migrantes são obrigados a conviver com uma cultura do lar e outra fora do lar, causando desorientação, que pode, diante de uma situação anormal, obter como resposta uma conduta delituosa.

---

[3] Apud Roberto Pacheco de Toledo, delegado de Polícia em São Paulo, em discurso proferido por ocasião do evento social em homenagem ao Dia das Crianças, na Delegacia Seccional Norte/Capital, em outubro de 2006.

É razoável também que nos países em desenvolvimento a absorção dos migrantes ao mercado de trabalho seja muito difícil, quando não rara, contribuindo para o aumento de pobreza e miséria, fatores que sabidamente fomentam a criminalidade.

14.5 Crescimento populacional

O crescimento populacional desordenado ou não planejado figura como fator delitógeno.

O aumento das taxas criminais por áreas geográficas é proporcional ao crescimento da respectiva densidade demográfica populacional, conforme estudos levados a efeito pela Escola de Chicago.

Assim, o crescimento desmedido da população de dada área fortalece o índice de desempregados e de subempregados, desencadeando o fenômeno pelo qual se aumenta a criminalidade na exata medida em que as condições econômicas aumentam a pobreza, incidindo aí a componente social.

Dessa forma, quanto mais fermento (pobreza), maior o tamanho do bolo (criminalidade), ocorrendo aquilo que se chama de "fermento social da criminalidade".

No mesmo sentido, já tivemos a oportunidade de ressaltar que ao Estado cabe realizar o bem comum do povo, mediante diversas ações, incluindo a mantença da ordem pública, de sorte que "manter o equilíbrio entre a área territorial e a população é exercício puro do poder de polícia estatal" (ANGERAMI; PENTEADO FILHO, 2009, p. 157).

Inexistindo esse necessário equilíbrio demográfico, afloram os conflitos de convivência, de modo que, nos morros, cortiços, favelas, loteamentos clandestinos etc., o fermento social da criminalidade aparece diuturnamente, ensejando a continuidade, ou melhor, um progressivo, contínuo, perigoso e alarmante crescimento do número de infrações penais, de todos os matizes (crimes contra a vida, o patrimônio, a saúde pública etc.).

14.6 Preconceito. A criminalidade feminina

Preconceito é **estereótipo negativo**, ideia negativa preconcebida. Discriminação é o preconceito em ação, em atividade.

A doutrina da superioridade baseada em diferenças raciais é cientificamente falsa, moralmente condenável, socialmente injusta e perigosa. Não existe justificação para a discriminação racial, em teoria ou na prática, em lugar algum.

A discriminação entre as pessoas por motivo de raça, cor ou origem étnica é um obstáculo às relações amistosas e pacíficas entre as nações, sendo capaz de perturbar a paz e a segurança entre os povos e a harmonia de pessoas vivendo lado a lado, até dentro do mesmo Estado, muitas vezes causando escaramuças e guerrilhas.

A existência de barreiras raciais repugna aos ideais de qualquer sociedade humana digna e concretizada em um Estado de Direito.

Daí por que a tolerância é a harmonia dos opostos, a igualdade na diferença, a convivência pacífica dos desiguais.

Em tema de criminologia, há quem afirme existir um número maior de delitos cometidos por negros do que por brancos, porém, dada a ausência de pesquisas e estatísticas sérias acerca do assunto, comungamos da opinião de João Farias Junior (2009), para quem "a vontade não age por si só, mas de acordo com a formação moral do caráter, e não de acordo com a cor da pele".

No Brasil, a escravatura deixou máculas inapagáveis nos descendentes da diáspora africana, que, torturados, aprisionados, retirados à força de seu continente e submetidos à opressão do colonizador europeu, até hoje encontram dificuldades de acesso na pirâmide social e econômica.

Depois da abolição da escravatura, o que se viu foram três consequências: a **migração** (não só de negros, mas de brancos espoliados), a **favelização** (nos morros e na periferia das grandes cidades) e, finalmente, a **instalação da criminalidade** nesses espaços.

Quem se propõe a estudar a **criminalidade da mulher** não encontrará material adequado e profícuo, existindo certa negligência no assunto.

O criminólogo Ayush Morad Amar (1987) afirma haver duas hipóteses acerca da menor relevância da criminalidade feminina: **divergência de frequência entre os delitos praticados por homens e mulhe-**

res e **diferença de tratamento** que os órgãos públicos (Polícia, Ministério Público, Poder Judiciário, Sistema Penitenciário) dispensam às mulheres, resultando daí os problemas atinentes à dinâmica do concurso destas na criminalidade masculina; as cifras negras da criminalidade da mulher; a discriminação do Poder Público e da sociedade.

Registra-se que o crime organizado nos grandes centros urbanos (São Paulo, Rio de Janeiro, Belo Horizonte, Porto Alegre, Curitiba, Recife, Salvador etc.) vem cooptando a mulher quer para auxílio material, quer para favorecimento pessoal de seus "irmãos", ou, ainda, na condição de "mulas" para o narcotráfico.

Todavia, o maior dos preconceitos que pode funcionar como fator criminógeno é o de natureza econômica, na medida em que a pobreza e a miséria destroem a dignidade humana, rebaixando o homem para a sarjeta da vida.

14.7 Educação

A educação e o ensino são fatores inibitórios de criminalidade. No entanto, sua carência ou defeitos podem contribuir para estabelecer um senso moral distorcido na primeira infância. Assim, a educação informal (família, sociedade) e a formal (escola) assumem relevância indisfarçável na modelagem da personalidade humana.

14.8 Mal-vivência. Classes sociais

Entende-se por **mal-vivência**, no dizer do douto Hilário Veiga de Carvalho (1973), um grupo polimorfo de indivíduos que vivem à margem da sociedade, em situação de **parasitismo**, sem aptidão para o trabalho, em razão de causas endógenas e exógenas que representam um perigo social.

Na verdade, são seres excluídos, doentes biológica e socialmente. O Estado os incrimina por vadiagem (art. 59 da Lei das Contravenções Penais), mas a criminologia sabe que esses seres infelizes são uma consequência da sociedade discriminatória e violenta em que vivem.

A demonstrar que as condições econômicas são o fator maior de discriminação entre os homens, referendadas, inclusive, pelo direito penal, verifique-se, a título de humor tão somente, o parágrafo único do art. 59 da Lei das Contravenções Penais, ao afirmar que "a superveniência de renda que assegure ao condenado meios bastantes de subsistência, extingue a pena". Em outras palavras, como alertava há mais de meio século o professor Afrânio Peixoto (1953): um vagabundo pobre é um vagabundo, mas um vagabundo rico é um rico excêntrico...

Contribuem para esse estado de patologia social dois tipos de fatores: **biológicos** e **mesológicos**.

Entre os **fatores biológicos** (CARVALHO, 1973, p. 310) destacam-se:

a) **mal-vivência étnica** (povo cigano, que não se adapta às regras sociais de convivência útil);

b) **mal-vivência constitucional ou orgânica** (impulsão à instabilidade, não fincando raízes em lugar nenhum, como ocorre com andarilhos, tropeiros, guias etc.);

c) **mal-vivência de neuróticos**, paranoicos, epiléticos, oligofrênicos, que se lançam num **automatismo ambulatório**, saindo a esmo mundo afora.

No campo **mesológico** vislumbram-se os seguintes fatores (CARVALHO, 1973, p. 310):

a) **infância abandonada** (lares desfeitos, órfãos, "órfãos de pais vivos");

b) **nomadismo** (fluxo migratório de desempregados);

c) **desemprego, subemprego** (consequência da economia voraz de mercado, da globalização, do industrialismo etc.).

Nas sociedades modernas, nas quais se insere a brasileira, tradicionalmente as **classes sociais** se dividem em três grupos: classe baixa, classe média e classe alta.

A classe baixa é aquela composta de indivíduos carentes de toda ordem, não só nos aspectos financeiro e cultural, mas também daquele segmento esquecido pelos governantes.

A classe média ou burguesia é composta de pequenos comerciantes, industriais, profissionais liberais etc.

A classe alta (*high society*) é composta dos detentores do poder econômico, quais sejam, grandes empresários, aristocratas, políticos, que manipulam a vida em sociedade ao sabor de seus interesses.

A prática delitiva não é a desgraça de uma só classe, embora se saiba que os integrantes da classe baixa abarrotam os presídios.

No mesmo compasso, as **cifras negras de criminalidade empresarial** ou cifras douradas (crimes do colarinho branco; evasão de divisas; licitações fraudulentas; sonegação fiscal etc.) estão a esconder o pior tipo dos criminosos, tendo em vista sua nocividade social.

Nesse esgrimir de classes sociais na luta pela melhoria de vida, contra a exploração do homem pelo homem (a fundamentar a criminologia radical), a politização do crime é algo que preocupa juristas, psicólogos, criminólogos etc.

15º Capítulo

Instâncias de controle

Toda sociedade politicamente organizada utiliza o monopólio da força para manutenção da ordem, da paz social e da harmonia entre seus cidadãos.

Trata-se de um corolário da teoria do contrato social de Rousseau.

Assim é que no plano político são eleitos objetivos fundamentais de atuação social, mediante os quais há que imperar uma comunhão de esforços para alcançá-los; esforços e atitudes estes limitados por um processo de normatização de comportamentos pessoais e sociais.

Estabelece-se, por conseguinte, o **controle social** como o conjunto de mecanismos e sanções sociais que visam à submissão do homem aos modelos e normas de convívio comunitário (SHECAIRA, 2008).

Destarte, para que os fins de interesse público possam ser alcançados, as instituições sociais utilizam dois sistemas que interagem reciprocamente.

Num primeiro plano tem-se o **controle social informal**, que reflete nos órgãos da sociedade civil: família, escola, ciclo profissional, opinião pública, clubes de serviço, igrejas etc.

De outro lado, destaca-se o **controle social formal**, representado pelas instâncias políticas do Estado, isto é, a Polícia (1ª seleção), o Ministério Público (2ª seleção), a Justiça (3ª seleção), as Forças Armadas, a Administração Penitenciária etc.

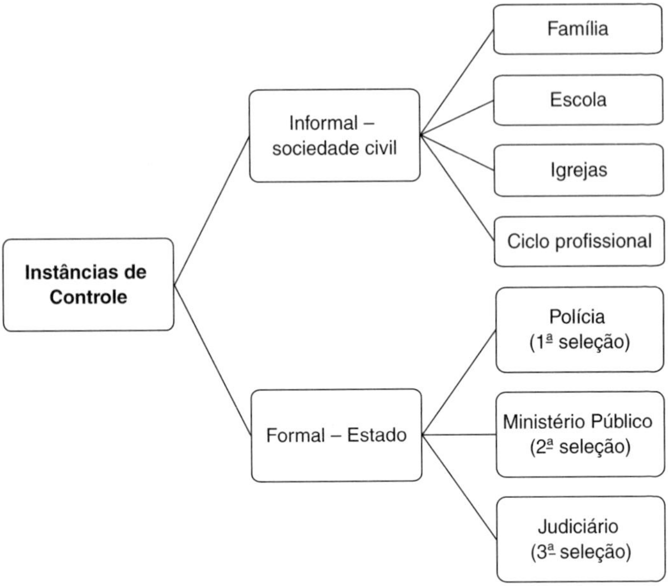

15.1 Órgãos informais de controle

Os órgãos da sociedade civil que operam o controle informal atuam na educação do indivíduo, inserindo-o no contexto social, vale dizer, trata-se do processo de socialização que se prolonga durante toda a existência do indivíduo.

Nesse contexto, destaca-se o **comunitarismo** (vida e sentimento de comunidade): nos pequenos lugares existe maior proximidade entre os habitantes, gerando um recíproco e mútuo estado de respeito, dependência e controle.

Na medida em que esse controle informal acaba por contribuir para que o indivíduo absorva os valores e normas da comunidade, resta claro que ele é muito mais importante e funcional que a ameaça de sanção do controle formal do Estado.

Entre os elementos que primeiro aparecem no controle informal, ganha relevo o papel da **família**. Aliás, a família, como célula nuclear da sociedade, é diretamente responsável pela moldura do caráter e comportamento de seus integrantes, caracterizando-se a necessária autoridade dos pais em decorrência do binômio exemplaridade – amor.

Também digno de nota é o controle informal feito pela **escola**. Embora intimamente ligada ao Estado, não é a presença deste que formaliza ou informaliza o controle, mas sim seu vínculo mais estreito ou não com a sociedade civil.

A **escola** sempre teve íntima ligação com a sociedade civil na consecução da tarefa de educar mediante a persuasão. Hoje, com o péssimo tratamento dado pelo Estado às escolas públicas, sobretudo com a desvalorização salarial e profissional dos educadores, esse tipo de controle informal é quase nulo ou mínimo.

O **ciclo profissional** (trabalho) é de suma importância na instância informal de controle, porque, no modelo capitalista, a autoridade e o poder se apoiam naqueles que detêm os meios de produção, de sorte que a permanência no emprego dependerá, entre outros requisitos, da disciplina laboral do empregado e de suas múltiplas irradiações: no trato com os superiores, nas relações com os colegas, no atendimento aos clientes etc.

O culto à divindade ou a um ser superior sempre acompanhou o homem e lhe servia de mecanismo de contenção de comportamentos antissociais. Daí a importância da religião e das **igrejas**[1] no processo informal de controle social.

---

1 Sustenta Benedito Xavier de Souza Corbelino (disponível em: <www.buscalegis.ufsc.br>, acesso em: 9 out. 2009): "Desde as mais antigas civilizações, percebe-se o culto ao sobrenatural como algo muito importante, mostrando que o espírito de religiosidade acompanha o homem desde os primórdios. Cada povo tem o culto ao sobrenatural como motivo de estabilidade social e de obediência às normas sociais. As religiões, as liturgias variam, mas o aspecto religioso é bem evidente. A religião inclui a crença em poderes sobrenaturais ou misteriosos. Essa crença está associada a sentimentos de respeito, temor e veneração, e se expressa em atitudes públicas destinadas a lidar com esses poderes. Geralmente, todos se unem numa comunidade espiritual denominada igreja. É preciso ficar bem claro que essa abordagem se restringe ao campo específico do fenômeno religioso e, especificamente, à instituição igreja como aparelho ideológico a serviço das relações sociais. Muitos líderes religiosos têm defendido a necessidade de a Igreja lutar por maior justiça entre os homens; de buscar uma participação cada vez maior nos problemas sociais, e têm ressaltado mais o conteúdo ético do que os dogmas religiosos. Por outro lado, setores conservadores procuram impedir essas modificações, defendendo o apego à tradição. A igreja está agora dividida, enfraquecida, distanciada do povo; está perdendo sua função natural de defesa dos oprimidos e se enroscou em conflitos internos e externos, que arruínam sua credibilidade e desequilibram relações básicas do trato social".

Além desses mecanismos, podem ser citados outros, como a **vizinhança** (solidariedade social) e os **meios de comunicação em massa** (indução de comportamento pela mídia), instrumentos que contribuem para a padronização de comportamentos.

Nesse sentido, a lição do festejado Shecaira (2008), para quem, "em épocas como a atual, em que se assiste ao aprofundamento das complexidades sociais, e em que são enfraquecidos os laços comunitários, cada vez mais os mecanismos informais de controle social tornam-se enfraquecidos ou até mesmo inoperantes".

15.2 Instância formal de controle

Quando os meios informais de controle da sociedade falham, entra em cena o **controle formal**, representado pela ameaça de punição (sanção), impondo-se coercitivamente.

O controle social formal é **seletivo e discriminatório**, pois o *status* prima sobre o merecimento, mas também é **estigmatizante**, porque acaba por desenvolver carreiras criminais e desvios secundários.

O controle social jurídico-penal fixa por escrito e publicamente, com todas as minúcias possíveis (*lex certa et scripta*) e antes do fato (anterioridade), qual comportamento se entende por desviado, qual a penalidade cabível, qual a forma de sua imposição (*due process of law*) e por meio de quais autoridades (Polícia e Judiciário).

Assiste razão, portanto, a Hassemer (2008, p. 307) quando anuncia que "o controle social jurídico-penal restabelece a ordem jurídica perturbada, indeniza as vítimas, ainda que não exclua definitivamente o autor do delito do grupo social, impõe uma pena que, ao mesmo tempo em que um castigo, expressa uma desaprovação do fato que tenha realizado".

Não se deve esperar demais do controle formal penal, pois este somente deve entrar em cena em última instância (*ultima ratio*), até porque o direito penal não pode perder seu papel fragmentário e subsidiário (executor de reserva). Isso quer dizer que nem todas as condutas podem ser tidas como incriminadas, mas apenas aquelas que ofendem com certa gravidade os bens jurídicos mais relevantes; o direito penal somente deve atuar quando os demais ramos do direito e instrumentos do controle social se mostrarem impotentes para a manutenção da paz social.

15.2.1 Primeira seleção

Fala-se em primeira seleção do controle social formal em face da atuação de seus órgãos de repressão jurídica, isto é, da atuação da polícia judiciária.

Pode-se afirmar que, quando ocorre um crime, surge para o Estado o poder-dever de exercitar o *ius puniendi* em desfavor do criminoso.

A premissa da monopolização da jurisdição e a finalidade de realização do bem comum, com a indispensável necessidade da garantia da ordem pública, exigem tal comportamento estatal, pois o direito existe exatamente para manter a harmonia social.

Só que o *ius puniendi* não pode ser exercitado de forma atrabiliária. Ele é exercido por meio de um caminho, de um *iter*, que é a persecução penal (*persecutio criminis*), em que, por força constitucional, deve-se estabelecer a "paridade de armas" entre acusação e defesa. Assim, a persecução criminal põe cara a cara a pretensão punitiva estatal e o direito de liberdade do autor do delito.

O vigente sistema processual penal pátrio (acusatório) tem uma etapa preliminar, destinada à apuração da infração penal e respectiva autoria, a que a doutrina denomina "investigação policial", formalizada no inquérito policial; este é ultimado pela Polícia Civil ou Federal (Judiciária).

Apesar do nome "polícia judiciária", é incontroversa a sua atividade eminentemente administrativa, atividade esta decorrente do poder de polícia do Estado. Evidente está que as atividades policiais encontram-se enfeixadas no Poder Executivo, isto é, na Administração Pública, representada pelo delegado de polícia. Daí se pode concluir que temos, na realidade, administração a serviço do direito penal.

Lembra-nos Frederico Marques (1959): "O Estado, quando pratica atos de investigação, após a prática de um fato delituoso, está exercendo seu poder de polícia. A investigação não passa do exercício do poder cautelar que o Estado exerce, através da polícia, na luta contra o crime, para preparar a ação penal e impedir que se percam os elementos de convicção sobre o delito cometido".

No Brasil, a polícia civil (judiciária) prepara a ação penal, não apenas praticando os atos essenciais da investigação, mas também organizando uma *instrução provisória* a que se dá o nome de inquérito policial.

Importante frisar que o inquérito policial, verdadeiro procedimento que é, não pode ser rotulado de "simples peça informativa", como precipitada e preconceituosamente fazem alguns autores, até mesmo diante da impactante atuação sobre o investigado, mormente quando recaem sobre ele os indícios formais de autoria delitiva (indiciamento) estabelece-se aí a primeira seleção de controle social.

Desde o instante em que se registra um boletim de ocorrência na delegacia de polícia, passando pela instauração de inquérito em desfavor de algum suspeito ou de seu indiciamento formal, e até na situação extremada de prisão em flagrante, a polícia age, por vezes discricionariamente, fazendo a primeira etapa de filtragem social, inclusive instruindo na apuração as provas definitivas necessárias à comprovação subjetiva e material do delito. Na esfera das infrações penais de menor potencial ofensivo (Lei n. 9.099/95), à polícia judiciária incumbe exclusivamente a lavratura dos termos circunstanciados de ocorrência (art. 69), que recebem expressiva conotação de controle formal.

Daí a expressão popular que macula: "Fulano é ficha suja na Polícia", relembrando a teoria da etiquetagem social (*labelling approach*).

Na esteira do professor Sérgio Pitombo, "no procedimento de inquérito, encontra-se, portanto, conjunto de atos de instrução; transitório uns de relativo efeito probatório e definitivos outros, de efeito judiciário absoluto" (*Inquérito policial – novas tendências*, Cejup, 1986, p. 22).

15.2.2 Segunda seleção

Na segunda seleção insere-se a atuação do Ministério Público, não apenas com a propositura da ação penal e consequente instauração da instância judicial, mas também por meio de outros instrumentais de sua alçada, como o inquérito civil, a ação civil pública e o termo de ajustamento de conduta.

É claro que a denúncia criminal, como proposta de estabelecimento de pena ao autor de um fato delituoso, imprime o caráter estigmatizante com maior intensidade.

15.2.3 Terceira seleção

A denominada terceira seleção decorre do processo judicial, culminando com a sentença condenatória[2] transitada em julgado. Mas não

---

2 A chamada sentença absolutória imprópria, em que o réu é absolvido, mas a ele é imposta medida de segurança em virtude de sua periculosidade derivada da inimputabilidade (art. 26 do CP), carrega traço seletivo característico, configurando hipótese de 3ª seleção.

apenas. As hipóteses de prisão cautelar simbolizam a restrição da liberdade, quer no aspecto repressivo, quer no aspecto preventivo.

Aqui o Estado se impõe de maneira absoluta sobre o indivíduo, excluindo-o do contexto mediante a sanção mais gravosa que existe: a pena privativa de liberdade.

Sabe-se, igualmente, que as penitenciárias brasileiras são depósitos de lixo humano, ofendem a consciência jurídica e ética do País e transformam o homem naquilo de pior que lhe poderiam rotular: ***ex-homem***, porque a própria arquitetura do cárcere muitas vezes é responsável por sua despersonalização, convertendo-o em autômato, desmontando sua dignidade.

15.3 Reincidência e prognóstico criminológico

A reincidência, na sistemática adotada pelo nosso legislador, de elencar as circunstâncias agravantes que deverão ser analisadas na segunda fase de fixação da pena, foi colocada logo em primeiro lugar, conforme se pode ver do art. 61 do Código Penal.

Etimologicamente, a palavra "reincidência" exprime o ato ou efeito de incidir novamente, de recair, isto é, uma obstinação, uma teimosia na prática ou abstenção de certa conduta, genericamente determinada.

Embora o significado de "reincidência" encampe qualquer espécie de recaída, interessa-nos, em sede de direito penal, especificamente a reincidência criminosa, a qual se encontra definida pelo nosso diploma penal no art. 63, nos seguintes termos: "Verifica-se a reincidência quando o agente comete novo crime, depois de transitar em julgado a sentença que, no País ou no estrangeiro, o tenha condenado por crime anterior".

Assim, temos que a reincidência exige pelo menos a prática de dois crimes, sendo constituída somente quando da prática do segundo delito, desde que o agente já tenha sido condenado criminalmente, em definitivo, pela prática do primeiro.

Nesse sentido, dois são os elementos constitutivos da reincidência, quais sejam, *condenação penal anterior irrecorrível* e *prática de novo crime*.

Apesar de os sujeitos identificados como psicopatas no meio carcerário serem minoria, sua influência maléfica é relativamente muito maior.

Seu reconhecimento é de importância fundamental para questões essenciais como a previsão da reincidência criminal, a possibilidade de reabilitação social e a concessão de benefícios penitenciários.

A **reincidência criminal dos psicopatas** é cerca de três vezes maior que em outros criminosos. Para crimes violentos, a taxa dos psicopatas é quatro vezes maior que a dos não psicopatas.

O Departamento Penitenciário Nacional – Depen (2003) estima a reincidência criminal no Brasil em 82%. A reincidência criminal na cidade de São Paulo é de 58%, ou seja, a cada dois presos egressos da cadeia, um retorna.

Prognóstico criminológico é a probabilidade de o criminoso reincidir, em razão de certos dados estatísticos coletados. Nunca se tem certeza, dado não se conhecer por completo o consciente do autor.

Os prognósticos criminais podem ser **clínicos** e **estatísticos**.

Prognóstico clínico é aquele em que é feito um detalhamento do criminoso, por meio da interdisciplinaridade: médicos, psicólogos, assistentes sociais etc.

Prognóstico estatístico é aquele em que há tabelas de predição que não levam em conta certos fatores internos e só servem para orientar o estudo de um tipo específico de crime e de seus autores (condenados).

Para aferição do **índice de criminalidade**, devem ser levados em conta os fatores psicoevolutivos, jurídico-penais e ressocializantes (penitenciários).

Os fatores psicoevolutivos são aqueles que levam em conta a evolução da personalidade do agente, por exemplo: a) doenças graves infantojuvenis com repercussão somático-psíquica; b) desagregação familiar; c) interrupção escolar ou do trabalho; d) automanutenção precoce; e) instabilidade profissional; f) internação em instituições de atendimento socioeducativo etc.; g) fugas de casa, da escola etc.; h) integração com grupos improdutivos; i) distúrbios precoces de conduta; j) perturbações psíquicas.

Por sua vez, os **fatores jurídico-penais** são aqueles que levam em consideração a vida delitiva do agente, por exemplo: a) início da criminalidade antes dos 18 anos; b) muitos antecedentes penais e policiais ("folha corrida"); c) reincidência rápida; d) criminalidade interlocal; e) quadrilhas (facções criminosas) ou qualificadoras ou agravantes; f) tipo de crime (patrimônio, costume, pessoa).

Por derradeiro, os **fatores ressocializantes** são aqueles que revelam aproveitamento ou não das medidas repressivas no que toca à reinserção social, por exemplo: a) inadaptação à disciplina carcerária e às regras prisionais; b) precário ou nulo ajuste ao trabalho interno; c) péssimo aproveitamento escolar e profissional na cadeia; d) permanência nos regimes iniciais de pena. Quanto mais desses fatores estiverem presentes, maiores a periculosidade e a reincidência penal.

A isso são acrescentados outros fatores condicionantes: biológicos (sexo, idade etc.), genéticos (anomalias) e sociais (desemprego, cooptação por gangues etc.).

Há uma carência muito forte de estudos científicos nos criminosos brasileiros, notadamente a ausência de exame criminológico para a delimitação de **personalidades amorais** ou de **psicopatas**.

A reincidência penal é uma realidade sensível, a que se devem acrescer, malgrado a insossa opinião dos penalistas, a periculosidade e a pobreza social, que impelem o indivíduo para a criminalidade, sobretudo aquela de moldes empresariais (crime organizado).

16º Capítulo

Criminologia cultural

16.1 Criminologia cultural: noções iniciais

Neste século XXI vivemos a sociedade da informação. A mídia se reinventou. A velocidade de informação é quase instantânea. Os computadores, notebooks, smartphones conectam em frações de segundo o homem ao universo digital. A rede mundial de computadores propaga informação em segundos. Propaganda, política, comércio, notícias, esporte etc. são veiculados em instantes. Transmissões ao vivo são vistas no Facebook e outras mídias eletrônicas. Espaços e distâncias são abreviados. Tudo isso trouxe comodidade, rapidez e acabou por facilitar a vida do homem moderno. A televisão, ícone da informação e glamour dos anos 1950/1970, perdeu espaço para os computadores e smartphones. A internet desconhece limites.

Todavia, como acontece com a humanidade, as coisas não fluem só para o bem. Ofensas, ameaças, *bullying*, racismo, terrorismo, fraudes, pedofilia, prostituição e outras práticas antissociais são crescentes na mídia digital. O ciberespaço torna-se terra livre, e a *dark web*[1] não é só uma lenda.

Nesse sentido a sociedade moderna tem acesso ilimitado à informação, e a interação multicultural veiculada pela mídia é diuturna. Assim, choque de culturas é inevitável. E, por vezes, é imprescindível analisar sua influência na questão criminal e dos mecanismos sociais de contenção.

---

1 *Dark web* ou internet obscura não deve ser confundida com a *Deep web*, nem com a rede de compartilhamento de arquivos *Darknet*. Ao passo que *Deep web* e *Darknet* referem-se a *websites* difíceis de serem acessados, e redes secretas ou paralelas à internet, a internet obscura (*Dark Internet*) é qualquer porção da internet que não pode ser acessada por meios convencionais.

E a partir da década de 1990, recrudesceram a insegurança e a violência urbana com roubos, homicídios, sequestros, estupros e demais crimes hediondos, conduzindo-se a uma falsa noção de que os atores do sistema policial/penal eram incapazes de realizar sua tarefa. Nesse aspecto, a divulgação das estatísticas oficiais (embora questionáveis) e o desenvolvimento da mídia policial (programas vespertinos policialescos) davam à sociedade a sensação de insegurança plena nos grandes centros urbanos e a ideia de que a polícia fracassava. Estados como São Paulo, desde os anos 1980, tinham como dirigentes da Secretaria de Segurança Pública membros do Ministério Público, instituição sabidamente adversária da Polícia Civil e sua concorrente nas investigações criminais. Não é preciso ser gênio para se perceber que tais dirigentes, com raras exceções, não desejavam o sucesso da Polícia Civil... Antes o contrário, trabalharam nos bastidores do Poder para o desmonte institucional da polícia com um triplo trunfo: péssimos salários + não reposição dos cargos + falta de investimentos materiais. A par disso, divulgavam-se com alarde os casos de corrupção na polícia. O desastre dessas administrações pífias e levianas aflorou, como um tsunami, agora em 2019, com a carência de recursos humanos[2] (estima-se que a polícia de SP tenha mais de 14 mil cargos vagos, de um total de 41 mil), péssimos salários[3] e ritmos circadianos de trabalho. Nesse aspecto a estupidez governamental assumiu contornos de lesa-pátria, com a criação indiscriminada de delegacias e unidades policiais sem a consequente criação de cargos policiais civis para desempenho das funções nessas mesmas unidades novas. **A explicação técnica é deprimente: a criação de delegacias e distritos policiais se dá por decreto, ao passo que a criação de cargos públicos se dá apenas por lei, de iniciativa reservada do Executivo, uma vez que gera despesa para o erário, com dificuldade de aprovação e trâmite mais demorado no Parlamento estadual.**

Assim, com o apoio da grande imprensa, construiu-se no imaginário popular, aterrorizado pela "criminalidade escancarada", a ideia de que a polícia estava sucateada e corrompida, incapaz de deter os criminosos. E, em paralelo, fazia-se a propaganda massiva do Ministério

---

2 Disponível em: <https://folhadirigida.com.br/noticias/concurso/policia-civil-sp/concurso-policia-civil-sp-deficit-ultrapassa-14-mil-cargos-vagos>. Acesso em: 25 jul. 2019.

3 Disponível em: <http://g1.globo.com/sao-paulo/videos/t/sptv-1-edicao/v/policia-civil-tem-14-mil-vagas-ociosas-e-delegados-desistem-da-carreira-por-salario-baixo/7651881/>. Acesso em: 10 set. 2019.

Público, que se mostrava como a única instituição honesta, competente e preparada para conter a crescente criminalidade. Essa orquestração político-institucional revelou-se muito mais uma caixa de Pandora que qualquer outra coisa. O desastre no sistema de justiça criminal brasileiro irrompeu evidente, sobretudo nas pirotecnias e nos abusos verificados em atuações do estilo "Operação Lava Jato".

Daí a **falsa sensação de insegurança absoluta e de anomia**, com a proliferação de "especialistas em segurança pública" (que jamais pisaram em uma delegacia, apenas para tirar carteira de identidade), bem como o desenvolvimento da "**indústria do pânico**", com o comércio milionário de cercas elétricas, câmeras, alarmes, blindagens automotivas, ofendículos para muros, segurança privada etc.

Nem os processos, nem as ações penais e nem os inquéritos policiais têm donos. Cada qual – delegado de polícia, MP, investigado, indiciado, acusado, réu e Juiz penal – tem seu papel na busca da verdade real. São servos na busca da justiça criminal, como lembrava o saudoso professor Sérgio Marcos de Moraes Pitombo.

Ensinam Saulo Ramos Furquim e Luiz Gustavo Stefanuto Lima[4] que "a criminologia cultural, nesse sentido, emerge por meio da **análise das expressões culturais urbanas** em caráter de resistência e confrontação da estética cultural dominante e é importante ferramenta na verificação de tais fenômenos, vez que seu estudo parte de um **modelo intervencionista** que busca observar o **crime sob o enfoque da cultura**, ou seja, a compreensão sobre o que se define como criminologia cultural deve passar pela **análise do crime e do controle social com olhos atentos às interações culturais**".

Os criminólogos analisam todo o contexto cultural de uma sociedade para a verificação dos fatores que influenciam as interações sociais, quer sob a forma de arte, pintura, música ou qualquer outro símbolo que possa servir de suporte a comportamentos humanos contemporâneos.

16.2 Criminologia cultural, subculturas delinquentes e comportamentos desviantes

Foi através do estudo das subculturas nos anos 1970 que se desenhou o início do que se entende hoje por criminologia cultural.

---

[4] In: *Revista Transgressões – Ciências Criminais em Debate*, UFRN, vol. 3, n. 1, p. 150-151, 2015, grifos nossos.

Algumas subculturas desempenhavam um papel de resistência alternativa às instâncias de controle social e político, por intermédio da simbologia e da influência da mídia.

Porém, a criminologia cultural, uma vertente vanguardista e pós-moderna, recebeu influxos das teorias críticas e da subcultura delinquente sem necessariamente ter rompido com esses paradigmas. Não aceita limites nos seus métodos de estudo, na medida em que a sociedade está em constante mutação, sempre passível de inovações comportamentais.

É bom relembrar que **a noção de subcultura implica a existência de padrões normativos opostos ou divergentes da cultura dominante.** Muitas vezes a subcultura irrompe em consequência de uma frustração social ou de um conflito cultural dentro de uma mesma estrutura, de que são exemplos as subculturas religiosas messiânicas, os grupos extremistas religiosos etc.

Assim é que a subcultura emerge como um modelo de desvio da cultura geral ou de ruptura e resistência, significando um tipo de fuga.

Ressalte-se que a subcultura não rompe totalmente com a cultura geral e acaba, muitas vezes, reproduzindo certos valores e princípios dela, com significado antinômico. Assim ocorre com certas condutas aceitas pela subcultura que, *a priori*, seriam repugnadas pelo tradicionalismo, como, por exemplo, os jogos de azar, vandalismos etc.

As ações desviantes das subculturas são produzidas por grupos e tipificadas como crimes nos limites de seus comportamentos, geralmente vinculadas a certas minorias ou grupos específicos que orientam sua própria existência, como acontecem com os grafiteiros, os *punks*, os funkeiros, os integrantes dos bailes de rua ("pancadões") etc.

Assim, a teoria da subcultura criminosa destaca que há movimentos contraculturais que são ligados a certos crimes, ganhando destaque na mídia – sobretudo televisiva – como ilícitos criminais.

É que a mídia televisiva, talvez a única forma de acesso cultural de milhões de pessoas, está nas mãos dos detentores do poder econômico; e destarte investe milhões em propaganda estimuladora do consumismo com o escopo de aumentar sua clientela. Por conta disso, a mídia escolhe ser o reflexo do comportamento cultural dominante em prejuízo das assim chamadas minorias. E acaba por ser utilizada para criminalizar as condutas tidas por desviantes (*labelling approach* ou interacionismo simbólico).

Vislumbra-se, por assim dizer, um jogo de interesses, alimentado pelo poder e pelo dinheiro, em que aqueles que os detêm definem seus padrões culturais, estéticos e simbólicos, criminalizando, por consequência, qualquer estilo antagônico[5].

Desponta então o direito penal como instrumento de contenção social que, nas mãos da elite dominante, impõe seus valores e sanciona seu triunfo em face dos subjugados.

A sociedade da informação, em pleno desenvolvimento tecnológico deste século, fermenta e novas interações emergem e se mostram conflitantes com o *status quo*.

Assim sendo, lembramos os exemplos dos grafiteiros (acusados de crime ambiental por pichação de prédio público), os cultores do *hip-hop*, dos bailes *funk* de rua, o *funk* ostentação etc. Não é demais lembrar que no final do século XIX e início do século XX a capoeira, o batuque e o samba foram objetos de incriminação. O jogo de bilhar ou *snooker* era tido como contravencional e seria praticado por indivíduos vadios ou malandros. E assim nascia o tipo contravencional de "vadiagem" para reprimir condutas execradas pela elite dominante.

Vale ressaltar que o simples fato de se fazer um baile *funk*, um "pancadão" etc., por si só, não pode ser visto como delito. No entanto, a presença de indivíduos armados de fuzis, comercializando drogas e usando de violência física contra pessoas não merece guarida da ordem jurídica.

Bem se observa a importância dessa nova concepção criminológica – **criminologia cultural** –, que procura ampliar a visão global da sociedade, no aspecto macro, incluindo elementos culturais como arte, música, pintura, dança etc. e suas interações com eventuais condutas desviantes.

Finalizando, é perceptível um esgrimir de tendências políticas como pano de fundo da criminologia cultural. Há uma forte influência da Teoria Crítica ou radical de esquerda (neorrealismo) que pugna pela dominação da mídia cultural em antagonismo com as culturas de minoria ou populares, que lança mão do direito penal como ferramenta de

---

5 Vale lembrar que, nos anos 1960, o presidente da República Jânio Quadros proibiu o uso do biquíni como traje de banho nas praias brasileiras, as rinhas de galo e as corridas de cavalo durante a semana.

domínio e imposição. De outra banda, movimentos de lei e ordem (neorretribucionismo), reflexos do ressurgimento de uma forte posição conservadora, com defesa intransigente do porte e uso de armas, polícia nas ruas, novos tipos penais etc., utilizando-se da mesma mídia para os mesmos fins, com a agravante limitação de direitos fundamentais.

Enfim, a denominada criminologia cultural é um campo fecundo e vasto para a análise ampla da criminalidade, seus efeitos midiáticos e reflexos no sistema criminal.

17º Capítulo

Terrorismo e suas implicações criminológicas

17.1 Terrorismo: conceito histórico e finalidade

Terrorismo *é o uso de violência, física ou psicológica, através de ataques localizados a elementos ou instalações de um governo ou da população governada, de modo a incutir medo, pânico e, assim, obter efeitos psicológicos que ultrapassem largamente o círculo das vítimas, incluindo, antes, o resto da população do território.* É utilizado por uma grande gama de instituições como forma de alcançar seus objetivos, como organizações políticas, grupos separatistas, facções religiosas extremistas e até por governos no poder.

Em consequência da Revolução Francesa instalou-se um período denominado **Terror**, compreendido entre 5 de setembro de 1793 (queda dos girondinos) e 27 de julho de 1794 (prisão de Maximilien de Robespierre, ex-líder dos jacobinos que foi um precursor da ideia de um terrorismo de Estado nos séculos posteriores). Entre junho de 1793 e julho de 1794, cerca de 16.594 pessoas foram executadas durante o Reinado de Terror na França, sendo 2.639 mortes só em Paris. Apesar disso, há um consenso de que o número é muito maior devido às mortes na prisão.

Robespierre, de início, determinou uma perseguição velada aos girondinos que descambou para uma perseguição geral a todos os "rotulados de inimigos" da Revolução, inclusive contra lideranças que apoiaram decisivamente a revolta, como, por exemplo, Danton (jacobino). O Comitê de Salvação Pública era o órgão que conduzia a política do Terror; sua figura de maior destaque, **Robespierre**, agia arbitrariamente perseguindo a todos que desconfiasse discordar de suas ideias violentas. Após a instituição da Convenção, o governo, precisando do apoio das massas populares (os *sans-culottes*), promulgou diversas leis de assistência e garantia dos direitos humanos estabelecidos pela revolução (*li-*

berdade, igualdade, fraternidade). Houve certa resistência contra essas leis, que se somava à pressão externa contra a França.

O Terror terminou com o golpe de Termidor (27/28 de julho de 1794), que desalojou Robespierre do cargo de presidente do Comitê de Salvação Pública. No dia seguinte, **Robespierre e Saint-Just e mais de uma centena de jacobinos foram executados na guilhotina**. Após o fim do período do Terror, a Revolução Francesa assumiu definitivamente um caráter burguês, com o poder nas mãos do Diretório (alta burguesia).

Ao longo dos séculos anteriores, inúmeros atos terroristas foram praticados: o homicídio do czar Alexandre II por anarquistas russos em 1881; o famoso atentado de Sarajevo em 1914, que culminou com a morte do arquiduque Francisco Ferdinando e serviu de estopim para a 1ª Guerra Mundial; o massacre dos atletas olímpicos judeus em Munique (1972) pelos terroristas palestinos do Setembro Negro; o assassinato de 334 civis, dos quais 186 crianças, na Escola de Beslan, Rússia (2004), pelos separatistas chechenos que usaram explosivos contra as vítimas. E o pior deles ocorreu em 11 de setembro de 2001 nos EUA: os ataques de fundamentalistas islâmicos (jihadistas), com o sequestro e lançamento de quatro aviões de carreira, dois deles contra cada uma das torres gêmeas do World Trade Center em Nova York, outro contra o prédio do Pentágono em Washington, D.C., e o último, que caiu em um campo aberto próximo de Shanksville, na Pensilvânia, depois de alguns de seus passageiros e tripulantes terem tentado retomar o controle da aeronave dos sequestradores, que a tinham reencaminhado na direção da capital norte-americana. Quase 3.000 (três mil) mortos em decorrência do mais sórdido, sujo e covarde atentado de que se teve notícia na história. O grupo terrorista islâmico Al-Qaeda reivindicou a autoria desse ataque.

O terrorismo não deixa de ser uma estratégia política radical, consistente no uso de violência física (*vis physica*), ou de coação psicológica (*vis compulsiva*) em tempos de paz ou de guerra não declarada[1].

A finalidade ou objetivo mais **comum** dos atentados terroristas é incutir o **medo na população atingida** ou uma **mudança de comportamento** ou a **obtenção de dividendos políticos**. Mas eles também irrompem como **objetivos a publicidade, exibição de poder, vingança, represálias a embargos econômicos etc.**

---

[1] Apud ABDALLA-FILHO et al. *Psiquiatria Forense de Taborda*, op. cit., p. 616 e s.

Os atentados terroristas aumentaram desde a segunda metade do século XX e o início do século XXI em virtude da globalização e consequente quebra de barreiras e fronteiras entre países. A tensão cultural, derivada da fragmentação política, social e econômica, alimentou diferenças, intolerância e xenofobia, abrindo caminho para o desenvolvimento de ideologias radicais.

Na atualidade, entende-se por terrorismo o uso sistemático da violência para intimidar um governo ou uma população, de modo a alcançar um objetivo político, ideológico ou religioso, tratando-se de fenômeno antigo, que busca alcançar visibilidade globalizada através da implantação do terror e de medidas violentas, causando medo e sentimento difuso de insegurança, principalmente após o atentado às Torres Gêmeas e ao Pentágono ocorrido em 11 de setembro de 2001, nos Estados Unidos (Nova York).

O ato terrorista perpassa a figura das vítimas diretas, atingindo e disseminando o medo e o terror na sociedade onde estas convivem, despertando, como principal objetivo, a preocupação mundial, dada a dimensão da violência de seus atos, violando direitos humanos. Na atualidade, podemos citar como exemplos o Boko Haram, que significa "educação ocidental é um pecado" (este grupo atua de modo intenso na Nigéria), o Estado Islâmico, o Al Qaeda do Iêmen e o Al Shabab. Inobstante, alguns grupos revolucionários ultrapassam os limites de toda sociedade e leis mundiais, decepando e degolando pessoas, ateando fogo enquanto elas ainda estão vivas, estuprando mulheres, usando-as, juntamente com crianças e adolescentes, como escudo, além dos últimos acontecimentos que causaram perplexidade e comoção mundial, como nos casos dos atentados em Paris contra o semanário "Charlie Hebdo" (2015), na Bélgica (2016) e o *Massacre de Munique*, também conhecido como *Tragédia de Munique*, ocorrido durante os Jogos Olímpicos de 1972 na Alemanha.

Contudo, a definição de "terrorismo" ainda encontra divergência na atualidade do mundo jurídico, variando conforme a doutrina. Nesses termos, as lições de Cancio Meliá (2010, p. 22-23): "Desde el terrorismo 'normal' (comissión de infracciones penales gravíssimas para la consecución de fines políticos), passando por los 'terroristas domésticos' (hombres que maltratan sus mujeres), los ciberterroristas (que pretendem causar danos em los ordenadores atacados) o los 'terroristas medioambientales', hasta ilegar al terrorismo forestales)".

Nessa conjuntura, disseminam ideias terroristas, como discurso de ódio e perseguição, através das ferramentas virtuais, além de angariar simpatizantes e integrantes.

Como se sabe, no Brasil tivemos um episódio relacionado à preocupação de conduta terrorista (denominada de Operação Hashtag pela Polícia Federal) durante a realização do evento esportivo de alcance internacional, isto é, as Olimpíadas do Rio de Janeiro, que se deram em agosto de 2016, com abertura em 5 de agosto e encerramento no dia 21 de agosto do ano mencionado. Outro ataque que lembramos trata-se da estátua do bandeirante Borba Gato, em São Paulo, na qual atearam fogo.

Com efeito, amparado no comando constitucional do disposto no inciso XLIII do art. 5º da CF[2], objetivando regulamentá-lo[3], o legislador brasileiro editou a Lei n. 13.260, de 16 de março de 2016, disciplinando a tipificação do crime de terrorismo, atividades investigatórias e processuais, definindo os contornos do conceito de organização terrorista, alterando, ainda, as Leis n. 7.960/89 e n. 12.850/2013. Certo é que o art. 2º da Lei n. 13.260/2016 expressamente definiu que "o terrorismo consiste na prática por um ou mais indivíduos dos atos previstos neste artigo, por razões de xenofobia, discriminação ou preconceito de raça, cor, etnia e religião, quando cometidos com a finalidade de provocar terror social ou generalizado, expondo a perigo pessoa, patrimônio, a paz pública ou a incolumidade pública".

Conforme lúcidas lições de Renato Brasileiro de Lima (2020, p. 920-921), o crime de terrorismo no Brasil é equiparado a hediondo, "logo, como o dispositivo constitucional determina que lhes seja dispensado tratamento idêntico, tortura, tráfico e terrorismo são tidos como *crimes equiparados a hediondos*. A justificativa para o constituinte originário ter separado os *crimes hediondos* dos *equiparados a hediondos* está diretamente relacionada à necessidade de assegurar maior estabilidade na con-

---

2 A lei considerará crimes inafiançáveis e insuscetíveis de graça ou anistia a prática da tortura, o tráfico ilícito de entorpecentes e drogas afins, o terrorismo e os definidos como crimes hediondos, por eles respondendo os mandantes, os executores e os que, podendo evitá-los, se omitirem.

3 Trata-se de mandado constitucional de criminalização, isto é, são comandos, ordens, emitidos pelo legislador constituinte para a proteção de determinados bens jurídicos com dignidade penal, sendo atendido com a edição da Lei n. 13.260, de 16 de março de 2016 (Lei Antiterrorismo).

sideração destes últimos como crimes mais severamente punidos. Em outras palavras, a Constituição Federal autoriza expressamente que uma simples Lei Ordinária defina e indique quais crimes serão considerados hediondos. No entanto, para os *crimes equiparados a hediondos*, o constituinte não deixou qualquer margem de discricionariedade para o legislador ordinário, na medida em que a própria Constituição Federal já impõe tratamento mais severo à tortura, ao tráfico de drogas e ao terrorismo".

Vale mencionar que o legislador inseriu no art. 10 Lei n. 13.260/2016 (Lei Antiterrorismo) uma ponte de ouro antecipada prevendo a possibilidade da aplicação dos institutos de desistência voluntária e arrependimento eficaz (art. 15 do CP), mesmo antes de iniciada a execução, quando o agente realiza atos preparatórios, mas desiste de iniciar a execução do crime de terrorismo.

17.2 Classificação tipológica e metodológica do terrorismo[4]

O terrorismo pode ser classificado de acordo com os tipos de terroristas ou os métodos empregados.

17.2.1 Tipos de terroristas

a) **Criminosos** – buscam lucros pessoais.

b) **Irracionais** – agem em função de doença mental, geralmente guiados por delírios.

c) **Políticos** – imbuídos por causas políticas ou sociais.

d) **Religiosos ou étnico-culturais** – guiados por uma interpretação falsa da religião ou por preconceito.

e) **Estrangeiros** (indivíduos de outros países) ou **Domésticos/nacionais** (de origem nacional, interna).

---

[4] Apud Abdalla-Filho et al. *Psiquiatria Forense de Taborda*, op. cit., p. 619.

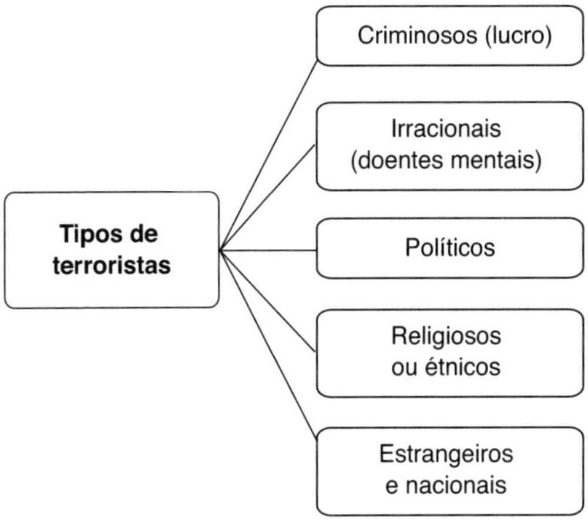

17.2.2 Métodos terroristas

a) **Bombardeios[5], explosões, homicídios, sequestros de pessoas e aeronaves.**
b) **Bioterrorismo, terrorismo químico, radiológico, nuclear.**
c) **Terrorismo financeiro.**
d) **Terrorismo suicida, torturas, linchamentos ou matanças indiscriminadas.**

Como a maior parte dos atentados terroristas é feita por bombardeios, é importante trazer neste trabalho o pensamento de John Douglas, pioneiro e fundador da Unidade de Ciência Comportamental e de Perfis Criminais do FBI.

Para John Douglas[6], "há três categorias nas quais bombardeadores tendem a se encaixar. Existem aqueles motivados pelo poder, atraídos pela destruição. Existem os orientados por missões, atraídos pela emoção

[5] Os ataques a bomba respondem por metade de todos os atentados terroristas, pois demandam menor custo e risco evidentemente menor também. Há que se mencionar, por oportuno, a utilização de ataques contra os meios de transporte público, que causam rebuliço e pânico na população.

[6] In: *Mindhunter*: o primeiro caçador de serial killers americano. Rio de Janeiro: Intrínseca, 2017. p. 323.

de desenvolver, produzir e posicionar os dispositivos. E existem os tipos técnicos, que se alimentam do brilhantismo e da esperteza por trás de seu projeto e sua construção. Quanto aos motivos, eles variam entre extorsão, questões trabalhistas, vingança e até suicídio".

Ainda, segundo John Douglas[7], a experiência prática sobre atentados à bomba possibilitou o traçado de um **perfil geral repetitivo**: geralmente, costumam ser **homens brancos cuja idade é determinada pela vítima ou alvo**; **inteligência mediana** e **muitas vezes acima da média** (embora sem realizações pessoais na vida); **personalidade não conflituosa e não atlética, covarde e desajustada.** O **perfil é determinado mais pela análise da vítima ou do alvo,** bem como do **dispositivo utilizado** (explosivo ou incêndio), da mesma maneira que o perfil de um assassino em série é analisado a partir da cena ou local de crime. Considerou-se também a análise dos **fatores de risco associados tanto à vítima quanto ao criminoso**, se o **alvo** foi **aleatório ou preestabelecido**, se era **acessível ou não, horário do ataque, método de transferência** (pelo correio, por exemplo), bem assim as **qualidades** singulares e **idiossincrasias** dos componentes e **fabricação do artefato explosivo**.

17.3 Causas dos atos de terror

Abdalla-Filho[8] e outros sustentam que, com base no Congresso de Oslo (Noruega/2003), J. K. Trivedi apontou o **surgimento do terrorismo** em uma sociedade em razão dos seguintes **fatores políticos e sociais**, dentre outros:

a) **Falta de democracia e de liberdades civis** como pré-condição para o terrorismo doméstico.

b) **Estados fragilizados sem controle do território**.

c) **Modernização rápida e terrorismo ideológico**.

d) **Extremismo religioso e ideologias ultrapassadas**.

e) **Antecedentes históricos de violência civil, revoltas, convulsões internas etc.**, que facilitariam a aceitação de atos de terror.

f) **Desigualdade de poderes e hegemonia**.

g) **Corrupção e ilegitimidade de governos**.

---

[7] Idem, p. 323-324.

[8] Apud Abdalla-Filho et al. *Psiquiatria Forense de Taborda*, op. cit., p. 619-620.

h) **Repressão por ocupação estrangeira e colonização.**

i) **Discriminação étnica ou religiosa.**

j) **Discriminação contra classes sociais emergentes e contra imigrantes.**

k) **Injustiça social** (elevada ao quadrado com a corrupção governamental).

l) **Eventos-gatilho com a predisposição à revanche ou à ação** (ato ultrajante cometido por inimigos, guerras perdidas, massacres, contestação de eleições, brutalidade policial).

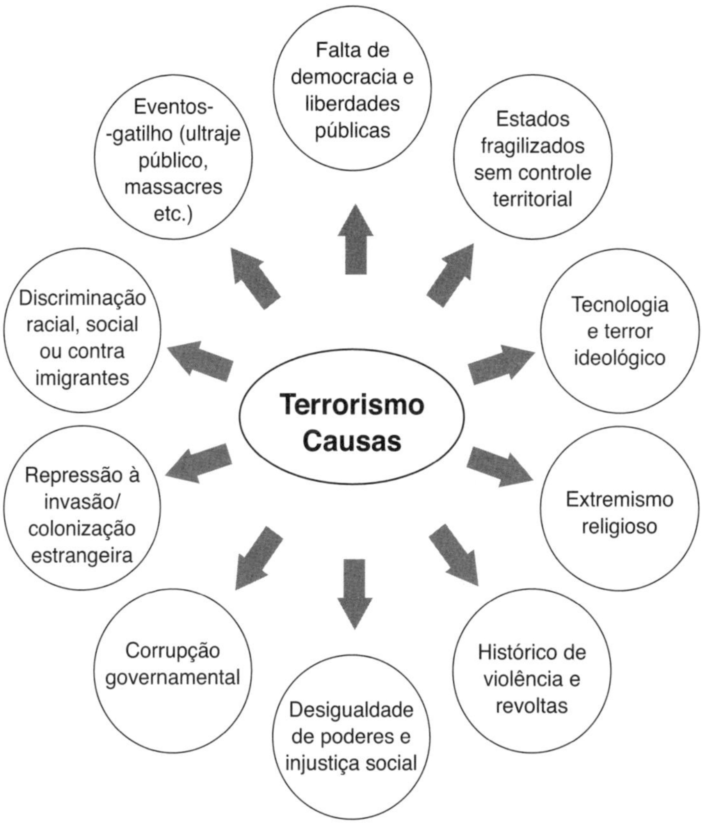

17.4 Aspectos criminológicos do terrorismo e suas consequências às vítimas

Hoje em dia já não se sustenta mais a noção de que os terroristas sejam indivíduos portadores de transtornos mentais, mas, sim, pessoas racionais, movidas por objetivos e estratégias políticas muito bem desenhadas. Daí nos EUA os Tribunais reiteradamente têm condenado à prisão perpétua terroristas, rejeitando a tese de insanidade mental deles.

A criminologia, quer por meio do viés sociológico, quer por meio do viés clínico, por si só, não consegue decifrar o fenômeno do terrorismo. Todavia, empiricamente, ele pode ser visto como um ato consciente, deliberado e intencional, com grande influxo psicodinâmico. *Terroristas seriam afetados por lesões narcísicas graves e um* self *incapaz de integrar ações boas e más, ou ainda de ser entendido na dinâmica do seu grupo social*[9].

De acordo com essa **dinâmica grupal**, o **terrorismo político** apresenta **três características**:

a) **quebra de confiança no sistema político vigente;**

b) **refutar a legitimidade do sistema;**

c) **visão desumana e despersonalizada dos indivíduos que integram a sociedade, o que favorece a prática de atrocidades.**

Nesse sentido, o grupo passa a ter uma existência soberana e narcisista que se impõe por meio de atentados. Outros exemplos: Setembro Negro (palestinos), Sendero Luminoso (Peru), Farc (Forças Armadas Revolucionárias da Colômbia), Al-Qaeda ("base"), ETA (Pátria Basca e Liberdade), IRA (Exército Revolucionário Irlandês), Hamas (Movimento de Resistência Islâmica), Boko Haram ("educação ocidental está proibida") e, entre nós, nos anos 1960 e 1970, o MR-8 (Movimento Revolucionário 8 de outubro) e a Var-Palmares (Vanguarda Armada Revolucionária Palmares), que foram grupos de extrema esquerda que lutaram contra a ditadura militar no Brasil, responsáveis por atentados a bomba, roubos, sequestros e homicídios.

Os integrantes do **grupo** não podem ter identidade própria, então assumem a identidade do grupo, rompendo seus laços com trabalho, amigos e, sobretudo, família. Dentro do grupo forjam-se relações de dominação e solidariedade pela coerção. Assim, **seus componentes, exceto suas lideranças, despersonalizam-se, diluindo suas personalidades e**

---

9 Apud Abdalla-Filho et al. *Psiquiatria Forense de Taborda*, op. cit., p. 621.

misturando-as à identidade única do grupo. Divergências e questionamentos são pouco ou nada tolerados e, em ocorrendo, geralmente são fatais para os insurgentes.

Segundo lição autorizada de Abdalla-Filho[10] e outros, "a observação de grupos políticos organizados indica as seguintes características de seus membros:

- traços de personalidade orientados à ação, à agressividade, à busca de novidades, à excitação e à externalização de sentimentos estão associados a maior potencial de ação direta. São os executores das ações mais arriscadas;
- fortes traços narcisistas, antissociais, psicopáticos, borderlines ou paranoides. São os que comandam e tornam a execução das ações possível. Esse grupo muitas vezes busca pessoas que tenham perdido a esperança na vida, na família e na sociedade, visto que são mais frágeis e vulneráveis e, por consequência, mais fáceis de arregimentar e manipular".

O progresso da tecnologia da informação com o desenvolvimento da internet possibilitou a divulgação e arregimentação de "simpatizantes de teclado" a grupos extremistas. Por conseguinte, ao contrário do que se possa imaginar, não existe um único tipo de personalidade terrorista, pois há uma variedade de comportamentos associados ao terrorismo, e boa parcela desses indivíduos não apresenta sintomas de psicopatologia severa.

As **consequências de atos terroristas** para as vítimas são múltiplas e incidem em diversos matizes da vida.

Via de regra, o terrorismo é um ato assustador que causa pânico generalizado à população, pois visa destruir no todo ou em parte a estrutura social, econômica e cultural de determinada localidade.

Em geral, um **atentado terrorista acarreta uma resposta em três fases distintas**[11]:

1) **preocupação com o presente e sensação de atordoamento;**
2) **os sobreviventes têm necessidade de falar sobre o ocorrido e buscar ajuda;**

---

[10] Ibidem, p. 621.

[11] Apud Abdalla-Filho et al., op. cit., p. 621-622.

3) **depois do trauma vivido, é usual o surgimento de ansiedade, raiva, depressão, intolerância, insônia, alcoolismo, abuso de drogas ilícitas, transtornos de ansiedade e de pânico, transtorno de estresse pós-traumático etc.**

É bom ressaltar que a maior parte das consequências dos atentados terroristas às vítimas, de índole neurobiológica, deve ser estudada pela **criminologia clínica**, sobretudo pela neurociência e suas pesquisas da **amígdala** (estrutura cerebral localizada nos lobos temporais responsável por organizar resposta ao perigo), bem como do DNA em face de estudos em gêmeos comprovarem uma tendência genética a desenvolver Transtorno de Estresse Pós-Traumático (TEPT).

Pesquisas efetuadas com pessoas expostas aos ataques na Maratona de Boston revelam que a "resposta aumentada da amígdala à informação emocional negativa pode representar um marcador neurobiológico de vulnerabilidade ao trauma, sendo potencialmente fator de risco ao TEPT[12]".

Assim, estudos com neuroimagem funcional e estrutural demonstraram alterações no volume cerebral e/ou ativação no hipocampo e amígdala com pessoas com TEPT[13].

Destarte, a ciência médica muito tem contribuído para o tratamento adequado aos sobreviventes de atentados terroristas.

---

12 Apud Abdalla-Filho et al. *Psiquiatria Forense de Taborda*, op. cit., p. 625-626.

13 Ibidem, p. 626.

2ª PARTE

CRIMINOLOGIA CLÍNICA

1º Capítulo

Criminologia clínica

1.1 Conceito de criminologia clínica

Conforme leciona o festejado professor Dr. Alvino Augusto de Sá (*Sugestão de um esboço de bases conceituais para um sistema penitenciário*, p. 3), a **Criminologia clínica** é a ciência que, valendo-se dos conceitos, princípios e métodos de investigação médico-psicológicos (e sociofamiliares), se ocupa do indivíduo condenado, para nele investigar a dinâmica de sua conduta criminosa, sua personalidade, seu "estado perigoso" (diagnóstico) e suas perspectivas de desdobramentos futuros (prognóstico) para, assim, propor estratégias de intervenção, com vistas à superação ou contenção de uma possível tendência criminal e a evitar a reincidência (tratamento).

A conduta criminosa tende a ser compreendida como conduta anormal, desviada, como possível expressão de uma anomalia física ou psíquica, dentro de uma concepção predeterminista do comportamento, pelo que ocupa lugar de destaque o diagnóstico de periculosidade.

Importante registrar que seu objeto primordial é o exame criminológico.

1.2 Importância e reflexos jurídicos

Criminologia clínica é uma ciência interdisciplinar que visa analisar o comportamento criminoso e estudar estratégias de intervenção junto ao encarcerado, às pessoas envolvidas com ele e com a execução de sua pena.

Busca conhecer o encarcerado como pessoa, conhecer suas aspirações e as verdadeiras motivações de sua conduta criminosa.

A criminologia clínica traça estratégias de intervenção, voltando-se também para os diretores e agentes de segurança penitenciários, visando envolvê-los num trabalho conjunto com os técnicos, assim como envolver todos os demais serviços do presídio e, de forma especial, a família do detento. Ademais, sua aplicação levará em conta as respostas às estratégias de intervenção propostas, valendo-se não só de avaliações técnicas, mas também das observações dos outros profissionais, incluídos aí os agentes de segurança penitenciários, observações essas que serão tecnicamente colhidas e interpretadas pelo corpo técnico (apud SÁ, op. cit., p. 4).

Observe a tabela a seguir, usada para diferenciar a criminologia clínica moderna da antiga antropologia clínica e da criminologia clínica tradicional.

	Antropologia Clínica	**Criminologia Clínica Tradicional**	**Criminologia Clínica Moderna**
Enfoque	Raça	Indivíduo	Indivíduo e seu meio e contexto
Causa	Atavismos e taras	Personalidade (estado perigoso)	Multifatores internos e externos
Concepção	Predeterminismo racial	Predeterminismo individual	Reconhece o *continuum* delinquência e não delinquência
Objetivo	Segurança social e cura	Tratamento	Reabilitação e reintegração social

Todavia, o conceito de criminologia clínica não deve ser encarado de forma unitária, porque existe uma interatividade no estudo da personalidade, que inclui o diagnóstico, o prognóstico e o tratamento.

Adverte Ayush Morad Amar (1987, p. 4) que a expressão "clínica" suscita enfermidade, sem sentido médico, mas é muito diferente do conceito que se destina ao crime, podendo levar o estudioso a confundir enfermidade e crime, de modo que propõe, sempre que possível, a supressão da pretensiosa e equivocada denominação "criminologia clínica".

2º Capítulo

Personalidade e crime

2.1 Conceito de personalidade

Foi Rousseau quem discorreu sobre os elementos externos que influenciavam o comportamento humano e sua desenvoltura vivencial (a sociedade é que corrompe o homem). Não se pensou que justamente essa sociedade poderia refletir todas as tendências humanas. Os homens trazem em si um potencial corruptor que, agindo sobre outros indivíduos sujeitos à corrupção, produz um efeito corruptível. Ou seja, trata-se de um demérito tipicamente humano.

Outro conceito de personalidade foi baseado na **constituição biotipológica**, segundo a qual a genética não estaria limitada exclusivamente à cor dos olhos, dos cabelos, da pele, à estatura, aos distúrbios metabólicos e, às vezes, às malformações físicas, mas também determinaria forte influência sobre seu temperamento e suas relações com o mundo.

Hoje em dia é inapropriado pensar na personalidade humana como consequência inarredável do meio ambiente. Não pode, tampouco, ser considerado um punhado de genes, resultando em uma máquina programada a agir desta ou daquela maneira, conforme teriam agido exatamente os seus ascendentes biológicos. Daí inferir que em sua composição interagem elementos biológicos, psicológicos e sociais.

Entende-se por "**personalidade**" a síntese de todos os elementos que concorrem para a conformação mental de uma pessoa, de modo a lhe conferir fisionomia própria (Porot).

É a **organização dinâmica** dos aspectos ou elementos cognoscitivos, conativos, afetivos, fisiológicos e morfológicos do indivíduo (Sheldon).

Esquema da personalidade:

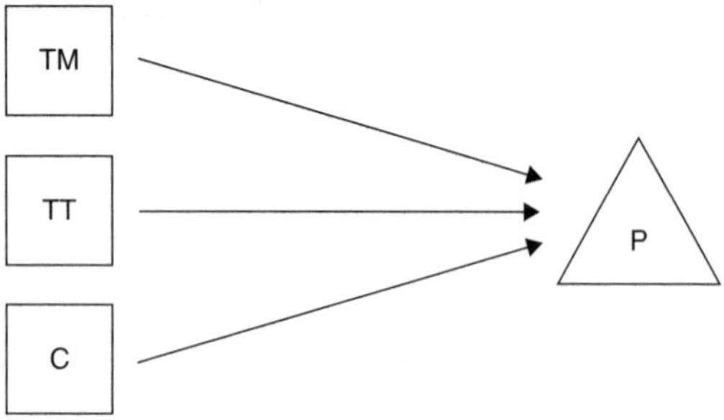

TM = tipo morfológico (conformação física)
TT = tipo temperamental (emocional)
C = caráter (experiências)
P = personalidade

A **personalidade** apresenta alguns **traços característicos**, quais sejam a **unidade** e a **identidade** (todo coeso e organizado); a **vitalidade** (conjunto animado); a **consciência** (intra e extrainformação do mundo); e as **relações com o meio ambiente** (limites do "eu" com o meio).

Como já se pontuou, não existe uma personalidade normal, mas sim várias personalidades normais, conforme os tipologistas esclarecem.

Segundo **Kretschmer**[1], há três tipos somáticos: o leptossômico, o pícnico e o atlético, conforme desenhos e tabela a seguir:

PÍCNICO (baixo, gordo, abdômen volumoso, sem pescoço, tendência à calvície, propensão a doenças cardiovasculares e diabetes)

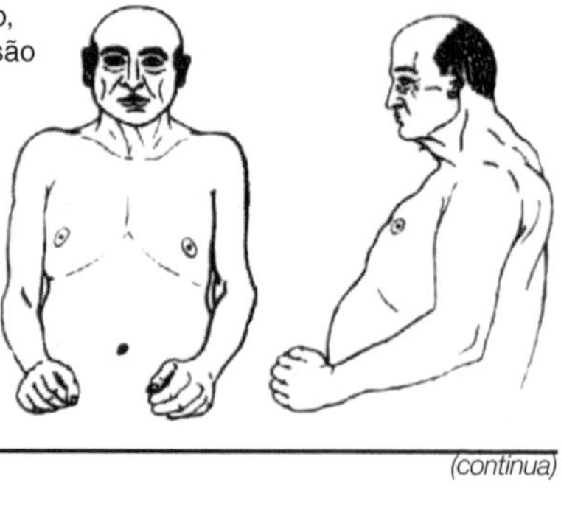

(continua)

[1] Posteriormente, Kretschmer acrescentou o tipo **displásico**, que apresenta crescimento desproporcional e propensão aos crimes sexuais.

(continuação)

LEPTOSSÔMICO (alto, magro, pouco musculoso, rosto afilado; encanece precocemente, propensão à esquizofrenia)

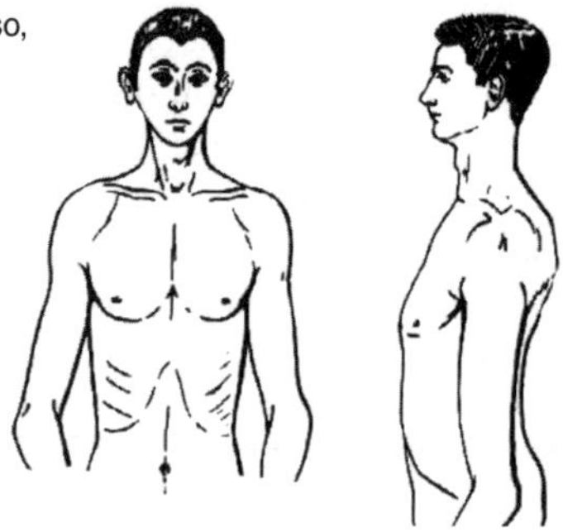

ATLÉTICO (aspecto trapezoidal, ombros largos e relevos musculares evidentes, tendência à epilepsia)

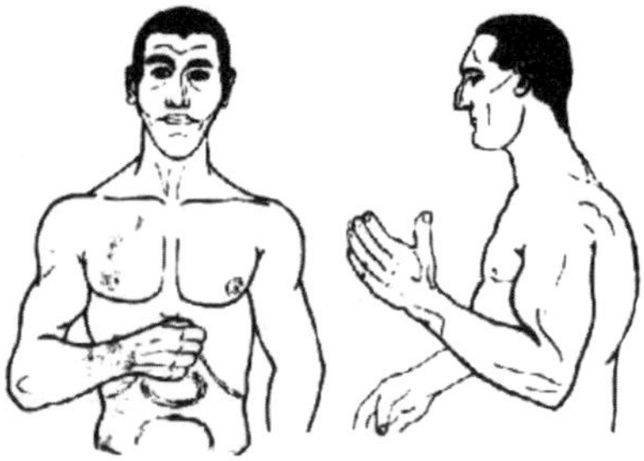

Tabela Biopsicotípica de Kretschmer

Tipo Constitucional	Características Psíquicas	Características Físicas
Pícnico (ciclotímico)	Oscilação entre euforia e depressão; elevada capacidade de sintonia com as pessoas; desenvolvimento da inteligência concreta; realista e prático; presunçoso e atuante; correlação com psicose maníaco-depressiva	Baixa estatura; membros curtos; tronco desenvolvido e adiposo; pescoço largo e curto; tipo físico de Sancho Pança; contornos arredondados
Leptossômico (esquizotímico)	Oscilação entre anestesia e hipersensibilidade; baixa capacidade de sintonia com as pessoas; idealista e sonhador; tímido (introvertido) e retraído; facilidade para inteligência abstrata e conceitual; correlação com esquizofrenia	Alto; magro; pele seca e pálida; tórax estreito; costelas visíveis; músculos e ossos delgados; pescoço, pernas e braços longos; tipo físico de D. Quixote
Atlético (epileptoide)	Perseverante; combativo; sem grande relevo intelectual; alta tolerância à dor; agressivo; interesse por esportes e correlação com a epilepsia	Viscoso; ombros largos; pelve estreita; ossos e músculos desenvolvidos; queixo grande; face angular; proeminências ósseas na face; porte marcial

Por sua vez, **Sheldon** desenvolveu uma tipologia na qual haveria uma correspondência entre certos tipos físicos (denominados **endomorfo, mesomorfo** e **ectomorfo**) e determinados temperamentos, respectivamente chamados de endotônico, mesotônico e ectotônico. Esses nomes derivam das camadas embrionárias realçadas em cada um: endoderma (sistema digestivo), mesoderma (músculos, ossos, sangue) e ectoderma (sistema nervoso, pele, órgãos dos sentidos). Assim, observem-se os desenhos esquemáticos e a tabela biopsicotípica respectiva:

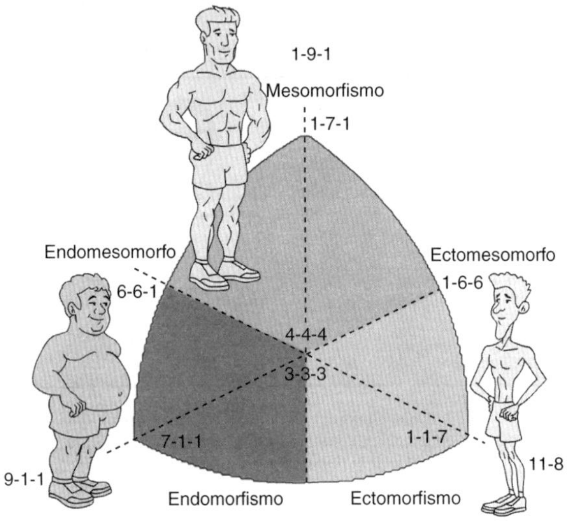

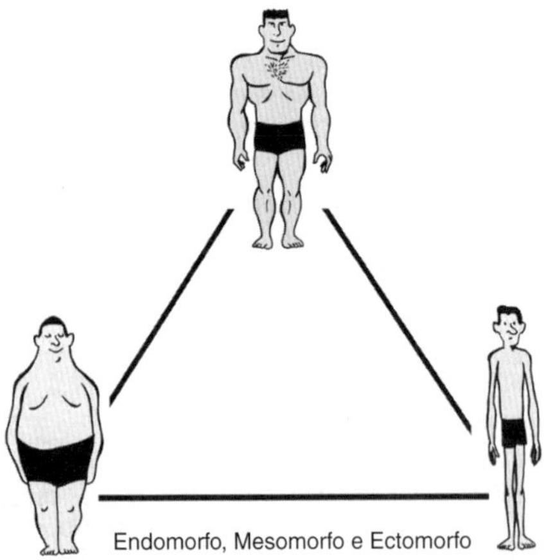

Endomorfo, Mesomorfo e Ectomorfo

Biopsicotipologia de Sheldon			
Corpo	**Endomórfico**	**Mesomórfico**	**Ectomórfico**
Forma Predominante	Redonda	Retangular	Linear
Características Básicas	Barriga saliente, membros curtos, cabeça esférica	Ossos e músculos desenvolvidos, tórax proeminente, cabeça cúbica	Ossos finos, músculos leves, membros longos, face triangular
Temperamento	**Endotônico**	**Mesotônico**	**Ectotônico**
Prefere	Conforto físico	Aventura	Tempo para si mesmo
Em grupo	Mistura-se	Comanda	Isola-se
Qualidade	Tolerância e amor pelas pessoas	Amor ao poder e liderança	Consciência de si bem desenvolvida

2.2 Personalidade e crime

Alguns autores partem da constatação de que não existem diferenças de personalidade entre delinquentes e não delinquentes, não se podendo, portanto, conceituar ou dividir a personalidade em normal e anormal (Odon, Ayush, Marlet).

A pesquisa atual se orienta cada vez mais para a compreensão dos processos complexos pelos quais uma pessoa se envolve numa conduta delinquente, adquire uma identidade criminosa e adota, finalmente, um modo de vida delinquente (Samuel Yochelsom, *A personalidade criminal*, 1976).

A criminalidade moderna, entretanto, levando em conta as execuções em escolas, a atuação de *snipers*, a ação de crianças-bombas, o tráfico de órgãos etc., exige o desenvolvimento de outros modelos criminais.

Dessa forma, não estaríamos diante de um conjunto de traços de personalidade determinantes de uma conduta criminosa, mas diante de uma ação delituosa resultante da interação entre determinados contextos e situações do meio, juntamente com um conjunto de processos cognitivos pessoais, afetivos e vivenciais, os quais acabariam por levar a pessoa a interpretar a situação de forma particular e a agir (criminosamente) de acordo com o sentido que lhe atribui.

Aqui também se pensa em determinada **personalidade criminosa**, personalidade essa produzida não apenas pelo arranjo genético, mas sobretudo pelo desenvolvimento pessoal.

De acordo com as modernas teorias da personalidade, seriam sete os sistemas que a constituem:

- neuropsicológico
- psicossensorial
- expressivo
- afetivo
- cognitivo
- vivencial
- político

} **Sistemas de composição da personalidade**

A inter-relação entre personalidade e conduta dá-se da seguinte forma: **a personalidade é a matriz de produção da ação e define as condições e modalidades do agir, enquanto a conduta é o processo de materialização da personalidade**.

Hoje em dia, alguns pesquisadores da criminalidade comum (agentes primários e reincidentes) não têm encontrado neles déficits ou psicopatologias suficientemente relevantes para se associar ao que se entende por personalidade criminosa ou comportamento criminal, verificando-se, pelo contrário, que esses sujeitos não se distinguem significativamente dos indivíduos ditos normais.

Atualmente é difícil aceitar a existência de uma personalidade tipicamente criminosa, composta por traços imutáveis e predefinidos.

Advoga-se, sim, a existência de diferentes formas de organização e estruturação da personalidade, de diferentes maneiras de integrar os estímulos do meio e os processos psíquicos, e de diferentes maneiras de relação com o mundo exterior.

Seguindo esse raciocínio, o criminoso, como qualquer pessoa, estabelece uma representação da realidade, desenvolve uma ordem de valores e significados, na qual a transgressão adquire determinado sentido e se torna, em dado momento de sua história de vida, uma modalidade de vida.

Pode-se afirmar que os homens são essencialmente iguais e funcionalmente diferentes, ou seja, podem se considerar iguais uns aos outros quanto à essência humana (ontologicamente), entretanto funcionam diferentemente uns dos outros.

Todas as tendências ideológicas que enfatizam a igualdade dos seres humanos, em total descaso para com as diferenças funcionais, ecoam aos ouvidos despreparados com eloquente beleza retórica, romântica, ética e moral.

Transpondo tais ideais do papel para a prática, sucumbem diante de incontáveis evidências em contrário: não resistem à constatação das flagrantes e involuntárias diferenças entre os indivíduos, e não explicam a indomável característica humana que é a perene vocação do homem de se diferenciar do outro.

3º Capítulo

As modernas teorias antropológicas

3.1 Modernas teorias antropológicas

Sabe-se que a criminologia deita raízes históricas nos estudos antropológicos, que de início se ligavam à **antropometria** (estudo das características corporais e de sua correlação com a criminalidade).

Embora recusada a teoria do criminoso nato de Lombroso, os estudos antropológicos modernos acabaram por herdar um pouco daquela análise positivista.

Benigno di Tullio desenvolveu o método biotipológico constitucionalista, em que se dava maior crédito ao processo dinâmico de formação da personalidade em contraposição ao enfoque estático lombrosiano.

Resumidamente, para Di Tullio (apud GOMES; MOLINA, 2008, p. 225), "a hereditariedade, sem embargo, não transmite a criminalidade, senão somente a predisposição criminal ou o processo mórbido que requer, ademais, a concorrência de outros fatores criminógenos".

3.2 Endocrinologia

Desde o início do século XX diversos estudos foram efetuados, visando associar o comportamento humano (em especial o criminal) com os processos hormonais ou endócrinos patológicos ou certas disfunções glandulares internas. Assim se fazia em razão da interconexão entre as glândulas hormonais e o sistema neurovegetativo e deste, por seu turno, com a vida instinto-afetiva do homem.

Ensejou-se, por conseguinte, a noção de homem como ser químico, com as naturais consequências de que qualquer desequilíbrio na composição hormonal poderia refletir diretamente em seu comportamento e sua personalidade.

De qualquer sorte, as teorias endocrinológicas diferenciam-se da teoria lombrosiana em três aspectos: a) não defendem a hereditariedade dos transtornos hormonais glandulares, salvo no caso dos crimes sexuais; b) viabilizam tratamento hormonal curativo; c) afirmam que a influência criminógena não é direta, mas sim indireta.

Di Tullio simplificou os **estudos endocrinológicos** com as seguintes conclusões:

- notas de hipertireoidismo e de hipersuprarrenalismo em delinquentes homicidas e sanguinários constitucionais;
- distireoidismo nos criminosos ocasionais impulsivos;
- distireoidismo e dispituitarismo nos criminosos contra a moral e os bons costumes;
- hipertireoidismo nos delinquentes violentos;
- dispituitarismo nos ladrões, falsificadores e estelionatários.

3.3 Genética e hereditariedade

Os avanços na engenharia genética (Projeto Genoma) levantaram inúmeras questões atinentes à hereditariedade criminal, renovando, de certo modo, a corrente do atavismo.

Como sustentam Pablo de Molina e Luiz Flávio Gomes (2008), certo percentual de indivíduos unidos por consanguinidade entre doentes mentais e a presença de um fator hereditário degenerativo ou doentio muito superior em delinquentes do que em não criminosos (hereditariedade pejorativa) foram dois dados estatísticos comprovados.

Todavia, nem todos os dados biológicos podem ser atribuídos à hereditariedade, pois existem também fenômenos de “mutações genéticas” e de “rebeliões contra a identidade”.

Nas pesquisas sobre a carga hereditária há preferência sobre os estudos de **famílias criminais, gêmeos e adotados** e **malformações cromossômicas**.

Nas **famílias criminais** (famílias com descendentes criminosos) observa-se mais uma linhagem de descendência do que uma “árvore genealógica”. As investigações aqui desenvolvidas não demonstraram que a degeneração, transmitida por via hereditária, era causa de criminalidade.

Resumindo, os estudos de Lund, Göring e outros comprovaram cientificamente que a proporção de criminosos condenados por delitos graves é maior entre aqueles cujos pais também foram delinquentes.

O **estudo dos gêmeos** foi efetuado com dois dados fundamentais: maior semelhança da carga genética (univitelinos ou idênticos) e menor semelhança (bivitelinos ou fraternos) e respectivos dados criminais.

Os primeiros estudos demonstraram maior incidência ou coincidência de casos criminais nos gêmeos idênticos e menor incidência nos bivitelinos.

No entanto, as pesquisas mais recentes dão conta de que é preciso analisar o tipo de crime em face da predisposição genética, pois os índices de concordância delitiva são muito maiores nos delitos sexuais do que em outra modalidade.

Os estudos sobre **adoção** levam em consideração a influência genética ao acompanhar as condutas de criminosos e não criminosos adotados e sua respectiva interação com os pais biológicos e adotivos, conforme sejam estes últimos criminosos ou não. Constatou-se que os filhos biológicos de criminosos cometem crimes com maior frequência do que os filhos adotados por eles.

As conclusões das pesquisas revelaram ser mais factível que o comportamento criminal se apresente naquele adotado que tem pai biológico com antecedentes criminais, e que os índices de criminalidade nos adotados aumentam, seletivamente, mais em virtude dos antecedentes dos pais biológicos do que dos adotivos.

Por sua vez, as **malformações cromossômicas**, inicialmente estudadas em reclusos e enfermos, demonstram que as disfunções eram diagnosticadas em virtude do excesso de cromossomos ou de um defeito na composição dos gonossomos ou cromossomos sexuais.

Sabe-se que cada indivíduo tem 23 pares de cromossomos, e que um desses pares é o gonossomo ou cromossomo sexual. Na mulher esse cromossomo é designado por (XX); no homem, por (XY).

As **principais malformações** observadas foram as seguintes:

a) por defeito → síndrome de Turner (XO);	
b) por excesso →	1) na mulher: anomalias cariotípicas, XXX, XXXX e XXXXX;
	2) no homem, a síndrome de Klinefelter (XXY, XXXY, XXXXY ou XXXYY);
	3) a trissomia XYY.

As investigações científicas acerca da sintomatologia e consequências dessas síndromes ainda dependem de estudos mais aprofundados.

3.4 Neurociência

Os avanços recentes na área médica tornaram difícil traçar uma linha divisória entre "doenças do cérebro" (neurológicas) e "doenças da mente" (psiquiátricas).

Os tempos atuais vieram demonstrar o erro que foi separar as doenças do cérebro das doenças da mente.

Existe grande proximidade entre elas, cujo elemento catalisador é o conhecimento neurocientífico.

Nesse sentido, "é bem sabido que pacientes que têm doença de Parkinson ou acidentes vasculares encefálicos (doenças do cérebro) apresentam depressão e, eventualmente, demência ('doenças' da mente). Por outro lado, evidências recentes e convincentes obtidas a partir de estudos de neuroimagem com ressonância magnética funcional (RMf) e tomografia por emissão de pósitrons (TEP) tornaram claro que doenças tratadas no campo da Psiquiatria, tais como o transtorno afetivo bipolar e a esquizofrenia, para as quais uma base orgânica era incerta, são doenças também associadas a mudanças na estrutura e no funcionamento cerebral" (apud LENT, 2008, p. 304).

É um trabalho árduo o de conceituar, ainda que sinteticamente, as diversas doenças do cérebro e da mente, chamadas também de transtornos neuropsiquiátricos.

A Associação Americana de Psiquiatria, com seu Manual Diagnóstico e Estatístico de Transtornos Mentais (DSM-5-2014), e a Organização Mundial de Saúde, com sua Classificação Internacional de Doenças (CID-10-MC), **adotam as expressões "transtorno do neurodesenvolvimento; espectro da esquizofrenia e outros transtornos psicóticos; transtorno bipolar e transtornos relacionados; transtornos depressivos; transtornos de ansiedade; transtorno obsessivo-compulsivo e transtornos relacionados; transtornos relacionados a trauma e a estressores; transtornos dissociativos; transtornos de sintomas somáticos e transtornos relacionados; transtornos alimentares; transtornos da eliminação; transtornos do sono-vigília; disfunções sexuais; disforia de gênero; transtornos disruptivos, do controle de impulsos e da conduta; transtornos relacionados a substâncias e transtornos aditivos; transtornos neu-**

rocognitivos; transtornos da personalidade; transtornos parafílicos" para descrever as condições mórbidas da mente, uma vez envoltas em sofrimento.

É preciso separar os conceitos dos transtornos, pois na CID-10-MC o termo **transtornos** é usado, como gênero, para delimitar vários transtornos mentais diversificados por uma etiologia comum – doença ou lesão cerebral que geram disfunção ou comportamento que cause sofrimento.

A disfunção é dita **primária** quando resulta de doenças, lesões etc. que atingem diretamente o cérebro; **secundária**, quando decorre de doenças e desequilíbrios sistêmicos que atacam o cérebro como um dos órgãos envolvidos.

Por seu turno, os responsáveis pela elaboração do DSM-IV-TR eliminaram o conceito de transtorno mental orgânico. O DSM-IV usava o vetusto termo **retardo mental** (depreciativo), que foi substituído, há tempos, pela expressão **deficiência intelectual** ou **transtorno do desenvolvimento intelectual**.

A neurociência decidida auxilia a psiquiatria e a neurologia por intermédio de contribuições conceituais e experimentais.

Na parte conceitual, proporcionou o realinhamento da psiquiatria com a neurologia, por meio de uma abordagem mais coesa de vários transtornos cognitivos, entre os quais o autismo, o retardo mental, o mal de Alzheimer e a perda de memória em face de senilidade.

No aspecto experimental, a neurociência possibilitou "importantes *insights*[1] genéticos e biológicos sobre as causas e a patogênese de uma variedade de doenças neurológicas, tais como a distrofia muscular, a doença de Huntington, as doenças dos canais iônicos (em inglês conhecidas como *channelopathies*) e as formas familiares da doença de Alzheimer e da esclerose lateral amiotrófica" (apud LENT, 2008, p. 308).

Porém, os pesquisadores são concordes no sentido de que a mais avançada contribuição da neurociência para a medicina nos últimos vinte anos foi a aplicação ao sistema nervoso de técnicas de **genética molecular** e **biologia celular**, não apenas pela identificação, mas também

---

[1] A palavra **insight** é definida na língua inglesa como a capacidade de entender verdades escondidas; uma **percepção intuitiva**. Esses são seus significados no campo da psicologia.

pela clonagem e sequenciamento de uma quantia cada vez maior de genes neurais; a criação de animais transgênicos[2]; o desenvolvimento de animais por meio da recombinação homóloga (processo conhecido como *knockout*[3]) etc.

Especificamente, tais estudos e pesquisas identificaram mutações responsáveis por várias moléstias, entre elas a doença de Huntington[4], as ataxias espinocerebelares, o mal de Alzheimer etc.

Alguns transtornos psiquiátricos, como a esquizofrenia e o transtorno bipolar (antiga psicose maníaco-depressiva), têm origem poligênica, e a identificação dos genes envolvidos continua a ser muito difícil.

No entanto, os avanços da engenharia genética deram origem a significativas repercussões na psiquiatria científica, sobretudo nas seguintes vertentes: 1) estudos de anormalidades cromossômicas; 2) estudos de linhagens de famílias que apresentam grande índice de portadores de transtornos mentais; 3) interação gene e meio ambiente; 4) novas abordagens da regulação neuronal (descobertas do Projeto Genoma Humano); 5) neuropatologia da esquizofrenia (alargamento de ventrículo cerebral); e 6) os marcadores biológicos para vários transtornos psiquiátricos (neuroimagem funcional).

Importante descoberta deu-se no sentido de que em certas regiões do cérebro humano adulto há células-tronco neurais persistentes, que podem originar várias classes de neurônios e células gliais[5]. Esse achado possibilitou uma renovação de esperanças, na medida de sua potencial utilização no conserto do tecido cerebral danificado ou doente.

---

2 Os animais transgênicos são aqueles que tiveram o patrimônio genético alterado com a introdução de genes de outras espécies que não a sua.

3 Segundo Cecilia Rocha, "hoje em dia, a manipulação genética gera animais que tiveram genes adicionados (transgênicos por adição), retirados (*knockout*) ou modificados (*knocking in* e *knockout* condicional). Tais alterações afetam todas as células do organismo possibilitando uma análise biológica da proteína cujos genes foram manipulados" (Disponível em: <www.uff.br/animaislab/ap9.doc>. Acesso em: 19 out. 2009).

4 A doença de Huntington é um mal progressivo e hereditário caracterizado por demência, alterações de personalidade e distúrbios de movimento.

5 As **células gliais** são células não neuronais do sistema nervoso central que proporcionam suporte e nutrição aos neurônios. Geralmente arredondadas, no cérebro humano as células da glia são cerca de 10 vezes mais numerosas que os neurônios. Ao contrário do neurônio, que é amitótico, nas células gliais ocorre a mitose.

4º Capítulo

A agressividade do ser humano

4.1 Agressividade do ser humano. Conceito e origem

O termo "agressão" possui tantas conotações que, na realidade, perdeu o significado original.

Embora seja conveniente conceber a violência e a agressão como processos comportamentais, por não se tratar de conceitos simples e unitários, também não poderão ser definidos como tal, sendo difícil analisá-los isolados de outras formas do comportamento motivado.

Agressão e violência são termos utilizados de formas diferentes pelos estudiosos, embora muitas vezes sejam empregados como sinônimos.

Entende-se por agressão todo comportamento adaptativo intenso que não implique raciocínio.

Por sua vez, violência é o comportamento destrutivo dirigido contra membros da mesma espécie (ser humano), em situações e circunstâncias nas quais possa haver alternativas para o comportamento adaptativo.

Há quem considere a violência o ponto extremo de um comportamento agressivo contínuo, caracterizado por extrema força e natureza irracional. Na prática, distinguem-se três tipos de violência (apud AMAR, 1987, p. 163): **decorrente da raiva** (crimes passionais); **da particularidade comportamental** (vandalismo de gangues de adolescentes); e **com o objetivo de destruir o objeto de ataque** (guerras).

Guardando inúmeras exceções, a tendência à agressão e à violência poderá ser analisada como traços de personalidade, como respostas aprendidas no ambiente, como reflexos estereotipados de determinados tipos de pessoas ou até mesmo como manifestações psicopatológicas.

Interessará à criminologia estudar a violência e a agressão como eventuais consequências de processos biopsicológicos subjacentes ao indivíduo.

Não se deve focalizar a agressão do ser humano como um evento em si, sem influências exógenas outras. É preciso fazer uma observação multifacetada da agressão: a partir do sujeito agressor, da vítima agredida e de um terceiro observador (testemunha).

Sob o aspecto do agressor, deve-se considerar a intencionalidade dolosa do ato, ou seja, a tentativa intencional de um indivíduo de transmitir ações e estímulos nocivos a outro (*animus vulnerandi*). Para a vítima, deve-se considerar o sentimento de estar sendo prejudicada, e, quanto ao observador, devem-se considerar seus sentimentos críticos acerca da possibilidade de ter havido e percebido a nocividade do ato da agressão.

Outra questão é verificar se a violência está atrelada à agressão.

Dessa forma, **pode haver agressão com ou sem violência e, igualmente, violência sem agressão**, como no exemplo da esposa que se sente agredida pelo silêncio do marido, caso ela esteja ansiosamente esperando o diálogo. Quanto ao marido, é preciso verificar seu ***animus***, pois ele poderia permanecer silencioso por desinteresse, por ser calmo ou mesmo por ter planejado ferir a esposa por meio do silêncio.

Nesta última hipótese ocorreria um ato de agressão sem violência e por omissão.

A violência, por sua vez, sugere a ideia de ação, de atitude dirigida especificamente para fins colossais.

Os esportes, por exemplo, podem evocar a violência sem agressão ou a agressão sem violência. Convencionalmente, espera-se de um lutador de boxe uma boa dose de violência, mas que não demonstre a intenção de agredir o adversário (o direito se contenta com o exercício regular de direito como causa justificante).

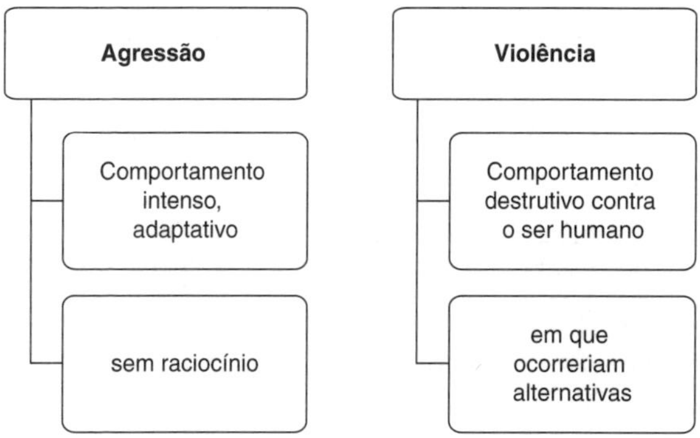

As origens da agressividade humana são encampadas por duas correntes: a do comportamento inato e a do comportamento adquirido, não cabendo a análise sozinha de cada uma delas.

Sustenta o professor José César Naves de Lima Junior (2014, p. 81) que a **teoria das predisposições agressivas** tem como ponto de partida a biologia criminal de Lombroso, "que nega com veemência o livre-arbítrio dos clássicos, e atribui ao atavismo a etiologia do proceder desviante".

Mira y Lopes argumentava a necessidade do psicodiagnóstico miocinético (PMK) como exame imprescindível, no campo criminológico, para delimitação da agressividade do ser humano. Tal exame possibilita determinar o potencial da agressividade do homem (constitucional ou reativa) e dos meios contensores, dando elementos de suma importância criminológica, em razão de sua simplicidade, segurança e clareza. É o exame, comumente chamado de psicotécnico, empregado pelo Estado para os candidatos à obtenção de carteira de habilitação (CNH).

4.2 A violência e sua banalização

Os meios de comunicação de massa (TV, jornais etc.) são os grandes vilões nessa perspectiva de banalização da violência. Com efeito, há inúmeros filmes, novelas e programas de auditório cujo tempero principal é o sangue e a agressão. A esse caldo de violência some-se o efeito pirotécnico dos noticiários em que são divulgados crimes mirabolantes e condutas inacreditáveis de delinquentes.

Isso acaba por proporcionar, subliminarmente, um efeito impactante sobre as pessoas, sobretudo naquelas com menor espírito crítico, criando o que Jung denominava **inconsciente coletivo**.

4.3 Criminologia e o "efeito Lúcifer": como pessoas boas se tornam más

Não sem razão, o filósofo grego Heráclito sentenciava: "**o caráter de um homem é o seu destino**".

Por que as pessoas são rotuladas na sociedade como boas ou más? Por que as "pessoas boas" não fazem o que as "pessoas más" fazem? O que as inibe? Qual freio moral é acionado?

Em verdade, é uma armadilha tachar as pessoas de boas e más. É simplificar ao excesso a realidade sensível. A análise daquilo que seja bom ou mau deve repousar na filosofia ou, ainda, nos estudos de religião.

Para a criminologia, ganha interesse a análise da bondade/maldade à vista da saúde mental das pessoas.

Robert I. Simon[1] afirma que "**o motivo pelo qual os homens bons sonham mas não traduzem seus impulsos antissociais em ações, como fazem os homens maus, é consequência, em grande parte, da saúde psicológica**".

Sabe-se que uma saúde mental boa e harmônica está associada ao caráter. E **caráter** pode ser definido "como uma estrutura de personalidade altamente individualizada que expressa valores e crenças profundamente arraigados na pessoa acerca dela mesma, dos outros e do mundo. Envolve os padrões típicos permanentes que regem a conduta da pessoa. Sabemos qual é o caráter de alguém ao observarmos seu modo habitual de pensar, sentir e falar"[2].

Qualquer pessoa, em sã consciência, pode, em tese, praticar crimes e apresentar conduta violenta. Acreditar que tão somente pessoas portadoras de distúrbios mentais são capazes de ações criminosas violentas é um equívoco provado pela criminologia.

O psicólogo norte-americano Philip Zimbardo, da Universidade de Stanford, realizou uma controvertida experiência científica em 1971 nos Estados Unidos da América. Tal experimento saiu do controle e propiciou diversos estudos acerca de como fatores exógenos (externos) podem instar pessoas normais à prática de atos violentos.

Por intermédio dessa experiência, Zimbardo percebeu que poder/obediência serviam de parâmetros facilitadores de comportamentos abusivos e violentos.

A experiência em si foi dirigida pelo Departamento de Psicologia com o intuito de verificar as consequências psicológicas do ambiente **prisional hostil**. Nesse sentido, foram selecionados 24 homens sem quaisquer antecedentes criminais ou uso de drogas, tampouco traços de comportamento violento. Eles foram colocados no porão do departamento, o qual havia sido adrede preparado para retratar fidedignamente um estabelecimento prisional. Metade deles foi trajada como prisioneiros, incluindo uniformes de presidiários, e a outra metade foi vestida como guardas

1 In: *Homens maus fazem o que os homens bons sonham*. Porto Alegre: Artmed, 2009.

2 Ibidem, p. 301.

de presídio, incluindo até o fardamento próprio. Aos personagens no papel de guardas foi dada toda a orientação de como proceder.

Com o passar do tempo, observaram-se alterações radicais no comportamento de todos, sobretudo daqueles que exerciam o papel de guardas, porquanto exercitavam um papel abusivo e humilhante sobre aqueles que faziam as vezes de prisioneiros, os quais, em sua imensa maioria, obedeciam e não se insurgiam contra aquele estado de coisas degradante.

Em razão do inusitado, foi necessário interromper o experimento no sexto dia. Após a revolta de um dos "prisioneiros" e a sua saída depois de uma grave crise, ainda assim os outros continuaram submissos à autoridade abusiva dos "guardas".

Por consequência disso, notou-se que era possível ver o quanto o poder sobre outra pessoa pode afetar o psicológico de alguém e até transformar uma pessoa aparentemente normal em alguém agressivo.

Os criminólogos entendem que, para além dos influxos psicológicos e biológicos, situações do dia a dia também serviram de gatilho comportamental.

Analisou-se, em consequência, a imperiosa necessidade de limitar e responsabilizar os exercentes do poder, porquanto a autoridade incontestável descambava para a tirania.

Experimento similar deu-se em 1962, denominado de "experimento Milgram", envolvendo obediência cega diante de um ato violento.

Salienta Veronyca Medeiros[3] que "**o efeito Lúcifer tenta juntamente à psicologia social demonstrar que existem diversas formas de compreender o comportamento violento e criminoso como algo complexo e dividido entre vários aspectos quando envolvem seres humanos vivendo em sociedade**".

Tal experimento demonstrou a obediência cega às ordens da autoridade superior, numa relação de imposição, de poder, de coisificação do outro, tal qual se dera nos campos de extermínio nazistas na Segunda Guerra Mundial.

---

3 In: *Efeito Lúcifer e a banalização do mal*. Disponível em: < www.canalcienciascriminais.com.br>. Acesso em: 19 jan. 2021.

No passado recente, os abusos perpetrados por militares americanos na prisão iraquiana de Abu Ghraib demonstraram o mesmo.

O escândalo de Abu Ghraib foi revelado em 2004, quando os jornais exibiram fotos, tiradas por soldados americanos, que mostravam prisioneiros nus, amontoados em uma pirâmide, forçados a simular atos sexuais entre si e em poses vexatórias. Muitos dos 2.200 prisioneiros lá estavam encarcerados sem saberem o porquê disso. Eram inocentes. Choques elétricos, torniquetes, afogamentos, socos, pontapés, ataques com cães ferozes foram algumas das ações torturantes praticadas pelo exército dos EUA, em evidente relação de poder, autoridade, obediência e despersonalização.

Observados esses lamentáveis episódios, não é difícil perceber que o efeito Lúcifer é encontrável também nas grandes corporações públicas e privadas, sobretudo quando os exercentes do poder são chefes despreparados, sem qualquer liderança, subsumidos cegamente a cumprirem ordens, tabelas de produção e estatísticas maquiadas, tudo em nome do lucro esperado ou pela mantença do *status quo*.

5º Capítulo

Psicopatologia criminal

5.1 Psiquiatria e psicologia criminal

No campo da medicina legal, sob a rubrica **psicopatologia criminal** ou **psicopatologia forense**, envolvem-se dois grandes ramos da ciência médica: a psiquiatria criminal e a psicologia criminal. Alguns autores preferem as denominações "psicologia forense" e "psiquiatria forense", mas não são de melhor técnica, na medida em que a maior parte de suas atividades periciais dá-se no curso da investigação criminal (inquérito policial).

A **psicologia criminal** tem por objeto de estudo a personalidade "normal" e os fatores que possam influenciá-la, quer sejam de índole biológica, mesológica (meio ambiente) ou social.

Por seu turno, a **psiquiatria criminal** tem por escopo o estudo dos transtornos anormais da personalidade, isto é, doenças mentais, retardos mentais (oligofrenias), demências, esquizofrenias e outros transtornos, de índole psicótica ou não.

5.2 Distúrbios mentais e crime

O CID-10 descrevia oito tipos de **transtornos específicos de personalidade**, a saber: **paranoide, esquizoide, antissocial, emocionalmente instável, histriônico, anancástico, ansioso e dependente**.

Transtornos de personalidade – CID-10
1) Transtorno paranoide: predomina a desconfiança, a sensibilidade excessiva a contrariedades e o sentimento de estar sempre sendo prejudicado pelos outros; atitudes de autorreferência.
2) Transtorno esquizoide: predomina o desapego; ocorre desinteresse pelo contato social, retraimento afetivo, dificuldade em experimentar prazer; tendência à introspecção.

(continua)

(continuação)

3) Transtorno antissocial: prevalece a indiferença pelos sentimentos alheios, podendo adotar comportamento cruel; desprezo por normas e obrigações; dissimulação, baixa tolerância à frustração e baixo limiar para descarga de atos violentos.
4) Transtorno emocionalmente instável: marcado por manifestações impulsivas e imprevisíveis. Apresenta dois subtipos: impulsivo e *borderline*. O impulsivo é caracterizado pela instabilidade emocional e falta de controle dos impulsos. O *borderline*, além da instabilidade emocional, revela perturbações da autoimagem, com dificuldade em definir as preferências pessoais e consequente sentimento de vazio.
5) Transtorno histriônico: prevalecem o egocentrismo, a baixa tolerância a frustrações, a teatralidade e a superficialidade. Impera a necessidade de fazer com que todos dirijam a atenção para a pessoa.
6) Transtorno anancástico: prevalecem a preocupação com detalhes, a rigidez e a teimosia. Existem pensamentos repetitivos e intrusivos que não alcançam, no entanto, a gravidade de um transtorno obsessivo-compulsivo.
7) Transtorno ansioso (ou esquivo): prevalece a sensibilidade excessiva a críticas; sentimentos persistentes de tensão e apreensão, com tendência ao retraimento social por insegurança de sua capacidade social e/ou profissional.
8) Transtorno dependente: prevalecem a astenia do comportamento, a carência de determinação e de iniciativa, bem como a instabilidade de propósitos.
9) Transtorno de personalidade esquizotípica: é um padrão de desconforto agudo nas relações íntimas, distorções cognitivas ou perceptivas e excentricidade de comportamento.
10) Transtorno de personalidade narcisista: é um padrão de grandiosidade, necessidade de admiração e falta de empatia.
11) Transtorno de personalidade obsessivo-compulsiva: é um padrão de preocupação com ordem, perfeccionismo e controle.

Todavia, na nova classificação CID-10-MC houve uma significativa alteração, vigente desde setembro de 2015, em que os transtornos são classificados, segundo inúmeros critérios, como neurocognitivos, depressivo, de ansiedade, *delirium*, por indução de álcool e outras substâncias, bipolar etc.

Em virtude da conexão com o eixo temático, são dignos de nota o **espectro de esquizofrenia e outros transtornos psicóticos, de humor e de ansiedade**.

Esquizofrenia e outros transtornos psicóticos (DSM-5)

Transtorno	Sintomas
Espectro da esquizofrenia	Perturbação mínima de seis meses, com no mínimo um mês de fase ativa dos seguintes sintomas (pelo menos dois deles): delírios

(continua)

(continuação)

	bizarros, alucinações auditivas, comportamento catatônico e discurso desorganizado, comportamento negativo, expressão emocional diminuída ou avolia. Pelo menos um dos sintomas deve ser delírios, alucinações ou discurso desorganizado.
Transtorno esquizofreniforme	Quadro sintomático similar ao da esquizofrenia, com delírios, alucinações e discurso desorganizado e incoerente, conduta grosseira ou catatônica; negativismo, porém de menor duração, de um a seis meses, sem declínio no funcionamento.
Transtorno esquizoafetivo	Ocorrem conjuntamente e por um período ininterrupto episódio depressivo maior ou maníaco e sintomas da esquizofrenia, antecedidos por um período mínimo de duas semanas de delírios ou alucinações.
Transtorno delirante	Um mês ou mais de delírios não bizarros apenas.
Psicótico breve	Perturbação com duração maior que um dia e remissão em um mês, com pelo menos um dos seguintes sintomas: delírios, alucinações, discurso desorganizado.
Psicótico em face de uma condição clínica geral	Consequências fisiológicas de um quadro clínico geral.
Psicótico induzido por substância/ medicamento	Decorrem de abuso de drogas ou toxinas, com delírios e alucinações.
Psicótico sem outra especificação	Não se amoldam a critérios anteriores, embora a sintomatologia assemelhe-se ao espectro de esquizofrenia e transtornos psicóticos.

De outra banda, os antigos transtornos do humor obedecem à classificação a seguir exposta, mantida apenas por interesse histórico:

Transtornos do humor	
Transtorno	**Sintomas**
Depressivo maior	Pelo menos duas semanas de depressão, acompanhada de pelo menos quatro dos seguintes sintomas adicionais de depressão: alteração de peso, do sono, da psicomotricidade (lentidão ou agitação), fadiga, perda de energia, sentimento de inutilidade, culpa excessiva, dificuldade de concentração ou indecisão, pensamentos de morte, inclusive ideação suicida.

(continua)

(continuação)

Distímico	Pelo menos dois anos de humor deprimido, acompanhado de outros sintomas depressivos não incluídos no depressivo maior.
Depressivo sem outra especificação	Caracteres depressivos que não se inserem em outros tipos.
Bipolar I	Um ou mais episódios maníacos ou mistos (maníacos e depressivos), acompanhados, em regra, de episódios depressivos maiores. Episódio maníaco: humor exagerado por uma semana, adicionado de autoestima inflada, insônia, loquacidade, fuga de ideias, agitação psicomotora, envolvimento excessivo em atividades prazerosas de alto risco, tais como compras excessivas, investimentos de risco etc.
Bipolar II	Episódio hipomaníaco, com humor anormal e persistentemente elevado, expansivo ou irritável, aumento de energia, com duração de, pelo menos, 4 dias consecutivos, pela maior parte dos dias. Há autoestima elevada, diminuição do sono, loquacidade, fuga de ideias, ações irresponsáveis etc. Ao depois, pelo menos 5 ou mais dos sintomas depressivos maiores, tais como humor deprimido na maior parte do dia, desinteresse por quaisquer atividades, perda ou ganho de peso, insônia ou hipersonia diária, agitação ou retardo psicomotor, fadiga e perda de energia, sentimento de culpa e autopiedade, pensamentos recorrentes de morte, perda de concentração.
Ciclotímico	Pelo menos dois anos de períodos de numerosos sintomas hipomaníacos e depressivos que não se encaixam nas descrições respectivas de mania e depressão.
Bipolar sem outra especificação	Sintomas bipolares inadequados ou que não se encaixam nos perfis aludidos.
Do humor devido a uma condição clínica geral	Perturbação destacada e persistente de humor como consequência fisiológica de uma condição clínica geral.
Do humor induzido por substância	Perturbação proeminente e persistente decorrente de abuso de drogas.
Do humor sem outra especificação	Incluídos para a codificação de transtornos com sintomas de humor que não satisfazem os critérios para qualquer transtorno de humor específico, nos quais é difícil escolher entre transtorno depressivo sem outra especificação e transtorno bipolar sem outra especificação (ex.: agitação aguda).

Finalizando, a **ansiedade é um estado emocional de apreensão**, uma expectativa de que algo ruim aconteça, acompanhada por várias reações físicas e mentais desconfortáveis. Inclui o medo como resposta emocional a uma ameaça iminente real e percebida.

Os transtornos de ansiedade podem ser analisados conforme a tabela que segue:

Transtornos de ansiedade

Transtorno	Sintomas
Transtorno de pânico sem agorafobia	É caracterizado por ataques de pânico recorrentes e inesperados, de início súbito, em períodos distintos de forte apreensão e intenso temor ou terror, desconforto, associados a sentimentos de catástrofe iminente e acompanhados de pelo menos quatro dos seguintes sintomas: 1) palpitações ou ritmo cardíaco acelerado; 2) sudorese; 3) tremores ou abalos; 4) sensação de falta de ar ou sufocamento; 5) sensação de asfixia; 6) dor ou desconforto torácico; 7) náusea ou desconforto abdominal; 8) sensação de tontura, instabilidade, vertigem ou desmaio; 9) desrealização (sensação de irrealidade) ou despersonalização (estar distanciado de si mesmo); 10) medo de perder o controle ou enlouquecer; 11) medo de morrer; 12) parestesias (anestesia ou sensação de formigamento); 13) calafrios ou ondas de calor. Ademais, pelo menos um dos ataques foi seguido por um mês (ou mais) das seguintes características: a) preocupação persistente acerca de ter ataques adicionais; b) preocupação acerca das implicações do ataque ou suas consequências; c) alteração comportamental significativa relacionada aos ataques.
Transtorno de pânico com agorafobia	Caracteriza-se por ataques de pânico, como no transtorno supradescrito, acompanhados de agorafobia, ou seja, ansiedade acerca de estar em locais ou situações de onde possa ser difícil (ou embaraçoso) escapar ou onde o auxílio possa não estar disponível, na eventualidade de ter um ataque de pânico inesperado ou predisposto por situações do tipo

(continua)

(continuação)

	estar fora de casa desacompanhado, estar em meio a uma multidão, permanecer em uma fila, estar em uma ponte, viajar de automóvel, ônibus, trem, barco ou avião. As situações são evitadas ou exigem companhia ou, se isso não for possível, são suportadas com acentuado sofrimento, com ansiedade acerca de ter um ataque de pânico ou sintomas do tipo pânico.
Agorafobia sem história de transtorno de pânico	As características essenciais, principalmente o comportamento evitativo, desse transtorno são similares àquelas do transtorno de pânico com agorafobia, exceto que o cerne do temor está na ocorrência de sintomas tipo pânico (p. ex., tontura ou diarreia), incapacitantes (p. ex., desmaiar desamparado) ou extremamente embaraçosos (p. ex., perda do controle urinário) ou ataques com sintomas de pânico limitados, em vez de ataques de pânico completos.
Fobia específica	Caracteriza-se pelo medo acentuado e persistente, excessivo ou irracional (reconhecidamente pelo indivíduo adulto), revelado pela presença ou antecipação de um objeto ou situação fóbica (p. ex., voar, altura, animais, injeção, sangue). A exposição ao estímulo fóbico provoca, quase invariavelmente, uma resposta imediata de ansiedade, que pode assumir a forma de um ataque de pânico ligado à situação ou predisposto pela situação. A situação fóbica é evitada ou suportada com intensa ansiedade ou sofrimento. A esquiva, antecipação ansiosa ou sofrimento na situação temida interferem significativamente na rotina normal do indivíduo, em seu funcionamento ocupacional em atividades ou relacionamentos sociais, ou existe acentuado sofrimento acerca de ter a fobia.
Fobia social	Caracteriza-se pelo medo acentuado e persistente de uma ou mais situações sociais ou de desempenho, nas quais o indivíduo é exposto a pessoas estranhas ou à possível escolha por outras pessoas. O indivíduo teme agir de um modo que lhe seja humilhante e embaraçoso. A exposição à situação temida

(continua)

(continuação)

	quase invariavelmente provoca ansiedade, que pode assumir a forma de pânico ligado à situação ou predisposto pela situação. A pessoa reconhece que o medo é excessivo ou irracional, e as situações sociais e de desempenho temidas são evitadas ou suportadas com intensa ansiedade ou sofrimento. A esquiva, antecipação ansiosa ou sofrimento na situação social ou de desempenho temida interferem significativamente na rotina, no funcionamento ocupacional, nas atividades sociais ou relacionamentos individuais, ou existe sofrimento acentuado por ter a fobia.
Transtorno obsessivo-compulsivo	Neste transtorno, as obsessões se caracterizam por: 1) pensamentos, impulsos ou imagens recorrentes e persistentes que, em algum momento durante a perturbação, são experimentados como intrusivos e inadequados e causam acentuada ansiedade ou sofrimento; 2) os pensamentos, impulsos ou imagens não são meras preocupações excessivas com problemas da vida real; 3) a pessoa tenta ignorar ou suprimir tais pensamentos, impulsos ou imagens, ou neutralizá-los com algum outro pensamento ou ação; 4) a pessoa reconhece que os pensamentos, impulsos ou imagens obsessivos são produto de sua própria mente (não impostos a partir de fora). As compulsões se caracterizam por: 1) comportamentos repetitivos (p. ex., lavar as mãos, organizar, verificar) ou atos mentais (p. ex., orar, contar ou repetir palavras em silêncio) que a pessoa se sente compelida a executar em resposta a uma obsessão ou de acordo com regras que devem ser rigidamente aplicadas; 2) os comportamentos, ou atos mentais, visam prevenir ou reduzir o sofrimento ou evitar algum evento ou situação temida, muito embora esses comportamentos, ou atos mentais, não tenham uma conexão realista com o que visam neutralizar ou evitar ou sejam claramente excessivos. Em algum ponto durante o curso do transtorno, o indivíduo reconhece que as obsessões e compulsões são excessivas ou irracionais. As obsessões ou compulsões causam acentuado sofrimento, consomem

(continua)

(continuação)

	tempo ou interferem de forma significativa na rotina, no funcionamento ocupacional, nas atividades ou relacionamentos sociais habituais do indivíduo.
Transtorno de estresse pós-traumático[1, 2]	Caracteriza-se por rememórias persistentes de experiência ocorrida com evento traumático de uma ou mais das seguintes maneiras: 1) recordações aflitivas, recorrentes e intrusivas do evento, incluindo imagens, pensamentos e/ou percepções; 2) sonhos aflitivos amedrontadores sem conteúdo identificável; 3) agir ou sentir como se o evento traumático estivesse ocorrendo novamente; 4) sofrimento psicológico intenso em face de exposição a indícios internos ou externos que lembrem algum aspecto do evento traumático; 5) reatividade fisiológica na exposição a indícios internos ou externos que lembrem algum aspecto do evento traumático. Ademais, ocorre esquiva persistente a estímulos associados ao trauma e entorpecimento da responsabilidade geral (não presente antes do trauma), indicados por três (ou mais) dos seguintes quesitos: 1) esforços no sentido de evitar pensamentos, sentimentos ou conversas associados ao trauma; 2) esforços no sentido de evitar atividades, locais ou pessoas que ativem recordações do trauma; 3) incapacidade de recordar algum aspecto importante do trauma; 4) redução acentuada do interesse ou da participação em atividades significativas; 5) sensação de distanciamento ou afastamento em relação a outras pessoas; 6) restrição do afeto; 7) sentimento de um futuro abreviado (p. ex., não espera ter uma carreira profissional, casamento, filhos ou um período normal de vida). Nesse transtorno ocorre também aumento da excitabilidade, indicada por dois (ou mais) dos seguintes

(continua)

1 Apud FERNANDES; FERNANDES, 2002, p. 254.

2 É conhecida a **síndrome de Estocolmo**, caracterizada por um estado psicológico particular desenvolvido por pessoas que são vítimas de sequestro. A síndrome se desenvol-

(continuação)

	sintomas: 1) dificuldade em conciliar ou manter o sono; 2) irritabilidade ou surtos de raiva; 3) dificuldade em concentrar-se; 4) hipervigilância; 5) resposta de sobressalto exagerada. A perturbação causa sofrimento clinicamente significativo ou prejuízo no funcionamento social ou ocupacional ou em outras áreas importantes da vida do indivíduo.
Transtorno de estresse agudo	Caracteriza-se pela presença de três (ou mais) dos seguintes sintomas dissociativos, enquanto o indivíduo vivenciava ou após vivenciar evento aflitivo: 1) sentimento ou sensação de anestesia, distanciamento ou ausência de resposta emocional; 2) redução da consciência em relação às coisas que o rodeiam (p. ex.: "estar como num sonho"); 3) desrealização; 4) despersonalização; 5) amnésia dissociativa (incapacidade de recordar aspecto importante do trauma). O evento traumático é persistentemente revivido, no mínimo, de uma das seguintes maneiras: imagens, pensamentos, sonhos, ilusões e episódios de *flashback* recorrentes, sensação de reviver a experiência, ou sofrimento quando da exposição a lembretes do evento traumático. Também se caracteriza pela acentuada esquiva a estímulos que provoquem recordações do trauma (p. ex., pensamentos, sentimentos, conversas, atividades, pessoas e locais). Ademais, ocorrem sintomas acentuados de ansiedade ou maior excitabilidade (p. ex.: dificuldade para dormir, irritabilidade, fraca concentração, hipervigilância, resposta de sobressalto exagerada, inquietação motora). A perturbação causa sofrimento clinicamente significativo ou prejuízo no funcionamento social ou ocupacional ou em outras áreas importantes da vida do indivíduo e prejudica sua capacidade de

(continua)

ve a partir de tentativas da vítima de se identificar com seu captor ou de conquistar a simpatia do sequestrador, num instinto de autopreservação.

(continuação)

	realizar alguma tarefa necessária, como obter o auxílio necessário ou mobilizar recursos pessoais, contando aos membros da família acerca da experiência traumática.
Transtorno de ansiedade generalizada	A característica essencial deste transtorno se refere a uma preocupação excessiva (expectativa apreensiva), acompanhada de pelo menos três (ou mais) dos seguintes sintomas, presentes na maioria dos dias nos últimos seis meses: 1) inquietação ou sensação de estar com os "nervos à flor da pele"; 2) fatigabilidade; 3) dificuldade em concentrar-se ou sensações de "branco na mente"; 4) irritabilidade; 5) tensão muscular; 6) perturbação do sono (dificuldade em conciliar ou manter o sono, ou sono insatisfatório e inquieto). O foco da ansiedade não parece confinado a aspectos situacionais particulares, como ocorre nos demais transtornos, mas sim com diversos eventos ou atividades. O indivíduo considera difícil controlar a preocupação.

5.3 Psicopatia e psicopatologia. Delinquência psicótica e delinquência neurótica

A classificação de transtornos mentais e de comportamento, em sua décima revisão (CID-10), descreve o transtorno específico de personalidade como uma perturbação grave da constituição caracterológica e das tendências comportamentais do indivíduo (o chamado delinquente **caracterológico**).

Essa perturbação não pode ser creditada diretamente a alguma doença, lesão ou outro transtorno psiquiátrico e, via de regra, relaciona-se a várias áreas da personalidade, ligando-se, na maioria dos casos, à ruptura familiar e social.

Os transtornos de personalidade não são tecnicamente doenças, mas anomalias do desenvolvimento psíquico, sendo consideradas, em psiquiatria criminal, perturbações da saúde mental.

Esses transtornos revelam desarmonia da afetividade e da excitabilidade com integração deficitária dos impulsos, das atitudes e das condutas, manifestando-se no relacionamento interpessoal.

De fato, os indivíduos portadores são improdutivos e seu comportamento é muitas vezes turbulento, com atitudes incoerentes e pautadas pelo imediatismo de satisfação (egoísmo).

No plano policial-forense os transtornos de personalidade revelam-se de extrema importância, pelo fato de seus portadores (especificamente os antissociais) muitas vezes se envolverem em atos criminosos.

Esse tipo de transtorno específico de personalidade é sinalizado por **insensibilidade** aos sentimentos alheios. Quando o grau de insensibilidade se apresenta extremado (ausência total de remorso), levando o indivíduo a uma acentuada **indiferença afetiva**, este pode assumir um comportamento delituoso recorrente, e o diagnóstico é de **psicopatia (transtorno de personalidade antissocial, sociopatia, transtorno de caráter, transtorno sociopático ou transtorno dissocial)**.

Em 1995, o DSM-IV elaborou o seguinte **conceito**, **repetido pelo DSM-5 em 2018**:

301.7 Transtorno de personalidade antissocial (psicopatia)
Característica essencial: padrão invasivo de desrespeito e violação dos direitos dos outros, que inicia na infância ou começo da adolescência (15 anos) e continua na fase adulta. Sinônimos: psicopatia, sociopatia ou transtorno de personalidade dissocial. **Critérios diagnósticos:** o indivíduo deve ter, no mínimo, 18 anos e apresentar os sintomas desde os 15 anos, quais sejam, fracasso em ajustar-se às normas de conduta social, tendência à falsidade e à mentira com uso de nomes falsos, trapaças etc., descaso pela segurança de si e dos outros, impulsividade e fracasso nos planos para o futuro, irritabilidade e agressividade, irresponsabilidade reiterada, ausência de remorso e de empatia.

É bem verdade que o portador de psicopatia não é visto como um doente, na acepção estrita do termo, no entanto se acha à margem da normalidade emocional e comportamental, ensejando dos profissionais de saúde e do direito redobrada atenção em sua avaliação.

Como já se disse, os indivíduos com deficiência de caráter são insensíveis aos sentimentos de terceiros, condição esta presente tanto nos sujeitos ambiciosos como naqueles cruelmente perversos.

Todavia, enquanto os criminosos comuns almejam riqueza, *status* e poder, os psicopatas apresentam manifesta e gratuita crueldade.

Robert D. Hare (2013, p. 48) sustenta que a **Avaliação de Psicopatia** (***Psychopaty Checklist***) "permite a discussão das características dos psicopatas sem o menor risco de descrever simples desvios sociais ou criminalidade ou de rotular pessoas que não têm nada em comum, a não ser o fato de terem violado a lei. Ela também fornece um quadro detalhado das personalidades perturbadas dos psicopatas que se encontram entre nós". E adverte o ilustre autor que tal avaliação é extremamente complexa e destinada ao uso clínico profissional, somente podendo ser usada por quem tenha treinamento específico, aptidão e conhecimento do sistema de pontuação.

Vejamos as principais características da **Avaliação de Psicopatia** (***Psychopaty Checklist***):

1) **Eloquente e superficial** – geralmente são agradáveis, divertidos e envolventes, contam histórias mirabolantes, mas convincentes, e costumam mostrar conhecimentos de medicina, psicologia, direito, religião, arte, filosofia etc. Também agem de forma leviana sem receio de serem descobertos.
2) **Egocêntrico e grandioso** – os psicopatas consideram-se o centro do universo, são exageradamente **vaidosos e narcisistas** acerca de seu próprio valor (uso excessivo do "Eu" – eu sei, eu faço, eu mando, eu ganho etc.), geralmente são arrogantes e vaidosos, sem nenhum traço de vergonha, de opinião firme, **dominadores e convencidos**. Adoram ter poder e controlar as demais pessoas, sendo incapazes de perceber e reconhecer que os outros podem ter opiniões pessoais válidas e diferentes da sua.
3) **Ausência de remorso ou culpa** – os psicopatas têm uma incrível **falta de preocupação com as consequências terríveis de suas ações** e condutas sobre as outras pessoas. Essa ausência de culpa decorre de uma extrema habilidade de racionalizar o próprio agir comportamental, ignorando a responsabilidade pessoal pelas ações danosas a familiares, amigos, colegas e outras pessoas que seguem as regras de convívio social. Sustenta Robert Hare (2013, p. 57) que "perda de memória, amnésia, blecautes, múltipla personalidade e insanidade temporária brotam constantemente em interrogatórios de psicopatas. Em uma distorção irônica, os psicopatas com frequência consideram que as vítimas são eles próprios". Em geral têm desculpas prontas na ponta da língua para seu comportamento, negando-o muitas vezes.

4) **Falta de empatia** – os psicopatas são **incapazes de se colocar no lugar do outro**, "de estar na pele do outro"; veem as pessoas como objetos, que devem ser usados para sua própria satisfação. São **indiferentes aos direitos e sofrimentos alheios**, quer de estranhos, quer de seus próprios familiares.

5) **Enganador e manipulador** – psicopatas têm um **talento espantoso para mentir**, enganar, falsear e manipular. Sentem um prazer em enganar os outros. Quando surpreendidos numa mentira, raramente ficam constrangidos, simplesmente procuram recontar de outra forma para que os fatos pareçam verdadeiros. Em razão da eloquência e do charme, conseguem trapacear, iludindo e manipulando as pessoas e instituições visando somente ao seu próprio prazer.

6) **Emoções rasas** – os psicopatas parecem ostentar uma **pobreza emocional** que restringe a amplitude e profundidade de seus sentimentos; os especialistas dizem que os psicopatas "representam" e que, em verdade, apresentam pouca coisa além da aparência.

7) **Impulsivo** – agem por **impulso**, de forma precipitada, porque os psicopatas geralmente **não pesam os prós e contras de seus atos**; os atos impensados ou por impulso, em geral, resultam de uma finalidade que desempenha papel nuclear na maior parte do comportamento do psicopata: a **obtenção de prazer** ou alívio imediato.

8) **Controles comportamentais pobres** – além de agirem impulsivamente, psicopatas são muito **reativos** ao que percebem como insultos ou menosprezo. Possuem os **freios inibitórios muito fracos**, por isso são pavio curto, bastando a menor provocação para rompimento daqueles; ofendem-se com trivialidades e são extremamente agressivos na reação, com ofensas verbais e até físicas, que, geralmente, são de curta duração, voltando a agir em seguida como se nada tivesse ocorrido.

9) **Necessidade de excitação** – os psicopatas **não toleram a rotina e a monotonia**, querem sempre viver em "alta velocidade"; têm, portanto, uma necessidade permanente e excessiva de excitação, embora vivam em constante tédio e de forma parasitária. Muitos deles usam diversos tipos de drogas para experimentar excitações diferentes.

10) **Falta de responsabilidade** – para os psicopatas, obrigações e compromissos não significam absolutamente nada; a **irresponsabilidade** deles é perceptível em todos os setores da vida: família, escola, trabalho, na medida em que não respeitam organizações, princípios e compromissos. Geralmente dilapidam o patrimônio da família, são erráticos nos empregos, violam políticas da empresa e não despertam confiança.
11) **Problemas precoces de comportamento** – grande parcela dos psicopatas começa a apresentar graves problemas comportamentais bem cedo, quer na infância, quer na adolescência, demonstrando **comportamento criminoso precoce**, incluindo aí mentiras, fraudes, roubos, incêndios criminosos, vandalismo, uso de drogas, *bullying*, sexualidade precoce e promiscuidade sexual, crueldade contra animais etc.
12) **Comportamento adulto antissocial** – os psicopatas não respeitam as regras de convivência social porque as entendem como obstáculos às suas pretensões e desejos, por isso criam suas próprias regras, desencadeando desde cedo **comportamentos ilícitos**, e prosseguem numa jornada de atos antissociais **ao longo da vida**, culminando em detenções em reformatórios, prisões, condenações etc.

Para muitos autores (Kurt Schneider, por todos), o **psicopata não é um doente mental**, mas um **indivíduo com personalidade anormal**, descrevendo-o como um **sujeito desalmado**, sugerindo que nem todos os delinquentes são psicopatas, pois existem aqueles que começam precocemente, na infância ou adolescência, uma carreira criminosa e que seriam **incorrigíveis**.

Vale relembrar que em 1941, Hervey Cleckley, professor de psiquiatria da Medical College of Georgia/EUA, publicou um livro clássico – *The mask of Sanity* – "A máscara da sanidade", em que acabou descrevendo de forma ampla a psicopatia e seus sintomas. Suas personalidades, muitas vezes agradáveis, não passam de "encenação". Seus estudos e pesquisas contribuíram decididamente para a criação da regra de da investigação em psicopatia: o PCL (o *checklist* da psicopatia). A psicopatia e a delinquência andam paralelamente e muitas vezes juntas[3].

---

3 Estima-se que 1% dos homens e 1% das mulheres em dada comunidade sejam psicopatas. Em contrapartida, esses índices aferidos na população encarcerada em diferentes prisões do mundo variam de 15% a 30%.

O **PCL-R (Psychopathy Checklist – Revised)**[4], escala de avaliação da psicopatia de Robert D. Hare, oferece a possibilidade de, com dados empíricos e objetivos, identificar psicopatas no interior da população carcerária, e tem quatro fatores ou causas:

1) **Interpessoal:** avalia as relações do examinando com amigos, familiares, parceiros, próximos ou distantes; cuidando-se de uma avaliação longitudinal que exige uma anamnese desde a infância.
2) **Afetivo:** avalia a reação afetiva do examinando diante dos diversos momentos de sua vida e a qualidade de seu vínculo com os demais.
3) **Estilo de vida:** avalia um histórico comportamental, considerando que um só comportamento é insuficiente, analisando sua vida desde a infância, aferindo-se condutas graves e/ou delituosas antes dos 12 anos de idade.
4) **Antissocial:** avalia a versatilidade criminal própria da psicopatia. Uma revisão dos antecedentes criminais, com a idade em que iniciaram a delinquir, formas de violência usada etc.

As **características da violência psicopática** podem ser de natureza **instrumental ou reativa**, embora tais critérios isoladamente não sejam suficientes para dizer que todos os atos instrumentais sejam calculados e todos os atos reativos sejam automáticos.

A **violência instrumental**, usualmente exercida de forma fria, calculista, controlada e predatória, irrompe quando o dano causado à vítima é secundário à realização de outra *meta optata*.

Por seu turno, a **violência reativa** é reação defensiva e hostil a uma ameaça ou risco percebido.

Ensinam Abdalla-Filho[5] e outros que: "... a violência não necessariamente flutua entre dois polos, reativo e instrumental, mas que pode ser conceituada em quatro classes diferentes", a saber:

a) **Violência meramente reativa** – alto nível de espontaneidade e impulsividade aliadas à falta de planejamento do ato criminoso ou violento.
b) **Violência reativa/instrumental** – são perceptíveis elementos de ambas as violências, com predominância reativa. Exemplo:

---

4 Apud Abdalla-Filho et al., op. cit., p. 534.

5 Apud Abdalla-Filho et al., op. cit., p. 536.

depois de uma briga não planejada, o agressor resolve também roubar a vítima.

c) **Violência instrumental/reativa** – igualmente são vistos elementos de ambas as violências, porém com predomínio instrumental. Exemplo: o ladrão inicia o roubo a um estabelecimento bancário e, no decorrer da ação criminosa, mata o funcionário do banco porque este o insultou.

d) **Violência instrumental propriamente dita** – não são constatados elementos emocionais que a desencadeiam. Aqui se verifica a ação orientada para um fim previamente determinado (a que os penalistas denominam de dolo direto)[6].

Os psicopatas têm uma variedade significativa de ações violentas, desde a mais cruel e sádica até a mais engendrada, sutil e sub-reptícia. Todavia, seja ela física, psicológica ou de natureza sexual, suas consequências são trágicas e avassaladoras para a vida em comunidade.

É importante observar e acompanhar, desde a fase pré-adolescente[7], tendências de **psicopatia** decorrentes de certos **traços de comportamento** que sejam **persistentes, imutáveis e profundos com o passar do tempo: egoísmo; agressividade (explosão colérica banal); falta de empatia; insinceridade e falta de culpabilidade (mentira contumaz); tirania; manipulação e irresponsabilidade permanente**.

Nesse sentido, emerge de suma importância a atuação multidisciplinar do Poder Público, principalmente nas áreas de educação, saúde, segurança e justiça, com vistas à prevenção primária de ações de criminosos psicopatas violentos.

---

6 Idem, p. 536.

7 Apud Janire Rámila, in: *Predadores humanos*: o obscuro universo dos assassinos em série. São Paulo: Madras, 2012. p. 154-157.

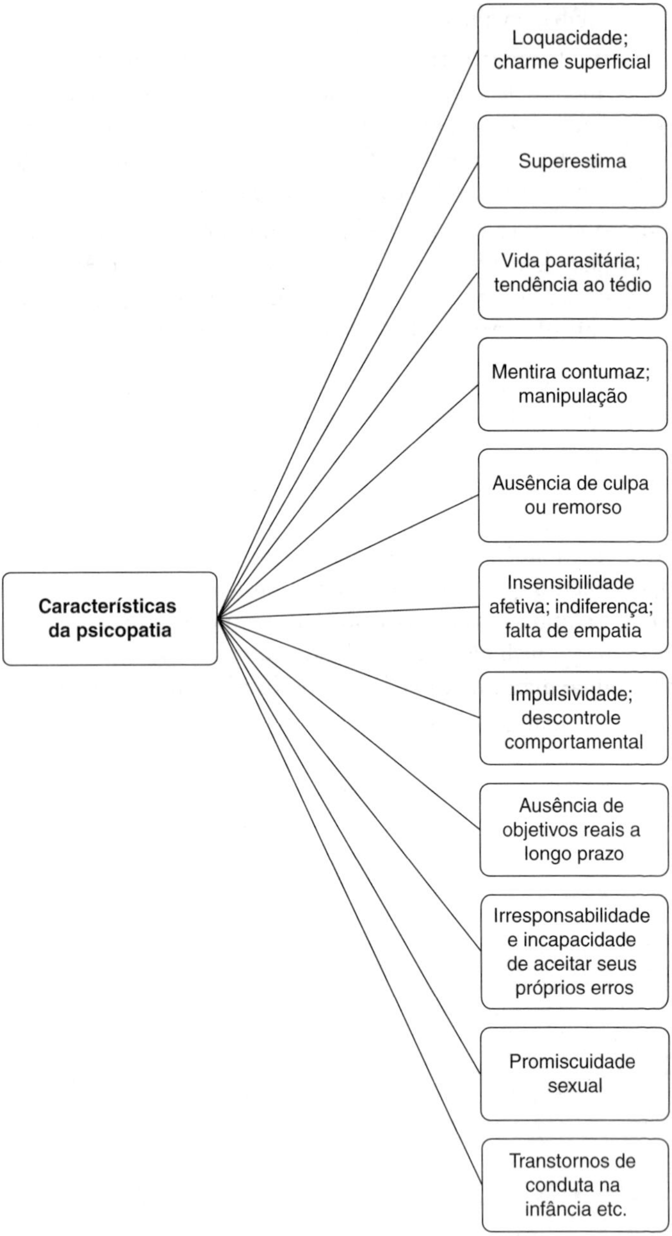
Características da psicopatia
Loquacidade; charme superficial
Superestima
Vida parasitária; tendência ao tédio
Mentira contumaz; manipulação
Ausência de culpa ou remorso
Insensibilidade afetiva; indiferença; falta de empatia
Impulsividade; descontrole comportamental
Ausência de objetivos reais a longo prazo
Irresponsabilidade e incapacidade de aceitar seus próprios erros
Promiscuidade sexual
Transtornos de conduta na infância etc.

Sob a rubrica de **psicopatologias** vislumbram-se as situações referidas no CID–10-MC que com maior incidência afetam vítimas e criminosos.

Conforme expõe José Osmir Fiorelli (2009, p. 107), "observam-se falhas na formação do superego (valores morais, éticos e sociais) e ausência de sentimento de culpa, de remorso e de empatia, entre outros. Estatísticas apontam para influências biológicas, ambientais e familiares, sugerindo, portanto, uma conjugação de fatores. Na prática prisional, o fundamental, que torna a intervenção mais delicada, é a dificuldade de essas pessoas aprenderem com a experiência, sendo que a intervenção terapêutica, em geral, não alcança os valores éticos e morais comprometidos. Para alguns autores, pessoas que preencham os critérios plenos para psicopatia não são tratáveis por qualquer tipo de terapia".

Felizmente, os psicopatas não são todos *serial killers*, criminosos violentos, torturadores etc. Mas eles são encontrados com frequência razoável no dia a dia. Na empresa e no serviço público, vemos pequenos furtos, destruição de patrimônio, simulação de doença, atos de corrupção. Na família, encontramos traição, assédio moral e sexual, dilapidação do patrimônio com aventuras de cunho sexual etc.

Sabe-se que a reduzida tolerância à frustração leva ao comportamento agressivo e a racionalização e projeção como freios inibitórios indicam o outro ou a sociedade como únicos culpados. O psicopata não aprende com a punição.

José Osmir Fiorelli (2009, p. 108) assevera que "esses indivíduos encontram campo fértil no tráfico de drogas, no crime organizado em geral, na política, na religião; tornam-se líderes carismáticos e poderosos. Mentira, promiscuidade, direção perigosa, homicídios e sequestros compõem seus repertórios, em que não há sentimentos de culpa, pois os outros não passam de 'otários' que merecem ser ludibriados na disputa por sexo, dinheiro, poder etc.".

Ressalta-se que ao profissional do direito (delegado de polícia, advogado, promotor de justiça, juiz) não cabe fazer um diagnóstico, missão precípua dos profissionais da área da saúde, no entanto é imperioso conhecer os sinais, na medida em que sugerem medidas preventivas e profiláticas que podem e devem ser tomadas. Entre os possíveis transtornos anotem-se os de ansiedade; o Transtorno Obsessivo-Compulsivo (TOC); o de estresse pós-traumático e os dissociativos [amnésia dissociativa, fuga dissociativa, transtorno de transe ou obsessão ("possessão demoníaca"), transtorno de personalidade múltipla].

A **delinquência psicótica** é aquela praticada por "perturbado mental", isto é, o agente criminoso ostenta um comprometimento de suas funções psíquicas. Antigamente era denominado alienado mental. A **delinquência psicótica** é a prática delitiva em face de uma perturbação mental qualquer. É imprescindível que, ao tempo da ação ou omissão, o sujeito ativo (autor) apresente suas funções mentais comprometidas.

Assim, a doutrina (MARANHÃO, 2008) aponta as seguintes **fases evolutivas** na delinquência psicótica:

a) **Episódio**: é reversível e não repetitivo, existindo um único período mórbido entre dois períodos sadios, sem recidiva.

Período Sadio		Período Sadio
	Fase Mórbida	

b) **Processo**: ao contrário do episódio, o processo psicopatológico, uma vez instalado, é irreversível, apresentando duas fases, uma sadia e outra mórbida. Há duas situações jurídico-penais, isto é, o crime pode ter sido cometido durante a **fase sadia** e a doença venha a se instalar posteriormente (tratamento ao doente mediante medida de segurança em Manicômio Judiciário) ou pode ser que o crime venha a ser praticado na **fase mórbida** (internação imediata em Manicômio Judiciário).

Período Sadio	
	Período Mórbido

c) **Surto**: ocorre de forma intermitente, alternando-se fases sadias e mórbidas que se sucedem. O "lúcido intervalo" é dificílimo de precisar, sendo esperável a repetição da fase doentia. É o caso das disritmias, toxicopatias etc.

Período Sadio		Período Sadio		Período Sadio
	Período Mórbido		Período Mórbido	

d) **Defeito**: é a sequela ou resíduo de manifestação psicopatológica anterior. Em verdade, houve manifestação mórbida anterior (tratada ou não) cuja recuperação foi tão somente parcial, assumindo relevância nos casos de reincidência, concessão de livramento condicional, progressão de regime etc.

Período Sadio		
		Sequela
	Período Mórbido	

De outro lado, entende-se por **delinquência neurótica** a conduta criminosa decorrente da manifestação dos conflitos internos do sujeito consigo mesmo. O criminoso pratica o delito e tem consciência total ou parcial de que será punido por isso. A sanção serviria para aplacar-lhe a culpa e reduzir o conflito interno primário anterior.

José Osmir Fiorelli e Rosana Cathya Ragazzoni Mangini (2009, p. 339), reproduzindo o pensamento de Odon Maranhão, apresentam o seguinte estudo esquemático, traçando as diferenças e semelhanças entre **neurose** e **personalidade delinquente**:

Neurose	**Personalidade delinquente ou dissocial (criminoso essencial)**
Conflito interno	Aparentemente sem conflito interno
Agressividade voltada para si	Agressividade voltada à sociedade
Gratificação por meio de fantasias	Alívio de tensões internas por ações criminosas
Admissão dos próprios impulsos e reconhecimento dos erros	Atribuição de seus impulsos ao mundo exterior
Desenvolvimento de reações emocionais positivas	Desenvolvimento de defesas emocionais
Superego desenvolvido	Superego desarmônico
Comportamentos socialmente ajustados	Comportamento dissocial (desconsideração para com os códigos sociais)
Reação à passividade e dependência com sofrimento, mas admitindo a situação	Tentativa de negar a passividade e a dependência com atitudes agressivas
Caráter normal	Caráter deformado (dissocial)
Perturbações psicossomáticas menos frequentes	Perturbações psicossomáticas mais frequentes

5.3.1 Análise psicológica do comportamento criminoso

Um indivíduo de boa formação moral e de bons princípios pode ter seu equilíbrio rompido e cometer uma infração penal por reação.

Como ressaltam Newton e Valter Fernandes (2002, p. 322), "essa conduta é psicologicamente atípica: trata-se de crime eventual (o agente tem uma personalidade normal). Noutras vezes, o indivíduo é possuidor de uma personalidade mórbida e o ato chega a ser sintoma de perturbação: trata-se de delinquência sintomática. Poderá ainda, existir defeito ou desvio de personalidade (por má constituição ou má formação), e o ato delituoso chega a ser a expressão do caráter: é o que ocorre com as 'personalidades psicopáticas' e personalidades delinquenciais".

Nesse prisma, é importante verificar a dinâmica do ato criminoso, com a adição de fatores primários (constitucionais e psicoevolutivos) e secundários (agem sobre uma estrutura acabada) responsáveis pela conduta criminosa.

Esquematicamente:

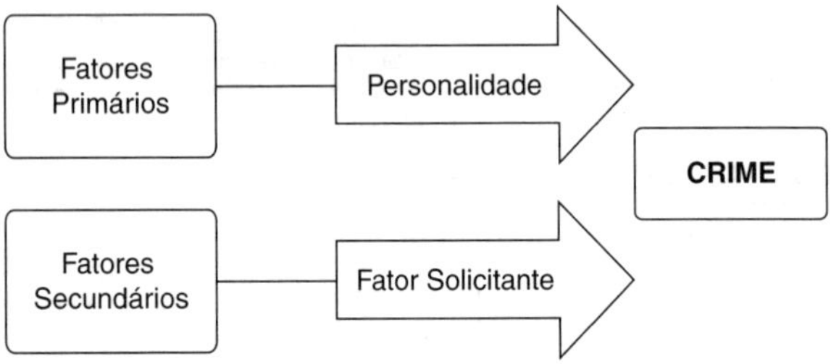

5.4 Personalidade perigosa. *Serial killer*

A **periculosidade ou personalidade perigosa é aquela que apresenta propensão para o delito**, por ser incapaz de assimilar as regras comportamentais e os padrões sociais. É um estado latente, *in potentia*.

Então, periculosidade é a qualidade que se conhece num indivíduo de ser perigoso à vida social contextualmente. De outro lado, fala-se ainda em **temibilidade, quando o então perigoso passa à ação delitiva**, manifestando seu caráter antissocial. A temibilidade é a periculosidade *in acto*.

Antes de abordar o tema assassino em série (*serial killer*), é interessante registrar o sentido da palavra **assassino**.

Ensina Nestor Sampaio Penteado (1982, p. 69) que, "no tempo da Palestina dos Cruzados, havia uma seita secreta de mouros bárbaros, que eram soldados mercenários, pagos para assaltar caravanas, praticar assassinatos, estuprar mulheres, degolar velhos e crianças. Eram chamados haxixins, e isto porque, para se desinibirem a fim de praticarem todos esses tipos de barbaridades, fumavam antes haxixe. Pasme agora o leitor, o nome dessa sociedade originou a palavra francesa 'assassin' e, logo depois, o termo 'assassino' em nossa língua. Nós usamos, aliás com propriedade, o termo assassino para indicar um homicida. No entanto, a palavra assassino, etimologicamente, significa: FUMANTE DE MACONHA – HAXIXE".

Do ponto de vista criminológico, quando um assassino reincide em seus crimes no mínimo em três ocasiões e com certo intervalo de tempo entre cada um e em locais distintos é conhecido como **assassino em série**[8] (***serial killer***).

Essa definição realça **três elementos importantes**[9]:

1) **existência de pelo menos três homicídios;**
2) **esses homicídios devem ter ocorrido em locais diferentes;**
3) **tem de haver um período de "calmaria", ou seja, um intervalo entre os homicídios, que pode variar de horas a anos.**

A **neuroanatomia moderna**, que se utiliza de **exames tomográficos de última geração, computação gráfica, ressonância magnética** etc., segundo o abalizado ensino de Adrian Raine (2013, p. 76), demonstrou que ***serial killers*** **têm disfunção cerebral no córtex pré-frontal relacionado à atividade límbica. Acrescentou referido psicólogo americano que, curiosamente, psicopatas tem baixa frequência cardiovascular.**

---

8 **Jack, o estripador** (***Jack the ripper***) foi o pseudônimo dado a um assassino em série não identificado que agiu no miserável distrito de Whitechapel, em Londres, na segunda metade de 1888.

9 In FBI, Crime Classification Manual, 1992.

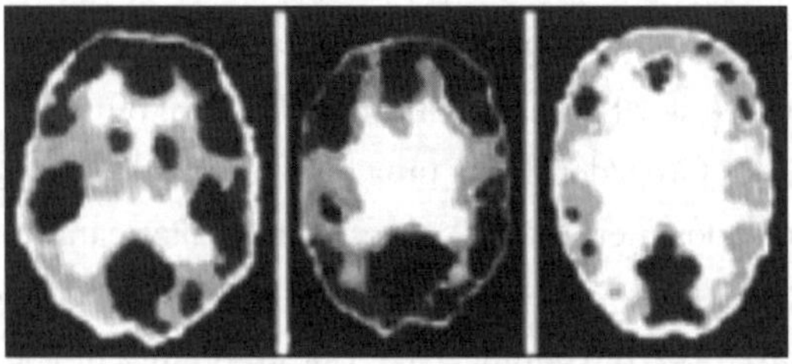

Figura 1 – Cérebro de uma pessoa normal (esquerda), cérebro de um assassino com história de privação e violência na infância (centro), e cérebro de um psicopata (direita). As cores cinza-escura e preta indicam alto funcionamento cerebral. Fonte: RAINE, Adrian. *Anatomia da violência*. Porto Alegre: Artmed, 2015, pós-capa (University of Southern California, Los Angeles, USA) – adaptada.

A **diferença** entre o **assassino em massa**, que mata várias pessoas de uma só vez e sem se preocupar com a identidade destas, e o **assassino em série** é que este elege cuidadosamente suas vítimas, selecionando na maioria das vezes pessoas do mesmo tipo e características.

As análises dos perfis de personalidade estabelecem como estereótipo dos assassinos em série (evidentemente aceitando muitas exceções) homens jovens, de raça branca, que atacam preferentemente as mulheres, e cujo primeiro crime foi cometido antes dos 30 anos. Registre-se que o famigerado ***serial killer*** **norte-americano Ted Bundy**, nos anos 1970, confessou o assassinato de 23 pessoas, mas pelo menos mais 15 mortes lhe foram indicadas pela polícia, foi preso e executado na cadeira elétrica em 1989, tendo antes dito: "***Nós, 'serial killers', somos seus filhos, somos seus maridos, estamos em toda parte. E haverá mais de suas crianças mortas amanhã***".

Alguns têm histórico de infância traumática, devido a maus-tratos físicos ou psíquicos, motivo pelo qual têm tendência a isolar-se da sociedade e/ou a vingar-se dela.

Essas frustrações, ainda segundo análises de estereótipos, introduzem os assassinos em série num mundo imaginário, melhor que o real, onde eles revivem os abusos sofridos, identificando-se, desta vez, com o agressor. Por essa razão, sua forma de matar pode ser de contato direto com a vítima: utiliza armas brancas, estrangula ou golpeia, quase nunca usa arma de fogo. Os crimes obedecem a uma espécie de ritual no qual se misturam fantasias pessoais com a morte. Às vezes, certas fixações estranhas e crenças bizarras, presentes em *serial killers*, revelam tendência a transtorno de personalidade esquizoide.

Com relação ao local de crime e cadáver deixados por um *serial killer*, é extremamente importante que se proceda ao exame, à constatação de vestígios e à exata descrição do local e cadáver.

A perinecroscopia (exame do cadáver no próprio local), a recognição visuográfica do local de crime e a autopsia psicológica da vítima compreendem o instrumental indispensável à investigação da polícia judiciária com vistas à identificação e prisão do autor.

Em regra, os **assassinos em série** deixam uma **assinatura** no cadáver ou no local de crime, que é a forma pela qual alcançam a **satisfação emocional (prazer) na execução do ato**.

A **assinatura é a marca do criminoso**, seu "cartão de visita", algo imprescindível para o assassino, pouco importa a natureza do crime.

A assinatura do crime pode até colocar o criminoso em risco de captura pela polícia, mas, como um vício, ele precisa dessa marca para aliviar uma tensão interna, quase sempre relacionada à sexualidade mal resolvida.

Anota Paul Roland (2010, p. 134) que **a assinatura "pode incluir ritual de exposição de cadáver, tortura, mutilação, inserção de objeto estranho, canibalismo, necrofilia ou o que é conhecido como 'overkill' (supermatança), ou seja, infligir ferimentos além do necessário para causar a morte"**.

Todavia é importante **distinguir a assinatura do criminoso** de seu ***modus operandi***.

O ***modus operandi*** é o procedimento seguido pelo delinquente para a prática da infração penal. Pode incluir a escolha do alvo, os locais preferenciais, os instrumentos de crime (artefatos e armas), os meios de subjugação das vítimas, métodos de invasão de propriedade etc.

É de Paul Roland (2010, p. 135) o precioso exemplo de diferenciação, *in verbis*: "Um exemplo excelente da diferença entre '*modus operandi*' e assinatura aparece de maneira clara em dois casos aparentemente similares de roubo a banco, nos quais os assaltantes forçaram os bancários e os clientes a tirar a roupa. Quando foram presos, um assaltante do Texas explicou que tinha ordenado que as pessoas tirassem as roupas de forma que elas ficariam tão preocupadas com sua situação que provavelmente não se lembrariam de seu rosto. Era o seu '*modus operandi*'. Em outro incidente em Michigan, um ladrão de banco forçou seus reféns a despir-se, formar pares e simular sexo enquanto eram fotografados. Não tinha nada a ver com o roubo, mas foi feito para satisfazer a perversão do assaltante. Era a sua assinatura".

Robert Ressler e John Douglas[10], peritos em *criminal profiling* da Unidade de Ciência Comportamental do FBI, em conjunto com os professores Ann W. Burgess e Ralph D'Agostino, apresentaram em 1984, em Oxford, Inglaterra, durante o encontro trienal da Associação Internacional de Ciências Forenses, um estudo sobre *serial killers*, com base em 36 presidiários, incluindo-se aí os famigerados assassinos em série Edmund Kemper e Herbert Mullin. Nesse estudo, descreveram as "características gerais" desses homicidas:

1	A maioria é composta de homens brancos solteiros.
2	Inteligência, com QI médio de "superdotados".
3	Malgrado inteligentes, têm fraco desempenho escolar, histórico de empregos irregulares e, via de regra, são trabalhadores sem maiores qualificações.
4	Advêm de um ambiente familiar desestruturado e conturbado. Geralmente, foram abandonados quando pequenos por seus pais e cresceram em lares desfeitos e disfuncionais dominados por suas mães.
5	Existe um longo histórico de problemas psiquiátricos, comportamento criminoso e alcoolismo em suas famílias.
6	Quando crianças sofreram abusos, às vezes psicológicos, às vezes físicos, muitas vezes sexuais. Os maus-tratos brutais incutiram neles profundos sentimentos de humilhação e impotência.
7	Devido a ressentimentos em relação a pais distantes, ausentes ou abusivos, têm muita dificuldade de lidar com figuras de autoridade masculina. Dominados por suas mães, sentem profunda hostilidade em relação a elas.
8	Manifestam problemas mentais em uma idade precoce e muitas vezes são internados em instituições psiquiátricas quando crianças.
9	Apresentam extremo isolamento social e ódio generalizado pelo mundo e por todos (incluindo a si mesmos). Costumam ter tendências ao suicídio na juventude.
10	Há interesse precoce e duradouro pela sexualidade exagerada. São obcecados por fetichismo, voyeurismo e pornografia violenta (sadismo, masoquismo, vampirismo etc.).

Entre os assassinos em série se distinguem dois tipos: **os paranoicos e os psicopatas**. O primeiro atua em consequência de seus delírios

[10] Apud SCHECHTER, Harold. *Serial Killers*: anatomia do mal. Rio de Janeiro: Darkside Books, 2013. p. 35.

paranoides, quer dizer, ouve vozes ou tem alucinações que o induzem ao assassinato. Esse tipo não costuma ter juízo crítico de seus atos.

Já o tipo psicopata é muito mais perigoso. Devido à capacidade de fingir emoções (dissimulação) e de se apresentar extremamente sedutor, quase sempre consegue enganar suas vítimas.

O psicopata busca constantemente o próprio prazer, é solitário, muito sociável e de aspecto encantador[11]. Ele tem a sólida convicção de que tudo lhe é permitido, excita-se com o risco e com o proibido. Quando mata, tem como objetivo final humilhar a vítima para reafirmar sua autoridade e realizar sua autoestima. Para ele, o crime é secundário, e o que interessa, de fato, é o desejo de dominar, de sentir-se superior.

Quanto a sua forma de atuar, os assassinos em série se dividem em organizados e desorganizados.

Organizados são os mais astutos, que preparam os crimes minuciosamente, sem deixar pistas que os identifiquem.

Os **desorganizados**, mais impulsivos e menos calculistas, atuam sem se preocupar com eventuais erros.

Existem diferenças significativas entre assassinos em série organizados e desorganizados no próprio local de crime, nos termos da tabela comparativa a seguir:

Organizados	Desorganizados
Violência planejada	Violência espontânea
Vítima é um alvo estranho	Vítima/local conhecidos
Personaliza a vítima	Despersonaliza a vítima
Conversa controlada (falante)	Pouca conversa
Cena do crime reflete controle geral	Cena do crime aleatória e desleixada
Vítima submissa às suas ações	Violência repentina contra a vítima
Prioriza atos agressivos antes da morte	Atos sexuais após a morte
Corpo é escondido	Corpo deixado à vista
Armas/provas ausentes	Provas/armas muitas vezes presentes no local
Vítima ou o corpo são transportados para outro lugar	Corpo é deixado no local de crime
Restringe a vítima (subjuga)	Mínima restrição à vítima

[11] Há alguns anos a telenovela abordou com eficiência o tema da psicopatia criminal, com a personagem Yvone, de "Caminho das Índias", interpretada pela atriz Letícia Sabatella, que demonstrava ânsia de se sair bem na vida, pouco importando o sofrimento alheio, sem remorso e de forma dissimulada.

Segundo o FBI, há características que diferenciam os criminosos organizados dos desorganizados, conforme tabela a seguir, citada por Brian Innes (2003, p. 75):

Organizado	Desorganizado
Inteligência acima da média	Abaixo da média em inteligência
Socialmente habilidoso	Socialmente inadequado
Possivelmente trabalhador qualificado	Trabalhador não qualificado
Sexualmente competente	Sexualmente incompetente
É o mais velho dos irmãos	É um dos irmãos mais novos
Pai com emprego estável	Pai com emprego instável
Disciplina inconsistente na infância	Disciplina rígida quando criança
Controlado durante o crime	Ansioso durante o crime
Uso de álcool associado ao crime	Uso mínimo de álcool
Estresse situacional que precipita a conduta	Estresse situacional mínimo
Mora com alguém	Mora sozinho
Locomove-se com facilidade; tem um carro bom	Mora/trabalha perto da cena do crime
Interessa-se por notícias do crime	Não se interessa pela mídia
DEPOIS DO CRIME	**DEPOIS DO CRIME**
Pode mudar de emprego, bairro, cidade ou região	Muda de comportamento ou foge (ex.: uso de drogas)

Uma vez capturados, os assassinos em série podem confessar seus crimes, às vezes se atribuindo a característica de serem mais vítimas que as pessoas que mataram.

De outra parte, Renato Posterli (2001, p. 193) aponta outra classificação dos ***serial killers***:

a) **Visionário**: doente mental, psicótico, por vezes ouve vozes que o impulsionam a matar.

b) ***Missionary oriented***: movido por sentimentos internos moralistas, ataca, em regra, grupos específicos de vítimas que contrariam seus princípios, tais como prostitutas e homossexuais.

c) **Assassino de luxúria:** mantém relações sexuais com a vítima, seguidas de tortura até a morte, apresentando sádico prazer; pode ser sedutor e de boa conversa, quando engana a vítima que jamais pensaria que o tipo "elegante" seria capaz de tal brutalidade.

Kim Rossno, detetive em Vancouver-Canadá, citado por Brian Innes (2003, p. 16), aponta que os *serial killers* podem ser divididos em quatro tipos, de acordo com a maneira que encontram suas vítimas:

1) **Caçador**: realiza uma busca pela vítima, levando em conta seu local de residência (do agressor).
2) **Furtivo**: realiza também uma busca pela vítima, mas a partir de um local diferente da sua residência, ou, ainda, desloca-se para outro bairro ou cidade para iniciar a "caçada".
3) **Oportunista**: encontra sua vítima enquanto está a realizar outra atividade qualquer; a vítima surge meio que gratuitamente no local errado e na hora errada.
4) **Ardiloso**: fica em posição de controle, pois exerce uma atividade ou profissão que lhe permite encontrar as vítimas dentro de um local que tem controle e conhecimento.

Kim Rossno ainda define três tipos de ofensor, segundo o modo de ataque às vítimas:

1) **Raptor**: ataca a vítima de imediato tão logo a encontra (age com dolo de ímpeto).
2) **Perseguidor**: a princípio, segue a vítima depois que a localiza e se aproxima gradualmente à espera de uma oportunidade para atacar.
3) **Predador**: parte para o ataque contra a vítima depois que a atrai para um local específico, como uma residência, local de trabalho, parque[12] ou outro lugar controlado pelo agressor. Geralmente o corpo da vítima é escondido no mesmo lugar.

As mulheres assassinas em série representam apenas 11% dos casos. Em geral são muito menos violentas que os assassinos homens e raramente cometem um homicídio de caráter sexual. Quando matam, não

---

12 Em São Paulo-capital policiais civis do Departamento Estadual de Homicídios e de Proteção à Pessoa (DHPP) prenderam em agosto de 1998 o motoboy Francisco de Assis Pereira, apelidado pela imprensa paulista de "maníaco do parque", que, de 1994 a 1998, estuprou, violou e matou pelo menos nove mulheres e tentou matar outras dez no Parque do Estado, zona sul da cidade. Esse *serial killer* atraía as vítimas com promessas de fotografá-las para revistas e mídia. Matava por esganadura ou estrangulamento e chegou a praticar atos de canibalismo e ocultação de cadáver.

costumam utilizar armas de fogo e raramente usam armas brancas, sendo preferidos os métodos mais discretos e sensíveis (como os venenos).

Normalmente, as assassinas planejam o crime cuidadosamente e de maneira sutil, apresentando-se como verdadeiros quebra-cabeças aos investigadores.

Essa singularidade faz com que possa passar muito tempo antes de a polícia conseguir identificá-las, localizá-las e prendê-las.

*5.4.1 Assassino em série (*serial killer*) e assassino em massa (*mass murderer*)*

Quando se estuda os *serial killers* (assassinos em série), percebe-se que existe um intervalo perceptível entre um crime e outro, geralmente de dias, meses e até anos, de modo sub-reptício, de maneira que a investigação policial tem muita dificuldade em clarear a autoria e desvendar o ilícito.

Por sua vez, o **assassino em massa** (*mass murderer*) é aquele sujeito que pratica o crime escancaradamente, matando inúmeras vítimas em segundos, minutos ou horas, quase sempre se suicidando em seguida. Nesse sentido, o matador em massa procura fazer o **maior número possível de vítimas num só instante**. Geralmente buscam notoriedade *post mortem* com o suicídio perpetrado depois dos homicídios. Entende-se haver uma correlação entre o genocida e o *mass murderer*, sendo aquele um subtipo deste[13].

Renato Posterli (2001, p. 153) alerta que, "nos Estados Unidos, 80% dos assassinos em massa suicidam-se no local da tragédia. Os que não se matam, rendem-se docilmente à polícia, sem oferecer resistência". Não foi o caso do atirador de Las Vegas (Stephen Paddock), que, em 1º de outubro de 2017, matou 59 pessoas e deixou mais de 500 feridas, e possuía um total de 42 armas. As autoridades encontraram 23 delas no quarto do hotel Mandalay Bay, onde ele se hospedou para atirar con-

---

[13] Apud TURVEY, Brent E. *Criminal profiling*. 4. ed. Academic Press, p. 522, para quem: "genocide is the deliberated and organized killing of large groups of people who are distinguides by their personal, political, and religious beliefs; their nationality; and/or their ethncity. Genocide is a subtype of mass murder". Ou, traduzindo: "genocídio é o assassinato deliberado e organizado de grandes grupos de pessoas que se distinguem por suas crenças pessoais, políticas e religiosas; sua nacionalidade; e/ou sua etnia. O genocídio é um subtipo de assassinato em massa".

tra a plateia de um festival de música *country*. Ao invadir o local, a polícia o encontrou morto e, conforme as informações, teria se matado. Esse é considerado o maior caso de assassinato em massa nos EUA, superior aos 50 mortos em Orlando, numa boate gay, na madrugada de 12 de junho de 2016, cujo assassino foi identificado como Omar Mateen, um cidadão americano que estava no radar do FBI desde 2013, pois era de origem afegã e já houvera sido interrogado por duas vezes pela polícia por suspeitas de ligação com o grupo terrorista Estado Islâmico. Entretanto, ele foi morto ao trocar tiros com a polícia.

O USA *Bureau of Justice Statistics* (*Departamento de Justiça Americano, setor de estatísticas*) define o assassinato em massa como aquele que tira a vida de quatro ou mais pessoas em uma única ocorrência.

A maior parte dos que cometem homicídios em massa se situa em três categorias:

- assassinos de famílias;
- doentes mentais;
- "trabalhadores" contrariados.

Esta última categoria (*trabalhadores contrariados*) contém uma nomenclatura geralmente equivocada, já que a maioria dos que cometem assassinatos em massa são ex-trabalhadores, desempregados que posteriormente voltam ao antigo local de trabalho para matar seus colegas, movidos por vingança, ódio extremo ou outro impulso desencadeante.

Tal definição é obviamente obsoleta, e não abrange os massacres cometidos por estudantes, como foi o caso do massacre do Instituto Columbine[14], em que jovens transtornados, acometidos de um furor assassino, adentraram a escola e mataram estudantes e professores, sem distinção, e depois se suicidaram.

Tom e Michael Philbin (2011, p. 19) afirmam que "assassinos em massa geralmente atuam sozinhos. Raiva e mágoas se agitam dentro deles até que eles explodem em selvageria solitária. Mas isso não é verdadeiro

---

[14] O **massacre de Columbine** aconteceu em 20 de abril de 1999 no Condado de Jefferson, Colorado, Estados Unidos, no **Instituto Columbine**, onde os estudantes **Eric Harris** (apelido ReB), de 18 anos, e **Dylan Klebold** (apelido VoDkA), de 17 anos, atiraram em vários colegas e professores, com um saldo de 15 mortos (incluindo o suicídio dos dois assassinos) e 25 feridos.

em relação aos assassinos em série – há grupos de homicidas no mundo do assassinato em série, e eles podem ser tão mortíferos quanto qualquer assassino que atue sozinho. Às vezes, esses grupos são namorados, ora são amigos ou parentes, e de vez em quando são marido e mulher; em geral, há um parceiro dominante, embora deixados à própria sorte, ambos são assassinos por seus próprios méritos".

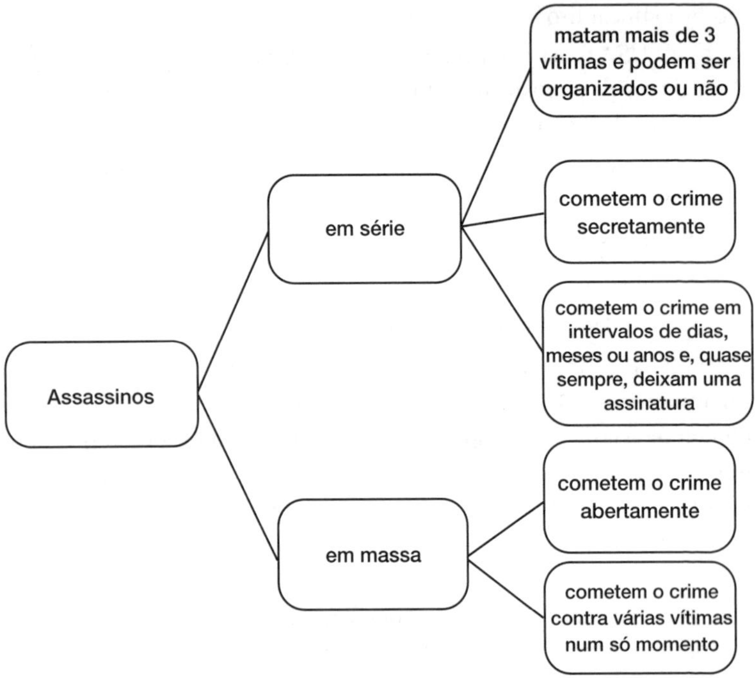

5.4.2 *Matador por impulso ou por acaso* (spree killer)

Matadores por impulso ou por acaso ou *spree killers* são assassinos que matam em lugares diversos, num lapso temporal muito curto.

Segundo definição do FBI *(Federal Bureau of Investigation)*, "*spree killers* são homicidas que assassinam em dois ou mais locais diferentes com um intervalo mínimo de tempo entre os crimes. É um único acontecimento, cujo desenvolvimento ou execução pode se prorrogar por um período curto de tempo".

Fala-se também em **assassino relâmpago**, que guarda certa semelhança com o assassino em massa. O assassino relâmpago é um indivíduo que se tornou profundamente alienado e amargurado, que não se sente mais ligado à sociedade em que vive. Seu viver é um "nada" e sua fúria explosiva é o meio que ele encontra para dar fim à sua própria existência. **Dois motivos principais desencadeiam sua ação homicida: a vingança contra o mundo e o desejo de ser reconhecido como alguém especial** (ainda que no aspecto da violência). Harold Schechter (2013, p. 22) afirma que "a diferença determinante entre o assassino relâmpago e o assassino em massa tem a ver com o *movimento*. Enquanto este mata em um só lugar, o assassino relâmpago se desloca de um lugar a outro matando no percurso. Nesse sentido, o assassino relâmpago poderia ser mais bem descrito como um assassino em *massa itinerante*".

5.5 Transtornos sexuais (parafilias) e criminalidade

Parafilia é o termo atualmente empregado para os **transtornos da sexualidade**, antigamente chamados de "perversões", denominação ainda usada no meio jurídico. **Hoje em dia acrescente-se o termo transtorno parafílico, que designa uma parafilia que está causando sofrimento ou prejuízo ao indivíduo.**

Investigar as parafilias é conhecer as variantes do erotismo em suas diversas formas de estimulação e expressão comportamental.

A parafilia, pela própria etimologia da palavra, diz respeito a "para", de paralelo, ao lado de "filia", de amor a, apego a.

Portanto, para estabelecer um quadro de parafilia, infere-se que se reconhece algo que é convencional (estatisticamente normal) para, em seguida, detectar o que estaria "ao lado" desse convencional.

Caracteriza-se a parafilia quando há necessidade de substituir a atitude sexual convencional (normal) por qualquer outro tipo de expressão sexual, sendo o substitutivo a preferida ou única maneira de a pessoa conseguir excitar-se e alcançar prazer. **Para o DSM-5, parafilia representa qualquer interesse sexual intenso e persistente que não aquele voltado para a estimulação genital ou para carícias preliminares com parceiros humanos que consentem e apresentam fenótipo normal e maturidade física. Porém, o critério de persistência e intensidade é de difícil aplicação quando se cuidar da avaliação de doentes e idosos.**

Na lição de Ayush Morad Amar (1987, p. 448), "as parafilias são caracterizadas, até hoje, tanto como fenômeno de inclusão, quanto fantasia de estímulo erótico que, persistentemente e obcecadamente, inclui imagem idiossincrática ou bizarra, não sujeita ao controle voluntário, que não se associa, habitualmente, à norma imaginária idealizada de associação erótica de homem-mulher".

Destarte, na parafilia os meios se transformam em fins, e, praticados de forma reiterada, tipificam um padrão de conduta rígido, que na maioria das vezes acaba por se transformar numa compulsão opressiva que impede alternativas sexuais.

A parafilia, quanto ao grau apresentado, pode ser **leve**, quando se expressa ocasionalmente; **moderada**, quando a conduta é mais frequentemente manifestada; e **severa**, quando chega a níveis de compulsão.

A psiquiatria criminal se interessa, predominantemente, pela **forma grave**, que para se caracterizar exige os seguintes **requisitos**:

a) Caráter **opressor**, com perda de liberdade de opções e alternativas. O parafílico não consegue deixar de atuar dessa maneira.

b) Caráter **rígido**, significando que a excitação sexual só se consegue em determinadas situações e circunstâncias estabelecidas pelo padrão da conduta parafílica.

c) Caráter **impulsivo**, que se reflete na necessidade imperiosa de repetição da experiência.

A compulsão da parafilia severa pode vir a ocasionar atos criminosos, com graves consequências jurídicas. Exemplos: o pedófilo que espiará, tocará ou abusará de crianças, o necrófilo que violará cadáveres, o sádico que produzirá dores e lesões dolosas etc.

Os delitos sexuais (ou crimes contra a dignidade sexual) mais comuns são: estupro, corrupção e abuso sexual de menores, exibicionismo (ato obsceno), sadismo (lesões) etc.

A perícia psiquiátrica procura relacionar o tipo de conduta com a personalidade do delinquente e, como sempre, avaliar se, por ocasião do crime, o criminoso tinha plena capacidade de compreensão do ato, bem como de se autodeterminar.

Sustenta, com clareza de estilo, Eduardo Del Campo (2007) que os **distúrbios sexuais** podem ser de **quantidade** (aumento ou diminuição, como nos casos de satiríase, ninfomania, frigidez etc.) ou de **quali-**

dade, abrangendo os desvios de instinto (erotomania, exibicionismo, pedofilia etc.), as aberrações sexuais (triolismo, vampirismo, necrofilia, sadismo, masoquismo etc.) e as inversões (pederastia e lesbianismo).

O DSM-5 apresenta apenas os seguintes transtornos parafílicos, tidos como obsessivos de práticas socialmente inadequadas: transtorno exibicionista, transtorno fetichista, transtorno frotteurista, transtorno pedofílico, transtorno do masoquismo sexual, transtorno do sadismo sexual, transtorno transvéstico e transtorno voyeurista.

Para o DSM-5, todas as demais parafilias ou transtornos parafílicos são rotulados como sem especificação.

Transtornos sexuais, parafilias, transtornos parafílicos ou perversões

Denominação	Características
Apotemnofilia	Prazer sexual com amputados
Erotismo (satiríase no homem e ninfomania na mulher)	Aumento exagerado do apetite sexual
Lubricidade senil	Aumento do apetite sexual na velhice
Anafrodisia	Redução do instinto sexual masculino
Frigidez	Redução do instinto sexual feminino; na forma aguda, pode levar à androfobia (horror ao sexo masculino)
Erotomania	Amor platônico, casto
Autoerotismo (aloerotismo)	Orgasmo sem o outro, apenas contemplativo (por fotos)
Erotografia ou erotografomania	Prazer pela escrita erótica
Exibicionismo	Prazer pela exposição dos órgãos genitais em público
Narcisismo	Culto extremo pelo próprio corpo (geralmente em mulheres) Metrossexualismo (homens que cultivam a beleza e gastam muito tempo e dinheiro com a aparência)
Mixoscopia ou voyeurismo	Prazer em observar o ato sexual de outras pessoas
Fetichismo	Excitação anormal por partes do corpo do parceiro ou por suas roupas íntimas
Gerontofilia ou cronoinversão	Instinto sexual e predileção dos jovens por pessoas idosas

(continua)

(continuação)

Cromoinversão	Atração sexual obsessiva por pessoas de cor diferente
Etnoinversão	Atração sexual obsessiva por pessoas de raça diferente
Topoinversão	Prazer sexual pelo coito ectópico ou por atos diversos da conjunção carnal (sexo anal, oral, entre os dedos etc.). Consideram-se preliminares normais a *fellatio in ore* e o *cunnilingus*
Swing ou troca de casais	Desvio obsessivo em trocas interconjugais
Onanismo	Prazer solitário pela masturbação
Edipismo	Tendência sexual ao incesto
Pedofilia e hebefilia	Prazer sexual com crianças e prazer sexual com adolescentes do sexo masculino
Pigmalionismo	Excitação erótica por estátuas
Frotteurismo	Desvio sexual caracterizado pelo desejo de se esfregar em outrem
Pluralismo ou triolismo (*ménage à trois*)	Ato sexual com pluralidade de parceiros (três ou mais). Sexo grupal, *swapping* ou suruba
Vampirismo	Prazer sexual pela ingestão do sangue do parceiro
Riparofilia	Atração sexual por pessoas sujas, sem higiene
Urolagnia	Prazer sexual em observar o parceiro urinando (ondinismo)
Coprofilia	Prazer sexual ligado às fezes
Coprolalia	Prazer sexual ligado a palavras de baixo calão, chulas
Bestialismo, bestialidade, zoolagnia, zoofilismo, zoofilia e zooerastia	Atos libidinosos (bestialismo, bestialidade, zoofilismo ou zoolagnia) ou ato sexual em si mesmo (zooerastia) ou com animais (zoofilia)
Necrofilia	Prazer sexual compulsivo com cadáveres
Sadismo	Prazer sexual mediante a imposição de suplícios e dores cruéis ao parceiro
Masoquismo	Prazer sexual obtido pelo sofrimento físico ou moral recebido
Sadomasoquismo	Conjugação do prazer sexual de causar dor no parceiro e experimentar dor também
Flagelação ou flagelatismo	Sadismo específico por meio de chicotadas

(continua)

(continuação)

Autoestrangulação erótica[1]	Prazer sexual obtido mediante a simulação de autoestrangulação e masturbação
Escatologia telefônica	Prazer sexual mediante conversa telefônica erótica, por vezes chula
Cleptofilia	Prazer sexual mediante a subtração de bens do parceiro

Ressalte-se que o termo **homossexualismo** caiu em desuso por pejorativo e não integra o DSM-5, embora de conhecimento do vulgo, que designava alteração da personalidade sexual normal. Não se confundia com o intersexualismo (sexo indefinido de origem genética ou anatômica), com o transexualismo (alteração psicológica grave que leva o indivíduo a querer integrar o sexo oposto, vestindo-se como o outro e, nos casos extremos, submetendo-se a cirurgia de mudança de sexo; não se considera homossexual), nem com o travestismo (prazer em usar vestes do outro sexo, com tendências homossexuais às vezes). Doravante, a **American Psychiatric Association editou o DSM-V**, que trouxe **algumas alterações no que se refere às parafilias e transtornos sexuais**, para o qual remetemos o leitor, não sem antes consignar os novos rumos da clínica médica. Conforme está estabelecido no *Manual Diagnóstico e Estatístico de Transtornos Mentais – DSM-5* (5. ed. Porto Alegre: Artmed, 2018, p. 451 e seguintes), "***a área que envolve gênero é altamente controversa e resultou em uma proliferação de termos cujos significados variam ao longo do tempo entre as disciplinas e dentro delas [...]. O tratamento hormonal transexual (cross-sex) denota o uso de hormônios feminilizantes em indivíduos designados como do sexo masculino no nascimento com base em indicadores biológicos tradicionais ou o uso de hormônios masculinizantes em indivíduos designados como do sexo feminino no nascimento. [...] Designação de gênero refere-se à designação inicial como homem ou mulher. [...] não conforme com o gênero é um termo descritivo alternativo para se referir a um comportamento. Redesignação de gênero denota uma alteração oficial (e geralmente legal) de gênero. Identidade de gênero é uma categoria de identidade social e refere-se à identificação de um indivíduo como homem, mulher, ou, ocasionalmente, alguma categoria diferente de masculino ou feminino. Disforia de gênero, como termo descritivo***

[1] Recentemente a imprensa noticiou a morte, por autoestrangulação erótica, do ator norte-americano David Carradine, famoso por interpretar o personagem da série televisiva Kung Fu nos anos 1970 (*Folha on-line*, 4-6-2009).

geral, refere-se ao descontentamento afetivo/cognitivo de um indivíduo com o gênero designado, embora seja definida mais especificamente quando utilizada como categoria diagnóstica. Transgênero refere-se ao amplo espectro de indivíduos que, de forma transitória ou persistente, se identificam com um gênero diferente do de nascimento. Transexual indica um indivíduo que busca ou que passa por uma transição social de masculino para feminino ou de feminino para masculino, o que, em muitos casos (mas não em todos), envolve também uma transição somática por tratamento hormonal e cirurgia genital (cirurgia de redesignação sexual). Disforia de gênero refere-se ao sofrimento que pode acompanhar a incongruência entre o gênero experimentado ou expresso e o gênero designado de uma pessoa. Embora essa incongruência não cause desconforto em todos os indivíduos, muitos acabam sofrendo se as intervenções físicas desejadas por meio de hormônios e/ou de cirurgia não estão disponíveis. O termo atual é mais descritivo do que o termo anterior transtorno de identidade de gênero, do DSM-IV, e foca a disforia como um problema clínico, e não como identidade por si própria. [...] Indivíduos com disforia de gênero apresentam incongruências acentuadas entre o gênero que lhes foi designado (em geral ao nascimento, conhecido como gênero de nascimento) e o gênero experimentado/expresso. Essa discrepância é o componente central do diagnóstico. Deve haver também evidências de sofrimento causado por essa incongruência. O gênero experimentado pode incluir identidades de gênero alternativas além dos estereótipos binários. Em consequência, o sofrimento não se limita ao desejo de simplesmente pertencer ao outro gênero, podendo incluir também o desejo de ser um gênero alternativo, desde que diferente do designado". Ademais, no **diagnóstico referencial** podem surgir: **a não conformidade com os papéis do gênero** (desejo intenso de pertencer a gênero diferente); o **transtorno transvéstico** (*cross-dressing*, em geral em homens, com aumento de excitação sexual e consequente sofrimento e prejuízos); o **transtorno dismórfico corporal** (com alteração ou remoção de alguma parte do corpo – pênis, seios – por representar uma anomalia), **a esquizofrenia e outros transtornos psicóticos**. Com efeito, embora consagrado, o termo *homossexualismo* está em desuso por ser considerado pejorativo, malgrado do conhecimento vulgar, mas gramaticalmente integra o conteúdo da **disforia de gênero**. Longe de identificar anormalidade, difícil de se situar a questão na normalidade, quando eivada de sofrimentos e transtornos, parecendo tratar-se de algo diferenciado; mas, patológico, se sobrevierem sofrimentos, angústias e prejuízos emocionais ao sujeito.

6º Capítulo

Exame criminológico

6.1 Conceito de exame criminológico

Denomina-se **exame criminológico** o conjunto de pesquisas científicas de cunho biopsicossocial do criminoso para levantar um diagnóstico de sua personalidade e, assim, obter um prognóstico criminal.

Alvino Augusto de Sá (2007, p. 191) ensina que "o exame criminológico é uma perícia. Como tal, visa o estudo da dinâmica do ato criminoso, de suas 'causas', dos fatores a ele associados. Oferece pois, como primeira vertente, o diagnóstico criminológico. À vista desse diagnóstico, conclui-se pela maior ou menor probabilidade de reincidência, tendo-se então aí a segunda vertente, o prognóstico criminológico".

De outra parte, Newton e Valter Fernandes (2002, p. 245) sustentam que "o exame criminológico tem a missão de estudar a personalidade do criminoso, sua capacidade para o delito, a medida de sua perigosidade e, ainda, sua sensibilidade à pena e sua respectiva probabilidade de correção".

Esse exame tem por objetivo detalhar a personalidade do delinquente, sua imputabilidade ou não, o teor de sua periculosidade, a sensibilidade à pena e a probabilidade de sua correção. Tal exame congregava estudos jurídico, social, psicológico e psiquiátrico do condenado.

O exame criminológico não se confunde com o exame psiquiátrico (incidente de insanidade mental do acusado), destinado a apurar o grau de responsabilidade penal ou imputabilidade do autor, para efeito de apenamento.

Como bem adverte Renato Marcão (2007, p. 12), baseando-se no art. 8º da Lei de Execução Penal – Lei n. 7.210/84 –, "o exame criminológico é realizado para o resguardo da defesa social, e busca aferir o estado de temibilidade do delinquente".

No exame criminológico é necessária uma atuação pluridimensional dos envolvidos a fim de que se possa traçar o perfil psicossocial do criminoso.

A par das informações jurídico-penais do delinquente, é curial a ação multidisciplinar na colheita de dados do criminoso. Destarte, a atuação de médicos, psicólogos, assistentes sociais, advogados etc. é imprescindível.

Nesse sentido, fala-se que o exame criminológico se subdivide em exame morfológico, exame funcional, exame psicológico, exame psiquiátrico, exame moral, exame social e exame histórico.

Subdivisão do exame criminológico	
Exame morfológico	Análise somática, medidas e proporções do corpo humano, massa corporal, óssea etc.
Exame funcional	Análise clínica, neurológica e eletroencefalográfica
Exame psicológico	Perfil psicológico: nível mental do criminoso (prova de Raven), caracteres da personalidade e grau de agressividade (psicodiagnóstico miocinético – PMK)
Exame psiquiátrico	Diagnose de doenças mentais, por meio dos fatores psicoevolutivos e jurídico-penais. Anamnese + exame somático + exame psíquico
Exame moral	Análise ética do ensino-aprendizagem. Imorais (desrespeitam as normas) e amorais (não assimilam as normas)
Exame social	Análise das condições de vida e meio social (família, situação econômica etc.)
Exame histórico	Reconstrução da interação familiar vivida (anamnese)

Sustenta o eminente Luiz Flávio Gomes que "a celeuma que gira em torno do exame criminológico advém de uma reforma legislativa na Lei das Execuções Penais em 2003. Até então, exigia-se como requisito para a progressão de regime não só o cumprimento de pelo menos 1/6 da pena (requisito objetivo) e o mérito do sentenciado, mas também um parecer da Comissão Técnica de Classificação e exame criminológico (requisito subjetivo). Depois da alteração sofrida pelo artigo 112, não há mais previsão expressa sobre a exigência do exame criminológico. Hoje, para progressão de regime, além do requisito temporal, há exigência de bom comportamento carcerário apenas, que será comprovado pelo diretor do estabelecimento". Essa alteração legislativa acabou dividindo opiniões no Supremo Tribunal Federal, que, diante dos impasses, editou a Súmula Vinculante 26: "Para efeito de progressão de regime no cumprimento de pena por crime hediondo, ou equiparado, o juízo da execução observará a inconstitucionalidade do art. 2º da Lei n. 8.072, de 25 de julho de 1990, sem prejuízo de avaliar se o condenado preenche, ou não, os requisitos objetivos e subjetivos do benefício, podendo determinar, para tal fim, de modo fundamentado, a realização de exame criminológico".

Da mesma forma, o Superior Tribunal de Justiça uniformizou a orientação por meio da Súmula 439: "Admite-se o exame criminológico pelas peculiaridades do caso, desde que em decisão motivada".

A consequência lógica da decisão do Superior Tribunal de Justiça é de que cabe ao juiz de direito, verificando todos os elementos dos autos, decidir se determina ou não a realização de exame criminológico para efeito de progressão de pena, desde que o faça de maneira fundamentada.

6.2 Testes de personalidade

A realização de testes e exames criminológicos para o prognóstico de condutas futuras ou, ainda, para projetar a diminuição ou não da periculosidade do agente com certo grau de eficiência e confiabilidade depende muito da capacidade de quem realiza o procedimento e das condições e capacidades do "paciente".

Conforme já se disse, os testes de personalidade projetivos buscam aferir a personalidade do agente por meio de desenhos, quadros etc., os quais oferecem certo estímulo ao examinando. Os métodos ou técnicas projetivos procuram, por vários meios, captar as tendências afetivas do examinando.

Interessante citar os seguintes testes projetivos:

a) **PMK** (psicodiagnóstico miocinético de periculosidade delinquencial), idealizado por Myra y Lopes, que tem base na consciência motora, atrelando a psiquê ao movimento muscular. Em outras palavras, analisa-se a personalidade do indivíduo por meio de suas atitudes, as quais são previamente preparadas e condensadas no cérebro antes da execução e decorrem de movimentos musculares em consequência de estímulos recebidos.

b) **Teste da árvore de Koch**, em que o examinando é convidado a desenhar uma árvore; assim fazendo, afirma-se inconscientemente o autorretrato, realizado sem qualquer limitação da consciência ou da vontade. Além disso, como alerta Luíz Angelo Dourado (1969, p. 137), "o desenho traduz igualmente aquisições educacionais e ambientais", proporcionando esclarecimentos acerca do desenvolvimento e caráter do examinando.

6.3 Caracterologia

A caracterologia é a disciplina psicológica que se dedica ao estudo dos caracteres humanos.

Entende-se por caráter um conjunto de disposições herdadas e de tendências adquiridas, o qual, sem ser rígido e imutável, possui relativa estabilidade e consistência e serve de base às peculiaridades pessoais das vivências, das apreciações valorativas e das vontades do indivíduo.

O objeto da caracterologia é a gênese das formas estruturais e da análise do que constitui propriamente o caráter.

"Caráter" vem do termo grego *charaktér*, que significa cunhar, marcar, e compreende o temperamento ou o conjunto das disposições intelectuais e afetivas, herdadas ou adquiridas, que o constituem.

Desse modo, **caráter é a marca da personalidade**, que lhe dá o tom principal, indicando sua desenvoltura e aptidão para listar valores. Por isso se fala em indivíduo bom ou mau caráter.

Há muitas classificações caracterológicas; por se tratar de uma ciência nova, não tem dado respostas definitivas.

6.4 Identificação do perfil genético (coleta de material biológico para a obtenção do perfil genético)

Cumpre salientar que, com o advento da Lei n. 13.964/2019 (Pacote Anticrime), foi modificado o *caput* do art. 9º-A da Lei de Execução Penal e inseridos vários parágrafos no dispositivo.

Contudo, a nova redação restringiu a aplicação da norma a um rol menor de infração penal, vale dizer, o condenado por crime doloso praticado com violência grave contra a pessoa, bem como por crime contra a vida, contra a liberdade sexual ou por crime sexual contra vulnerável, será submetido, obrigatoriamente, à identificação do perfil genético, mediante extração de DNA (ácido desoxirribonucleico), por técnica adequada e indolor, por ocasião do ingresso no estabelecimento prisional, sendo excluída da redação do dispositivo a menção a qualquer crime hediondo constante do art. 1º da Lei n. 8.072/90[1].

Para Araujo, Távora e Alencar (2021, p. 8-9), "Apesar da garantia constitucional da não autoincriminação, prevista especialmente no artigo 5º, inciso LXIII, da Constituição Federal, a legislação brasileira admite a coleta compulsória de material biológico como forma de identificação criminal (...). Os dados obtidos a partir da extração do DNA possibilitam o aperfeiçoamento das investigações criminais, que passam a contar com um sistema mais preciso e confiável.

Se por um lado essa técnica viabiliza que o material genético aponte, de forma segura, o possível criminoso, sendo factível, vale reforçar, até mesmo nos casos em que ainda não exista um único suspeito, por outro, ela também opera como um sistema de proteção ao acusado, porque é capaz de excluir, com igual precisão e certeza, a possibilidade da sua autoria no fato. De todo modo, deve ser lembrado o postulado da presunção da inocência, como manto de maior proteção, para objetar que, no espaço de dúvida e diante de eventual inconsistência ou de quebra da cadeia de custódia do material genético coletado, a resposta estatal deve ser a de tutelar a liberdade do imputado".

Texto atual do *caput* art. 9º-A da LEP, alterado pela Lei n. 13.964/2019, disciplinando em quais infrações penais terá incidência a identificação do perfil genético.

- ✓ Crimes dolosos praticados com violência grave contra a pessoa;
- ✓ Crimes contra a vida;
- ✓ Crimes contra a liberdade sexual; e
- ✓ Crimes sexuais contra vulnerável.

A identificação do perfil genético será armazenada em banco de dados de caráter sigiloso, possibilitando à autoridade policial, federal ou estadual requerer ao juiz competente, no caso de inquérito instaurado, o acesso ao banco de dados de identificação de perfil genético. Nesse contexto, importa esclarecer que constitui falta grave a recusa do condenado em submeter-se ao procedimento de identificação do perfil genético.

1 Com o advento da Lei n. 13.964/2019, foi ampliado o rol de crimes hediondos previstos na Lei n. 8.072/90.

Essa alteração na Lei de Execução Penal é muito criticada por parte da doutrina, considerando que a identificação compulsória do perfil genético através da extração do DNA com objetivo de constituição de meio de prova provoca ofensa ao princípio da não autoincriminação (*nemo tenetur se detegere*), entretanto, não nos filiamos a essa argumentação. Nesta senda, com o objetivo de esclarecer melhor o assunto, são indispensáveis os ensinamentos do festejado professor Rogério Sanches Cunha (2020, p. 344-345): "Criticamos, apenas, o caráter compulsório o fornecimento do material pelo condenado, cuja recusa agora passa a ser punível como falta grave (§ 8º). Isso nos parece inconstitucional e inconvencional, ferindo o direito da pessoa presa de não produzir contra si mesma (*nemo tenetur se detegere*), a sua integridade física e a sua privacidade. Logo, deve o Estado, através de métodos não invasivos (salvo se o preso concordar com tais procedimentos) colher material despreendido do corpo do reeducando para servir à identificação genética. O Estado não está impedido de usar vestígios para colher material útil na identificação do indivíduo. Não há nenhum obstáculo para a sua apreensão e verificação (ou análise ou exame). São partes do corpo humano (vivo) que já não pertencem a ele. Logo, materiais análogos podem ser apreendidos e submetidos a exame normalmente, sem nenhum tipo de consentimento da pessoa (ex.: exame do DNA da saliva que se achava nos cigarros fumados e jogados fora pelo condenado). Nesse sentido, aliás, decidiu o STJ. Ao julgar HC impetrado pela Defensoria Pública de Minas Gerais, em 2018, deliberou que a produção de prova por meio de exame de DNA sem o consentimento do investigado é permitida se o material biológico já está fora de seu corpo e foi abandonado, ocasião em que se tornou objeto público. No caso, o investigado se encontrava preso e havia se recusado a ceder material genético. Diante disso, a coleta foi realizada a partir de utensílios usados e descartados, possibilitando o esclarecimento de um crime ocorrido 10 anos antes. Para o Ministro relator Reynaldo Soares da Fonseca, 'o que não se permite é o recolhimento do material genético à força (violência moral ou física), o que não ocorreu na espécie, em que o copo e a colher de plásticos utilizados pelo paciente já haviam sido descartados' (o número deste processo não é divulgado em razão de segredo judicial)".

No estudo ora em comento, leciona Márcio Alberto Gomes Silva (2022, p. 18): "O estudo do dispositivo revela que a lei determina a identificação do perfil genético como efeito automático decorrente de condenação pela prática de crime doloso praticado com violência grave contra a pessoa, crime contra a vida, contra a liberdade sexual ou por crime sexual contra vulnerável. A constitucionalidade do dispositivo, contudo, é discutida, em face do direito a não autoincriminação (inciso LXIII do artigo 5º da CF e artigo 8º, inciso II, 'g', da Convenção Americana sobre os Direitos Humanos). O artigo (em sua redação anterior ao Pacote Anticrime) teve sua constitucionalidade questionada no Supremo Tribunal Federal nos autos do RE 973837, relator Ministro Gilmar Mendes, com repercussão geral reconhecida pela Corte. O relator cita decisões do Tribunal Europeu dos Direitos Humanos para demonstrar a relevância dos debates em torno do tema (penso que o dispositivo é constitucional, na medida em que se trata, apenas e tão somente, de determinação legal de identificação criminal compulsória, desapegada de investigações/processos específicos em andamento em desfavor do condenado)".

É importante dizer que a coleta de perfil genético durante a fase de investigação policial está fincada na Lei n. 12.037/2009 (alterada pelo Pacote Anticrime), versando sobre identificação criminal de civis. A extração do material genético dependerá de prévia autorização judicial. Releva informar que a Lei referenciada autoriza a exclusão do perfil genético do banco de dados nos casos de absolvição ou, havendo condenação, mediante requerimento depois de vinte anos do cumprimento da pena, na hipótese de a identificação criminal ser essencial às investigações policiais.

A Lei do Pacote Anticrime (Lei n. 13.964/2019) também inseriu no nosso ordenamento jurídico o Banco Nacional Multibiométrico e de Impressões Digitais, que autoriza a coleta de material genético e de registros biométricos, impressões digitais, de íris, face e voz de presos provisórios e definitivos, bem como de investigados, respondendo civil, penal e administrativamente aquele que permitir ou promover sua utilização para fins diversos.

7º Capítulo

Temas contemporâneos em criminologia

O fenômeno ***bullying*** significa o desejo consciente e intencional de maltratar uma pessoa ou deixá-la sob tensão, manifestando-se sobretudo no ambiente escolar. Conforme leciona José César Naves de Lima Júnior (2014, p. 92), "o 'bullying' pode ser praticado de muitas formas. O agente agride a vítima verbalmente por meio de piadas ofensivas, insultos, gozações, xingamentos e até colocando apelidos pejorativos. A violência também pode ser física, como chutes, socos, empurrões ou mesmo roubo de objetos".

Não se confunde com as brincadeiras pueris entre crianças e adolescentes.

No Brasil não existe correspondente para essa palavra inglesa, mas inúmeras condutas significam discriminação e violência, como colocar apelidos pejorativos, isolar, perseguir, tiranizar, agredir, roubar, provocar etc.

Bullying

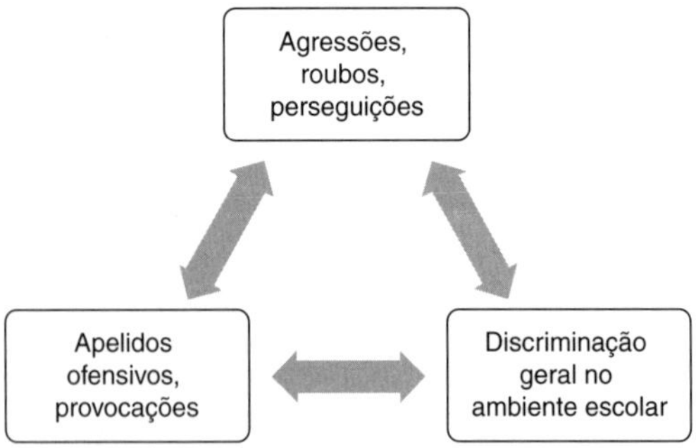

Somente com posturas sérias e comprometidas com o ensino é que se pode detectar e coibir as práticas odiosas de preconceito e exclusão, tão presentes entre crianças e adolescentes. É preciso cultivar a tolerância (convivência harmônica dos desiguais) e a solidariedade. Hoje, em 2021, a moda na atividade coletiva de discriminação é "cancelar" o outro, quer deletando-o das redes sociais e dos mecanismos de comunicação, quer por desprezo pessoal mesmo. É uma espécie de *cyberbullying* e de *bullying* em que, muitas vezes por conta de opinião política, social ou esportiva, o indivíduo é nulificado pelo grupo social. São verdadeiros déspotas de uma geração idiotizada pelo computador, frágeis do ponto de vista afetivo e sem traços de virtudes de caráter.

O **assédio moral** é tema recorrente em criminologia, também chamado de manipulação perversa ou terrorismo psicológico, expressões mais comumente empregadas para sua definição. O termo em francês é *harcèlement moral*; *mobbing* na Alemanha, na Itália e nos países escandinavos. Na Inglaterra o termo preferido é *bullying*.

"Assediar", por sua vez, significa perseguir com insistência (incomodar, molestar).

No setor trabalhista, ***mobbing*** significa os atos e comportamentos provindos do patrão, gerente, superior hierárquico ou dos colegas que traduzem uma atitude de contínua e ostensiva **perseguição** que possa acarretar danos relevantes às condições físicas, psíquicas e morais da vítima.

***Mobbing* ou assédio moral**

Existe conflito no local de trabalho entre colegas ou entre superior e subordinado. O importunado é posto em condição de debilidade e incapacidade, sendo agredido direta ou indiretamente por uma ou mais pessoas, de forma sistemática e contínua, geralmente por um período de tempo relativamente longo.

O objetivo é a exclusão do mundo do trabalho, consistindo num processo encarado pela vítima como discriminatório ("robotização").

O ***stalking*** é uma modalidade de **assédio moral mais grave**, notadamente porque se reveste de ilicitude penal. Geralmente ocasiona invasão de privacidade da vítima; reiteração de atos; danos emocionais; danos a sua reputação; mudança de modo de vida e restrição ao direito de ir e vir. Exemplos: ligações no celular, ramalhetes de flores, mensagens amorosas, *e-mails* indesejáveis, espera na saída do trabalho etc.

É importante consignar que o tema *stalking* (perseguição contumaz, obsessiva ou assédio por intrusão) mereceu atenção de nossos legisladores, pois foi acrescentado como crime previsto no art. 147-A do CP, com pena prevista de reclusão, de seis meses a dois anos, e multa, pela Lei n. 14.132/2021, revogando o art. 65 da Lei das Contravenções Penais, que tipificava a perturbação da tranquilidade, considerando que atualmente era reconhecido como insuficiente como resposta estatal, principalmente em face das inovações dos meios eletrônicos, e que a prática de perseguição pelos meios digitais é rotineira, e denominada pela doutrina de *cyberstalking*.

Para Vladimir Aras (2021, p. 3), "o *stalking* caracteriza-se pela ocorrência de contatos forçados ou indesejados entre o agressor e a vítima, de forma repetitiva ou sistemática, numa frequência e configuração que interferem em sua vida privada, em suas atividades cotidianas ou em seu trabalho. É uma forma abusiva de assédio pessoal".

Como se pode verificar, trata-se de infração de menor potencial ofensivo, possibilitando ao autor, em tese, os institutos despenalizadores da transação penal e da suspensão condicional do processo.

Neste raciocínio, o consagrado Professor e Delegado de Polícia Eduardo Luiz Santos Cabette (2010) ensina que "A expressão 'Assédio por Intrusão' e o termo em inglês '*Stalking*' designam a ação de perseguição deliberada e reiterada perpetrada por uma pessoa contra a vítima, utilizando-se das mais diversas abordagens tais como agressões, ameaças ou ofensas morais reiteradas, assédio por telefone, e-mail, cartas ou a simples presença afrontante em determinados lugares frequentados pela vítima (escola, trabalho, clubes, residência etc.)".

Com amparo nas lições do saudoso mestre Damásio E. de Jesus (2008), ressai de forma límpida o entendimento *de que* "*Stalking* é uma forma de violência na qual o sujeito ativo invade a esfera de privacidade da vítima, repetindo incessantemente a mesma ação por maneiras e atos variados, empregando táticas e meios diversos: ligações nos telefones celular, residencial ou comercial, mensagens amorosas, telegramas, ramalhetes de flores, presentes não solicitados, assinaturas de revistas indesejáveis, recados em faixas afixadas nas proximidades da residência da vítima, permanência na saída da escola ou do trabalho, espera de sua passagem por determinado lugar, frequência no mesmo local de lazer, em supermercados etc. O *stalker*, às vezes, espalha boatos sobre a conduta profissional ou moral da vítima, divulga que é portadora de um mal grave, que foi demitida do emprego, que fugiu, que está vendendo sua residência, que perdeu dinheiro no jogo, que é procurada pela Polícia etc. Vai ganhando, com isso, poder psicológico sobre o sujeito passivo, como se fosse o controlador geral dos seus movimentos".

Stalking

Assédio afetivo é uma forma **genérica** de violência psicológica, que se manifesta em diversas modalidades:

a) **Cronofagia maligna**[1], que se caracteriza pela destruição sistemática do tempo da vítima, reiteradamente interrompida em seus afazeres por perguntas banais e inoportunas, problemas sem solução e questões irrelevantes. Procura-se ocupar todos os espaços da vida da vítima, que, a princípio, fica impressionada com a atenção dispensada, mas depois se vê sufocada com as ações de assédio, experimentando danos psicológicos (depressão, estresse, nervosismo etc.) e, não raro, patrimoniais, pois acaba prejudicada em seus trabalhos habituais.

b) **Canibalismo afetivo**[2], que se caracteriza pela necessidade constante e exagerada de expressar e receber palavras, gestos e conta-

1 Apud GONZÁLEZ DE RIVERA, José Luis. *El maltrato psicológico*. 3. ed. España: Espasa-Calpe, 2005. p. 28-29; LAUCIRICA, Roberto Altuna. *Psicoterror laboral*. Separata de Máster oficial em valoración del daño corporal, daño cerebral y discapacidades. Madrid: Imgraf, 2008.

2 Ibidem.

tos carinhosos ou amorosos em face da vítima, onde quer que ela esteja. É uma variante da cronofagia; o canibalismo afetivo seria uma espécie mais elaborada dessa forma de assédio. Trata-se de uma espécie perigosa de assediador, que não raro perde o controle psicológico quando rechaçado em seus impulsos. Essa modalidade de assédio afetivo acaba por constranger em altos níveis a vítima, que, da mesma forma que na cronofagia, tem grande potencial para desenvolver doenças psíquicas (depressão, síndrome do pânico, insônia etc.). Assim, o canibalismo afetivo pode gerar verdadeiro desastre na vida da vítima, produzindo-lhe lesões corporais, ofensas morais e até mesmo a morte.

c) **Fragilidade afetiva**[3], que se relaciona com as duas modalidades anteriores, sendo, em regra, variante de uma delas. Caracteriza-se por lamentações e posturas de ofendido e traído, quando a vítima do assédio afetivo (da cronofagia ou do canibalismo) exige que sua intimidade seja preservada. O afetivamente frágil, a partir do esboço de reação da vítima, coloca-se como se ele próprio sofresse o processo de vitimização (falseia choros, depressão etc.). Pode acrescer mais gravidade aos danos morais e patrimoniais ocasionados à vítima.

d) **Chantagem afetiva**[4], que se caracteriza por ameaças diretas ou indiretas de acabar com o relacionamento afetivo caso a vítima não satisfaça determinados desejos, exigências ou condições. Na chantagem afetiva verificamos um fenômeno inverso ao que ocorre em relação à cronofagia, ao canibalismo afetivo e à fragilidade afetiva. A vítima acaba por ceder aos desejos do assediador quando chantageada afetivamente. A chantagem afetiva causa profunda humilhação; a vítima perde a dignidade e a autoestima. A maioria das exigências ligadas à chantagem afetiva tem caráter sexual (exemplos: a vítima é compelida a fazer sexo anal, sexo grupal, a se prostituir etc.). Assim, ela se submete às taras do assediador por nutrir por ele uma relação de dependência afetiva, ainda que de real afeto nada exista. Acarreta responsabilidade civil por danos morais e materiais, além da responsabilidade penal, nos casos de ameaça, constrangimento ilegal, lesões corporais, crimes contra a vida e contra os costumes (dignidade sexual).

---

3 Ibidem.

4 Ibidem.

e) **Ameaça de abandono**[5], variante da chantagem afetiva que consiste nas mesmas práticas atribuídas àquela, mas dela se diferencia porque as respostas exigidas da vítima são obscuras, aleatórias, impossíveis. Enquanto na chantagem afetiva as exigências são cristalinas e delimitadas, na ameaça de abandono a vítima é cobrada insistentemente em relação a exigências que não consegue identificar, pois são contrapartidas imprecisas, aleatórias, impossíveis ou inexistentes. A vítima não sabe o que precisa ser feito para satisfazer seu algoz, em relação ao qual sente dependência afetiva. Essa realidade gera um estado constante de temor e impotência. A vítima, em regra, apresenta quadro de depressão profunda, pânico, ansiedade generalizada etc. A exemplo da chantagem, há responsabilidade civil por danos morais e materiais e penal, valendo ressaltar que a probabilidade de ocorrer suicídio é ainda maior.

f) **A confusão afetiva**[6] é caracterizada pela ocorrência aleatória de eventos que demonstram amor e ódio, que se alternam sem qualquer razão ou explicação lógica. Também é comum a presença simultânea de amor e ódio, o que constitui uma combinação paradoxal de ações envidadas por meio de expressões verbais e físicas. Essa modalidade é, sem dúvida, a que oferece mais riscos à vítima, acorrentando-lhe alto grau de probabilidade de violência física. A responsabilidade civil delimita-se pelos danos psicológicos e patrimoniais ocasionados pela confusão afetiva. A responsabilidade penal é fixada de acordo com o delito praticado.

g) **A utopia afetiva**[7] possui uma diferença básica em relação às anteriores, pois o sentimento de romance é unilateral (somente uma das partes se apaixona e cria uma fantasia em torno de sua vítima). A partir daí, passa a existir uma perseguição sem tréguas. Telefonemas inoportunos, cartas de amor, convites insistentes são formas desse assédio. Há probabilidade de gerar um evento trágico na vida da vítima. É imprescindível a urgente comunicação desse tipo de assédio à polícia.

---

5 Ibidem.

6 Ibidem.

7 Conceito extraído de textos livres da internet.

Assédio afetivo

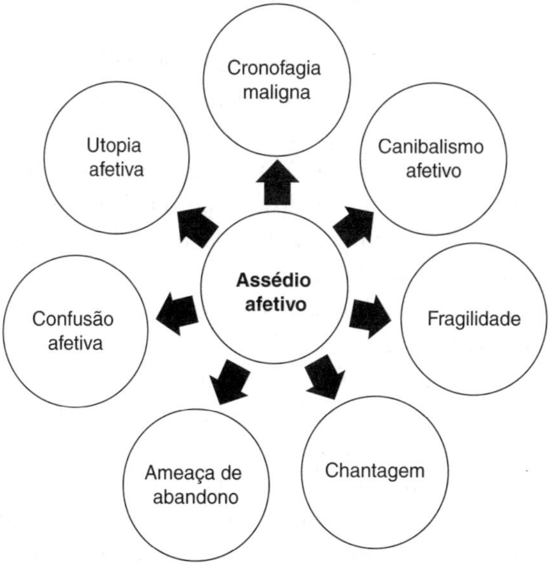

Não importa que as formas de discriminação ou assédio se deem no ambiente de trabalho, na escola, nas relações pessoais; é importante, ou melhor, imprescindível que a vítima ou seu representante legal procure as autoridades competentes (polícia, Ministério Público, Judiciário, delegacia de ensino, sindicato) para que as providências administrativas e processuais possam ser efetivadas a tempo.

7.1 Outros temas discriminatórios

7.1.1 Novatada (trote)

O termo *novatada*, de origem espanhola, significa aquilo que chamamos no Brasil de trote escolar. De origem medieval, a *novatada* (trote, *bizutage* na França ou *hazing* na Inglaterra) era um tipo de rito de iniciação para as universidades, escolas militares, congregações e similares. Intimidação, violência, exposição do indivíduo à prática de atos ridículos, ultrajantes, geralmente por veteranos da corporação, são algumas das características da *novatada* ou trote. Assemelha-se ao *bullying*, na medida em que tais atos discriminatórios são permeados por manifestações maliciosas e torpes. O trote não tem prazo determinado de duração, geralmente por alguns meses, até que o novato o neófito seja aceito e iniciado no grupo.

7.1.2 Spacegoat *(síndrome do bode expiatório)*

A expressão provém de um ritual antigo do povo de Israel, para o qual se escolhiam dois bodes. Mediante sorteio se escolhia um como oferenda a Yaveh, que era sacrificado pelo sacerdote durante o ritual; o outro era carregado de todas as culpas do povo judeu, e era entregue ao demônio Azazel. Este último, conhecido como bode expiatório, era abandonado no meio do deserto, onde era insultado e apedrejado. Por extensão, se denomina síndrome do bode expiatório o evento em que o indivíduo carrega todas as culpas dos demais, ainda que pessoalmente não tenha nenhuma responsabilidade sobre os fatos que lhe são atribuídos. A exemplo da cerimônia judia, que era um instante de grande alegria para os membros da comunidade, na medida em que se sentiam perdoados e livres de qualquer pecado, ainda que para isso fosse necessário acusar e perseguir um inocente, tal fato ocorre, com frequência absurda, nas universidades, escolas, empresas, serviço público etc., sempre que alguém inocente é responsabilizado pelos erros de terceiros.

7.1.3 Bossing

Decorrente da palavra inglesa *boss*, que identifica "el jefe", "o chefe", o "manda-chuva", ou simplesmente aquele "que manda", *bossing* significa o assédio vertical descendente, em que o autor é superior hierárquico, podendo ser um chefe intermediário ou o chefe imediato, não raro havendo corresponsabilidade entre eles. Nesse caso, a finalidade é destruir o subordinado, isolando completamente a sua pessoa, fazendo com que a vítima se demita do serviço sem que seja necessário dispensá-lo. Tal atitude odiosa, leviana e desarrazoada é muito encontrada no serviço público, notadamente na atividade policial, em que alguns indivíduos despreparados, quer por inércia cultural, quer por defeito de caráter, adotam como missão de vida perseguir seus subalternos, o que comprova a tese freudiana de que há muitos idiotas espalhados no mundo.

7.1.4 *Assédio sexual*

Assédio sexual, além de ser tipificado no Código Penal, em seu artigo 216-A, como crime contra a dignidade sexual, manifesta-se pela situação de intimidação com que o abusador persegue a vítima, com o intuito de ter contato sexual com ela, tornando-se assediador em uma situação de poder, de hierarquia ou de superioridade funcional que exerça na empresa ou no serviço público.

7.1.5 Assédio midiático

Assevera Carmen Soto Suarez[8] que "este termo serve para identificar situações em que uma pessoa ou grupo de pessoas exercem um conjunto de comportamentos caracterizados por uma violência psicológica, aplicada de forma sistemática durante um tempo sobre outra pessoa tendente a provocar o desprestígio dela, utilizando para isso qualquer meio de comunicação de massa".

7.1.6 Peer rejection *(rejeição de pares)*

A **rejeição social** ocorre quando o indivíduo é deliberadamente excluído de uma relação social ou de uma interação social no ambiente de trabalho. O conceito inclui a **rejeição interpessoal**, tanto a rejeição dos pares, dos colegas de trabalho, como também a rejeição dos superiores hierárquicos. A rejeição pode ser **ativa ou por intimidação**, como, por exemplo, com provocações, ou **passiva**, quando se dá à vítima o **tratamento do silêncio**, isto é, quando ela é ignorada por completo.

7.1.7 Gaslighting *(luz de gás)*

É uma forma de agressão psicológica em que se pretende conseguir que uma pessoa duvide de seus sentidos, da sua razão e da realidade que vê. Trata-se do abusador que pretende destruir a percepção de realidade que a vítima tem; para tanto ele atenta contra a saúde psicológica da vítima, que, em casos extremos, pode até chegar à loucura. O termo é uma alusão ao filme *À meia luz* (*Gaslight*), de 1944, com Charles Boyer e Ingrid Bergman, cujo enredo mostra um sociopata que quer enlouquecer sua jovem esposa para ficar com sua herança. No filme, a bela e ingênua Paula Alquist (Ingrid Bergman) conhece o vivido Gregory Anton (Charles Boyer) e, após um curto namoro, se casam e passam duas semanas de lua-de-mel na Itália, onde Paula estudou ópera. Voltando a Londres, o casal se muda para a casa de uma tia de Paula, que foi uma famo-

---

8 In: Diversos tipos de mobbing y conceptos relacionados. *Boletín del Ministerio de Justicia*, ano LXVII, n. 2159, out./2013, España.

sa estrela de ópera e que também foi morta misteriosamente, cujo corpo Paula encontrou quando ainda era criança. Entre os criados há Elizabeth Tompkins (Barbara Everest), que cozinhou para a família durante anos, e Nancy Oliver (Angel Lansbury), uma empregada que se insinuou para Gregory no minuto em que ele entrou na residência. Gregory logo ordena que a parte de cima da mansão seja lacrada e explica a Paula que tal ato é para o próprio bem dela, pois foi lá que sua tia foi assassinada. A partir de então, Paula começa a perder coisas e Gregory fala para ela que seus lapsos de memória estão começando a perturbar a vida social deles. Ele revela a outros que a mãe de Paula morreu em um manicômio. Em uma reunião social onde Gregory reprova Paula pelo comportamento irregular dela, ambos são observados por Brian Cameron (Joseph Cotten), um detetive da Scotland Yard que se interessa pelo casal e começa a fazer investigações sobre o assassinato não solucionado da tia de Paula. Miss Thwaites (May Whitty), uma fofoqueira, dá informações sobre os hábitos do casal, o que aumenta as suspeitas de Cameron em relação a Gregory. Cameron tenta ver Paula em particular, mas é impedido várias vezes por Gregory, que está sempre alerta. Quando Cameron tem finalmente êxito, ela está à beira de um colapso nervoso. Paula explica que ela nota que a luz de gás nos quartos dela fica instável e diminuta, mas ninguém mais nota isso, e ela acredita que é outra alucinação. Enquanto falam, a luz de gás escurece e Cameron confirma isso. Ele então encontra coisas perdidas por Paula trancadas na escrivaninha do marido dela, juntamente com uma carta que Gregory aparentemente escreveu há 20 anos atrás para a tia assassinada de Paula.

Frequentemente psicopatas utilizam táticas de *gaslighting*, são cruéis, manipuladores e mentirosos convincentes que negam consistentemente suas más ações, sempre dissimulando suas condutas erráticas.

O termo ***gaslighting***, segundo a maioria da doutrina, remonta ao ano de 1952 e foi adicionado ao *Oxford English Dictionary* em dezembro de 2004.

Convém pôr em relevo a descrição de *gaslighting* na visão de Stephanie Moulton Sarkis (2019, p. 9-10): "Você conhece o *gaslighter*. É o namorado supercontrolador que envolve você porque é charmoso, espirituoso e autoconfiante. É a colega de trabalho que sempre dá um jeito de levar o crédito pelo trabalho que você faz. É o vizinho que acusa você de colocar o lixo na lixeira dele; o político que nunca admite um erro; o assediador que culpa a vítima. Exímios controladores, muitas vezes eles desafiam a sua noção da realidade. E eles estão por toda parte. Políticos de projeção internacional, celebridades, o seu chefe, um irmão ou parente, uma amiga, um colega de trabalho, um vizinho, um sócio. Qualquer um deles pode ser um *gaslighter*.

Eles nos convencem de que estamos malucas; de que somos agressivas; de que somos um poço de problemas e, portanto, ninguém vai nos querer; de que somos péssimas funcionárias e só não fomos despedidas ainda graças ao bom Deus; de que somos péssimas mães e não deveríamos ter tido filhos; de que não sabemos administrar a nossa própria vida ou de que somos um peso para os outros. Eles são tóxicos".

7.1.8 Covert agression *(agressão encoberta)*

Trata-se de um tipo de assédio em que não se ataca diretamente a vítima, em vez disso, tenta-se prejudicar as relações sociais ou o *status* que um trabalhador tem em um grupo, organização ou empresa. O objetivo do assediador é manter a vítima permanentemente em posição de inferioridade ou desvantagem, lançando mão para tal de humilhações, provocações, mentiras etc.

7.1.9 Control freak *(mania de controle)*

Refere-se a aqueles assediadores que estão obcecados com o controle, são fanáticos por detalhes e têm um padrão anormal de conduta controladora e de domínio sobre os demais trabalhadores. São os "**maníacos por controle**". Geralmente, gostam de advertir publicamente e de maneira irada trabalhadores, culpando-os por qualquer falta, por mínima que seja, mostrando-se agressivos quando são contrariados. Julgam-se superiores aos demais, acreditando que os demais trabalhadores não são capazes de levar as tarefas adiante, temendo que tudo esteja errado se não estiverem pendentes de todos os detalhes; são hipercríticos, atemorizantes e estressantes para os trabalhadores.

7.1.10 Shunting *(manipulação)*

É uma forma de assédio que consiste em atribuir ao trabalhador a realização de atividades de menor categoria que aquelas correspondentes à sua qualificação profissional, diminuindo seu âmbito de responsabilidade e poder com a finalidade de baixar a sua autoestima. É encontrado com frequência desarrazoada na atividade policial, principalmente no caso do malfadado exemplo da denominada NASA na polícia civil paulista, em que delegados de polícia de classe especial (maior hierarquia) são colocados em funções de somenos importância, por pura perseguição política dos detentores do poder, um mau exemplo que contamina a instituição, sem falar na estupidez e mau-caratismo de quem aplaude tal ignomínia.

7.1.11 Síndrome da abelha rainha

É a expressão que designa o comportamento que ocorre com algumas mulheres que alcançaram postos de poder na empresa ou no serviço público, que veem as mulheres que lhe são subordinadas como competidoras, portanto, uma ameaça, de tal modo que usam de todos os meios ao seu alcance para impedir que possam progredir no trabalho, colocando obstáculos, trabalhos insolúveis etc., acabando por beneficiar os homens, que não consideram antagonistas.

7.1.12 Karôshi

Trata-se de uma palavra japonesa que significa **morte por excesso de trabalho** e se usa para definir um fenômeno social no ambiente de trabalho que existe há várias décadas no Japão, consistente no aumento na taxa de mortalidade por complicações decorrentes do excesso de horas de trabalho, sobretudo por derrames cerebrais e ataques cardíacos. O Ministério da Saúde do Japão reconheceu a existência desse fenômeno em 1987, quando detectou que a legislação japonesa estabelecia o limite de 40 horas semanais de trabalho, sem embargo de que os trabalhadores japoneses não respeitassem tal lei, sendo muito comum que eles trabalhassem até 70 horas semanais, cuidando-se de verdadeiros viciados em trabalho.

As relações trabalhistas no Japão são permeadas por traços feudais, numa relação de submissão hierárquica rígida, com pouquíssima liberdade para os empregados, malgrado as horas extras sejam remuneradas regiamente. A morte derivada de excesso de trabalho no país do sol nascente é uma verdadeira questão de saúde pública, atingindo patamar de epidemia.

8º Capítulo

Aspectos criminológicos da violência contra a mulher

8.1 Noções iniciais

Malgrado as Nações Unidas tenham elaborado um tratado internacional de proteção às mulheres em 1979, é incrível que a violência contra elas alcance índices alarmantes em pleno século XXI em todo o planeta, sobretudo nos países subdesenvolvidos.

A violência contra as mulheres é um fenômeno cultural da sociedade que causa profundas consequências físicas e psicológicas não apenas nas vítimas, mas, também, nas famílias.

Cuida-se de uma questão bipartida: de saúde e de segurança públicas.

A violência se manifesta diferentemente conforme o tipo de agressão, o sexo das vítimas e a idade. Meninas, em geral, são vítimas de abuso sexual, prostituição forçada, tráfico, ao passo que meninos geralmente sofrem abusos físicos. Na idade adulta, as mulheres apresentam maior probabilidade de abusos físicos, morais ou sexuais de parentes e companheiros. Na terceira idade (a partir dos 60 anos), as mulheres ficam expostas, via de regra, à violência praticada pelos filhos e/ou cuidadores.

A ilação que se faz é de que a violência contra as mulheres emerge principalmente dentro dos lares, isto é, a natureza familiar ou doméstica do abuso é a regra.

Mas o que se entende por violência doméstica?

Segundo a Organização Mundial de Saúde (OMS), entende-se por **violência doméstica** "(...) qualquer comportamento que dentro de um relacionamento íntimo cause dano *físico, psicológico ou sexual*".

No decorrer do século passado, a violência contra as mulheres teve várias denominações: violência intrafamiliar (1950), violência contra a mulher (1970), violência doméstica (1990). Hoje em dia, os especialistas preferem o uso do termo **violência de gênero**, por influência de movimentos feministas em defesa dos direitos humanos das mulheres.

Aliás, a erradicação da violência e discriminação contra as mulheres, pactuada pela ONU desde o fim dos anos 1970, é a única forma de preservar a família, célula nuclear da sociedade.

As professoras Helena Dias de Castro Bins, Lisieux E. de Borba Telles e Renata Maria Dotta Panichi[1] explicam que "a **violência de gênero é considerada a manifestação da opressão, dominação e crueldade contra as mulheres por sua condição** e inclui, em suas formas de expressão, homicídios, estupros, abusos físicos, sexuais e emocionais, prostituição forçada, mutilação genital, violência racial, entre outros. A violência contra a mulher, durante o ciclo vital, deriva de **hábitos culturais** e dos efeitos prejudiciais de algumas práticas tradicionais que envolvem a socialização feminina. Essas práticas estão apoiadas em uma **cultura machista** – que perpetua a condição de inferioridade conferida *à mulher no seio da família, no local de trabalho, na comunidade e na sociedade – e em diversas proibições, especialmente aquelas relativas à manifestação de sexualidade feminina*".

8.2 Violência doméstica contra as mulheres: manifestação

Em regra, a violência doméstica contra as mulheres é decorrente de agressão efetuada pelo companheiro (parceiro íntimo) como um padrão de imposição, dominação e controle repetitivo. Não se tem um ato único, mas diversos atos de violência progressiva.

Entre as formas mais usuais de violência doméstica verificamos:

1) **Agressões físicas** (*vis physica*), como golpes, tapas, chutes, surras, tentativas de esganadura, queimaduras, quebra de objetos pessoais como joias, celulares, *tablets* etc.

2) **Abuso psicológico** (*vis compulsiva*), como ameaças, menosprezo, humilhações em público.

---

[1] Apud ADALLA FILHO, Elias. *Psiquiatria Forense de Taborda*, cit., p. 358, grifos nossos.

3) **Abuso sexual**, como estupros, importunação sexual, divulgação de imagens íntimas etc.

4) **Abuso e controle**, como atos de dominação, isolamento da mulher em face de sua família e amigos, vigilância de seus passos etc.

5) **Abuso financeiro-patrimonial**, com expropriação ou supressão de bens da mulher, restrição a acesso bancário etc.

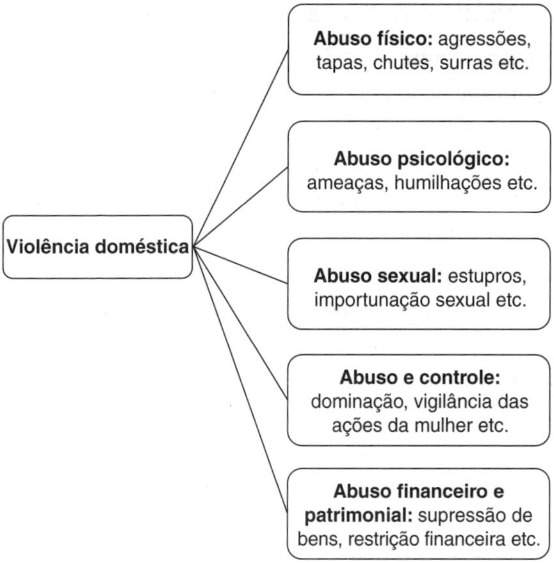

8.3 Fatores condicionantes da violência conjugal contra as mulheres

A violência empregada contra as mulheres no âmbito conjugal tem aspectos multifacetados, divididos, via de regra, em **características pessoais do parceiro íntimo (agressor), fatores comunitários e sociais**.

Como fatores relacionados ao **perfil do agressor** (parceiro íntimo) encontramos: ter sido criado em ambiente familiar violento, com consumo de álcool e/ou drogas; ter presenciado atos de violência doméstica e/ou sofrido abusos na infância etc.

Já os **fatores comunitários** se relacionam a pobreza, desemprego, associação a delinquentes, isolamento da mulher etc.

Por seu turno, os **fatores sociais** se ligam à praxe cultural de submissão da mulher ao poder do homem (sociedade machista), à crença da utilização da violência como forma de resolução de conflitos ("o homem não precisa saber porque está batendo na mulher, porque ela sabe porque está apanhando"), à padronização e ao estereótipo da masculinidade, vinculados à dominação da mulher, inclusive nas manifestações culturais e na música, em que a mulher é reduzida a objeto sexual etc.

8.4 Feminicídio e violência contra as mulheres

A palavra "feminicídio" é usada para conceituar o homicídio de mulheres em função do gênero e representa a violência extrema, máxima, contra elas. Fala-se também em **uxoricídio**, do latim *uxor* (esposa, mulher casada), e *caedere* (matar), que significa o homicídio da mulher casada, tipificando tal crime com a necessária condição de marido/convivente do sujeito ativo.

Tanto um quanto outro resultam geralmente de uma escalada da violência contra a mulher/esposa: ofensas, vias de fato, lesões corporais, até o ato maior de violência – o homicídio.

Só para ilustrar os números absurdos de feminicídios no país, apenas no Estado de São Paulo, de janeiro a novembro de 2019, foram registrados 155 casos, valendo lembrar que são somente aqueles cujos boletins de ocorrência mencionaram a circunstância da violência de gênero, havendo a probabilidade de existir subnotificação ou cifra negra pelo registro de mortes de mulheres como homicídio[2].

Os dados estatísticos revelam que a causa da morte na imensa maioria dos feminicídios é decorrente de lesões por arma de fogo. No entanto, em muitos casos há outros métodos que exigem contato direto do agressor com a vítima, como o uso de objetos cortantes (faca, estiletes etc.), perfurantes (punhal, picador de gelo, tesoura etc.), contundentes (pedra, pedaço de madeira, cano etc.) e sufocação (esganadura com as mãos, pés, joelhos no pescoço da vítima, uso de travesseiros para impedir a respiração etc.), para consecução do delito.

Muitas vezes o contato direto do agressor com a vítima vem aliado a torturas precedentes, lesões nos órgãos genitais, estupro e lesões faciais,

2 Fonte: CAP/SSP/SP. Disponível em: <http://www.ssp.sp.gov.br/Estatistica/ViolenciaMulher.aspx>. Acesso em: 16 jan. 2020.

indicadores de crime passional. Não é incomum o agressor alegar que a vítima seja culpada de sua morte, quer implicando com a forma pela qual ela se veste, quer pela sua postura de mulher independente ou ainda por negar-lhe uma nova chance em reatar a relação de matrimônio, namoro etc.

É imperioso anotar que a violência contra as mulheres assume grave problema para além da questão da segurança pública: cuida-se de sério problema de saúde pública, com contornos epidemiológicos. A violência praticada pelo companheiro (marido, namorado etc.) contra as mulheres revela um crescimento nos atendimentos no sistema único de saúde, inclusive com transtornos psiquiátricos como pânico, agorafobia e Transtorno de Estresse Pós-Traumático (TEPT).

Lecionam Helena Dias de Castro Bins, Lisieux E. de Borba Telles e Renata Maria Dotta Panichi[3]: "Nas duas últimas décadas, o avanço das **pesquisas em neurociências** forneceu evidências sobre os mecanismos fisiológicos da **associação entre a exposição à violência e os diferentes resultados adversos para a saúde**, sobretudo os mecanismos neurobiológicos, neuroendócrinos e relativos às respostas imunes à exposição ao estresse agudo e crônico. Esses estudos mostram que a **exposição prolongada ou aguda ao estresse nas diferentes regiões cerebrais** pode trazer **mudanças estruturais** que têm implicações para a saúde mental e para o funcionamento cognitivo, podendo levar à **maior suscetibilidade para o desenvolvimento de transtornos mentais, bem como ao aparecimento de doenças cardiovasculares**, hipertensão, distúrbios gastrintestinais e outras condições clínicas".

As mulheres compreendem um grupo mais vulnerável à violência doméstica por lamentáveis e malsinadas razões culturais e até jurídicas, porque o Estado quase sempre não se importava em adequar sua legislação para preservar os direitos humanos das mulheres.

Somente depois da democratização do Brasil e do advento da Constituição Federal de 1988, com o país assinando tratados internacionais sobre direitos humanos, é que se manejou o ordenamento jurídico nacional com vistas à maior tutela das mulheres.

---

3 Apud ADALLA FILHO, Elias. *Psiquiatria Forense de Taborda*, cit., p. 364 e s., grifos nossos.

Ressalte-se a edição da Lei n. 11.340/2006, cognominada de Lei Maria da Penha[4], que efetivou alterações no combate à violência contra as mulheres, com o aumento das penas previstas para os casos de violência de gênero, mudança na iniciativa das ações penais e facilitação de acesso de vítimas da violência aos órgãos estatais, às delegacias da mulher etc.

É importante deixar registrado que a Lei Maria da Penha, em seu art. 5º, define **violência doméstica**, a saber: "configura violência doméstica e familiar contra a mulher qualquer ação ou omissão baseada no gênero que lhe cause morte, lesão, sofrimento físico, sexual ou psicológico e dano moral ou patrimonial no âmbito da unidade doméstica, compreendida como o espaço de convívio permanente de pessoas, com ou sem vínculo familiar, inclusive as esporadicamente agregadas; no âmbito da família, compreendida como a comunidade formada por indivíduos que são ou se consideram aparentados, unidos por laços naturais, por afinidade ou por vontade expressa; em qualquer relação íntima de afeto, na qual o agressor conviva ou tenha convivido com a ofendida, independentemente de coabitação".

Finalizando, no Brasil o feminicídio é tipificado na Lei n. 13.104/2015, que alterou o Código Penal, incluindo como homicídio qualificado aquele perpetrado contra a mulher por **razões da condição de sexo feminino**, aumentando a pena para reclusão de 12 a 30 anos. Esse elemento objetivo do injusto típico, "razões de condição do sexo feminino", refere-se ao delito que envolva violência doméstica ou familiar, assim como menoscabo ou desprezo à condição de mulher. Além disso, prevê-se também como causa de aumento de pena (de um terço até metade) o delito ser praticado durante o estado gestacional ou nos três meses subsequentes ao parto.

A violência contra as mulheres traz danos irreparáveis a elas e a suas famílias, necessitando ser combatida pelo Estado e pela sociedade por intermédio de ações multifacetadas, incluindo-se aí programas edu-

---

4 Maria da Penha Maia Fernandes, professora, vítima de duas tentativas de homicídio, perpetradas pelo marido, ficou paraplégica em consequência das agressões sofridas, e, em face da impunidade havida e da repercussão internacional do caso, pois o Estado levou mais de 17 anos para instaurar investigação criminal sobre o delito, o Brasil sofreu uma reprimenda da Comissão Interamericana de Direitos Humanos, inclusive a recomendação de alteração da legislação acerca do assunto.

cacionais e de trabalho que revelem a igualdade e importância das mulheres; acesso a mecanismos rápidos de proteção em face de agressores; punição rápida e rigorosa de agressores, com obrigação de prestação de serviços à comunidade depois do cumprimento da pena privativa de liberdade etc.

Nesse passo, a política pública que visa coibir a violência doméstica e familiar contra a mulher mais uma vez adveio através dos órgãos de segurança pública, *in casu*, pela **Secretaria da Segurança do Estado de São Paulo**, que consiste em atendimento especializado, com capacitação técnica de seus agentes e preferencialmente realizado por policiais civis femininas, com o objetivo de mitigar as consequências do crime para as vítimas de violência doméstica. Nesse passo, a **Resolução SSP n. 2/2017 (publicada no *DOE* de 13-1-2017) instituiu o "Protocolo Único de Atendimento", a ser observado nas ocorrências de violência doméstica e familiar contra a mulher:**

O Secretário da Segurança Pública, **resolve:**

Art. 1º Fica instituído no âmbito desta Secretaria da Segurança Pública, o "Protocolo Único de Atendimento" de ocorrências relacionadas às infrações previstas na Lei n. 11.340/2006, nos termos que seguem, sem prejuízo das normas regulamentares já existentes.

Art. 2º A autoridade policial que atender ocorrência referente à Lei n. 11.340/2006 deverá, sempre que possível:

I – proceder à oitiva imediata da vítima e realizar a fotografação das lesões aparentes, se houver, mediante prévia autorização;

II – orientar a vítima quanto à necessidade de representação ou requerimento para instauração de inquérito policial, bem como sobre as medidas protetivas;

III – encaminhar a vítima à rede de proteção local existente;

IV – colher os depoimentos das testemunhas presentes, diretas ou indiretas;

V – informar eventuais ocorrências criminais anteriores envolvendo o agressor;

VI – requisitar perícia, especificando tratar-se de crime de violência doméstica e familiar contra a mulher, indicando o endereço eletrônico para remessa do laudo;

VII – instruir o auto de prisão em flagrante ou a representação para medidas protetivas com indicações dos fatores de risco, notadamente os constantes do Anexo.

§ 1º Se a testemunha não estiver presente no momento da notícia do crime, a vítima será cientificada a apresentar rol testemunhal com nomes e endereços, no prazo máximo de cinco dias, o que constará do histórico do boletim de ocorrência.

§ 2º Os registros e diligências emergenciais deverão ser realizados independentemente de a vítima estar munida de documento de identidade, cuja apresentação poderá ocorrer posteriormente, valendo-se a autoridade policial dos meios disponíveis e imediatos para obter a identificação da ofendida.

Art. 3º Caso o laudo de exame de corpo de delito não seja encaminhado à delegacia no prazo previsto no inciso II do art. 5º desta Resolução, a autoridade policial deverá requisitá-lo, valendo-se dos meios disponíveis.

Art. 4º A Polícia Militar deverá:

I – preservar o local do crime, observando os termos da Resolução SSP 57, de 8-5-2015;

II – verificar, quando possível, se há incidência de medida protetiva em face do agressor, adotando as providências legais cabíveis.

Art. 5º A Superintendência da Polícia Técnico-Científica deverá:

I – priorizar o atendimento de locais de crime relacionados à violência doméstica e familiar contra a mulher;

II – encaminhar os laudos periciais à autoridade policial pela via eletrônica, tão logo seja concluído, sem prejuízo do envio posterior do laudo físico no prazo máximo de dez dias, podendo este prazo ser prorrogado em casos excepcionais, mediante requerimento do perito;

III – instruir o laudo pericial com fotografias, mediante prévia autorização da vítima ou de seu representante legal, informando a existência de exames anteriores em relação à periciaanda;

IV – observar, na elaboração dos laudos periciais, os termos da Portaria do Diretor Técnico de Departamento, de 30-12-2014.

Art. 6º A Delegacia Geral de Polícia, o Comando Geral da Polícia Militar e a Superintendência da Polícia Técnica-Científica editarão os atos complementares, dentro de suas respectivas competências, para o detalhamento do procedimento previsto nesta Resolução.

Art. 7º Esta Resolução entra em vigor na data de sua publicação, revogadas as disposições em contrário.

(Publicada novamente por conter incorreções.)

ANEXO

Formulário Nacional de Avaliação de Risco

Violência Doméstica e Familiar contra a Mulher

(*) Anexo com redação dada pela Resolução SSP-113, de 27-12-2019 (*DOE* de 3-1-2020).

Identificação das Partes

Delegacia de Polícia: ______________________________

Nome da vítima: ______________________________

Idade: ______

Escolaridade: ______________________________

Nacionalidade: ______________________________

Nome do(a) agressor(a): ______________________________

Idade: _____

Escolaridade: ______________________________

Nacionalidade: ______________________________

Vínculo entre a vítima e o(a) agressor(a): ____________________

Data: ________/________/________

BLOCO I – SOBRE O HISTÓRICO DE VIOLÊNCIA

1. O(A) agressor(a) já ameaçou você ou algum familiar com a finalidade de atingi-la?

( ) Sim, utilizando arma de fogo

( ) Sim, utilizando faca

( ) Sim, de outra forma

( ) Não

2. O(A) agressor(a) já praticou alguma(s) destas agressões físicas contra você?

( ) Queimadura

( ) Enforcamento

( ) Sufocamento

( ) Tiro

( ) Afogamento

( ) Facada

( ) Paulada

( ) Nenhuma das agressões acima

3. O(A) agressor(a) já praticou alguma(s) destas outras agressões físicas contra você?

( ) Socos

( ) Chutes

( ) Tapas

( ) Empurrões

( ) Puxões de Cabelo

( ) Nenhuma das agressões acima

4. O(A) agressor(a) já obrigou você a fazer sexo ou a praticar atos sexuais contra sua vontade?

( ) Sim

( ) Não

5. O(A) agressor(a) já teve algum destes comportamentos?

( ) Disse algo parecido com a frase: "se não for minha, não será de mais ninguém"

( ) Perturbou, perseguiu ou vigiou você nos locais em que frequenta

( ) Proibiu você de visitar familiares ou amigos

( ) Proibiu você de trabalhar ou estudar

( ) Fez telefonemas, enviou mensagens pelo celular ou e-mails de forma insistente

( ) Impediu você de ter acesso a dinheiro, conta bancária ou outros bens (como documentos pessoais, carro)

( ) Teve outros comportamentos de ciúme excessivo e de controle sobre você

( ) Nenhum dos comportamentos acima listados

6. Você já registrou ocorrência policial ou formulou pedido de medida protetiva de urgência envolvendo essa mesma pessoa?

( ) Sim

( ) Não

7. As ameaças ou agressões físicas do(a) agressor(a) contra você se tornaram mais frequentes ou mais graves nos últimos meses?

( ) Sim

( ) Não

BLOCO II – SOBRE O(A) AGRESSOR(A)

8. O(A) agressor(a) faz uso abusivo de álcool ou de drogas?

( ) Sim, de álcool

( ) Sim, de drogas

( ) Não

( ) Não sei

9. O(A) agressor(a) tem alguma doença mental comprovada por avaliação médica?

( ) Sim e faz uso de medicação

( ) Sim e não faz uso de medicação

( ) Não

( ) Não sei

10. O(A) agressor(a) já descumpriu medida protetiva anteriormente?

( ) Sim

( ) Não

11. O(A) agressor(a) já tentou suicídio ou falou em suicidar-se?
( ) Sim
( ) Não

12. O(A) agressor(a) está desempregado ou tem dificuldades financeiras?
( ) Sim
( ) Não
( ) Não sei

13. O(A) agressor(a) tem acesso a armas de fogo?
( ) Sim
( ) Não
( ) Não sei

14. O(A) agressor(a) já ameaçou ou agrediu seus filhos, outros familiares, amigos, colegas de trabalho, pessoas desconhecidas ou animais de estimação?
( ) Sim. Especifique:
( ) filhos
( ) outros familiares
( ) outras pessoas
( ) animais
( ) Não
( ) Não sei

BLOCO III – SOBRE VOCÊ

15. Você se separou recentemente do(a) agressor(a) ou tentou se separar?
( ) Sim
( ) Não

16. Você tem filhos?
( ) Sim, com o agressor.

Quantos? ______________

( ) Sim, de outro relacionamento.

Quantos? ______________

( ) Não

16.1. Se sim, assinale a faixa etária de seus filhos. Se tiver mais de um filho, pode assinalar mais de uma opção:

( ) 0 a 11 anos

( ) 12 a 17 anos

( ) A partir de 18 anos

16.2. Algum de seus filhos é pessoa portadora de deficiência?

( ) Sim. Quantos? ______________________

( ) Não

17. Você está vivendo algum conflito com o(a) agressor(a) em relação à guarda do(s) filho(s), visitas ou pagamento de pensão?

( ) Sim

( ) Não

( ) Não tenho filhos com o(a) agressor(a)

18. Seu(s) filho(s) já presenciaram ato(s) de violência do(a) agressor(a) contra você?

( ) Sim

( ) Não

19. Você sofreu algum tipo de violência durante a gravidez ou nos três meses posteriores ao parto?

( ) Sim

( ) Não

20. Se você está em um novo relacionamento, percebeu que as ameaças ou as agressões físicas aumentaram em razão disso?

( ) Sim

( ) Não

21. Você possui alguma deficiência ou é portadora de doenças degenerativas que acarretam condição limitante ou de vulnerabilidade física ou mental?

( ) Sim. Qual(is)? ______________________

( ) Não

22. Com qual cor/raça você se identifica:

( ) Branca ( ) Preta ( ) Parda ( ) Amarela/Oriental ( ) Indígena

BLOCO IV – OUTRAS INFORMAÇÕES IMPORTANTES

23. Você considera que mora em bairro, comunidade, área rural ou local de risco de violência?

( ) Sim

( ) Não

( ) Não sei

24. Você se considera dependente financeiramente do(a) agressor(a)?

( ) Sim

( ) Não

25. Você quer e aceita abrigamento temporário?

( ) Sim

( ) Não

Declaro, para os fins de direito, que as informações supra são verídicas e foram prestadas por mim,

____

Assinatura da Vítima/ Terceiro comunicante:____________________

PARA PREENCHIMENTO PELO PROFISSIONAL:

( ) Vítima respondeu a este formulário sem ajuda profissional

( ) Vítima respondeu a este formulário com auxílio profissional

( ) Vítima não teve condições de responder a este formulário

( ) Vítima recusou-se a preencher o formulário

( ) Terceiro comunicante respondeu a este formulário

9º Capítulo

Transtornos psicóticos e suas implicações jurídico-criminais

9.1 Transtornos psicóticos: conceito, classificação e diagnósticos

É isento de pena o agente que, por doença mental ou desenvolvimento mental incompleto ou retardado, era, ao tempo da ação ou da omissão, inteiramente incapaz de entender o caráter ilícito do fato ou de determinar-se de acordo com esse entendimento. É a voz do art. 26 do Código Penal vigente, que trata da inimputabilidade referindo-se a doença mental.

Os transtornos psicóticos são a maioria das doenças mentais ou psicopatologias a que se refere o Código Penal.

Dentre muitas doenças, a esquizofrenia é a mais presente e causadora de impactos social, clínico e jurídico.

Lisieux E. de Borba Telles, Vivian Peres Day e Pedro Henrique Iserhard Zoratto[1] afirmam que "a esquizofrenia está presente em todas as sociedades e áreas geográficas, e as taxas de prevalência são quase iguais no mundo inteiro (em torno de 1%)".

A **esquizofrenia** é seguramente o transtorno psicótico mais relevante e presente.

Subdivide-se em: **paranoide, hebefrênica, catatônica, indiferenciada, residual e simples.**

Há **outros transtornos psicóticos**, entre os quais se destacam[2]: **transtorno esquizotípico, transtornos delirantes persistentes, transtor-**

---

1 In: *Psiquiatria forense de Taborda*, cit., p. 432.

2 In: *Psiquiatria forense de Taborda*, cit., p. 432.

nos psicóticos agudos e transitórios, transtorno delirante induzido e transtorno esquizoafetivo.

Vejamos brevemente cada um deles e seus diagnósticos.

Segundo a OMS, os **transtornos esquizofrênicos** são caracterizados basicamente por **distorções importantes do pensamento e da percepção e por afeição inadequada ou diminuída**, preservando-se, via de regra, a consciência e a capacidade intelectual, muito embora déficits de cognição irrompam no decorrer do tempo. Muitas vezes o doente desenvolve delírios e acredita que forças da natureza ou ainda sobrenaturais (demônios, monstros etc.) estejam a influenciar seus pensamentos.

A **esquizofrenia do tipo paranoide** apresenta **delírios de perseguição, alucinações auditivas**, alterações corporais e manifestações de ciúmes.

A **esquizofrenia hebefrênica** surge, em regra, entre os 15 e os 25 anos, com prognóstico mais contido em razão de seu desenvolvimento rápido, sobretudo com a **diminuição do afeto** e a **perda de vontade**. Apresenta quadro de **pensamentos desorganizados, com discurso incoerente e repleto de divagações sem sentido**. Pode apresentar ainda comportamento introvertido, com caretas, maneirismos, frases repetidas etc.

A **esquizofrenia catatônica**, por sua vez, apresenta-se com perturbações psicomotoras predominantes, com alternâncias entre extremos, como hipercinesia (movimentos rápidos) ou estupor (inconsciência ou imobilidade) e obediência automática e negativismo, às vezes podendo mostrar agitação psicomotora violenta.

Denomina-se **esquizofrenia indiferenciada** o quadro patológico em que **há aspectos de mais de um tipo esquizofrênico, sem predominância das particularidades de nenhum deles.**

A chamada **esquizofrenia residual** se caracteriza por ser um **estágio tardio do desenvolvimento de um transtorno esquizofrênico crônico**, "no qual houve progressão clara de um período inicial – que pode compreender um ou mais episódios esquizofreniformes agudos – para um período posterior, caracterizado por sintomas negativos de longa duração"[3].

---

3 In: *Psiquiatria forense de Taborda*, cit., p. 433.

A **esquizofrenia simples** é uma **doença incomum em que ocorre um desenvolvimento traiçoeiro, mas progressivo**, acompanhado de **comportamento estranho e inapto à convivência em sociedade**. Delírios e alucinações não são evidentes, e há um declínio fundamental na vida do doente.

O **transtorno esquizotípico** tem como caracteres mais significativos o **comportamento excêntrico e anomalias do pensamento e do afeto**, semelhantemente ao que ocorre na esquizofrenia, embora não apareça nenhum quadro clínico evidente desta. Segue um modelo crônico, com variações de intensidade.

Os **transtornos delirantes persistentes** são confeccionados por um **conjunto de transtornos nos quais os delírios de longa duração são a característica mais evidente**. Tal espécie patológica é de difícil detecção clínica.

Já os chamados **transtornos psicóticos agudos e transitórios** são identificados por **início repentino** (de ímpeto, em cerca de duas semanas), podendo ocorrer em virtude de um **agente estressor psicossocial**.

O **transtorno delirante induzido** (*folie à deux*) é uma **doença rara** e consiste na **comunhão por duas ou mais pessoas, que guardem laços afetivos/parentesco íntimo, de um sistema delirante próprio**. Geralmente um indivíduo (indutor) induz delírios no outro (induzido), cuidando-se de transferir suas crenças ao outro, em virtude de sua ascendência sobre ele. Tais delírios são de natureza grandiosa, religiosa ou persecutória.

Os **transtornos esquizoafetivos**, como ensinam Harold Kaplan e Benjamin Sadock[4], "**apresentam características tanto da esquizofrenia quanto dos distúrbios afetivos (de humor)**, mas não podem ser diagnosticados tendo uma das duas condições, sem a distorção de algum aspecto da apresentação clínica". Os sintomas e sinais desses transtornos incluem todos os sinais e sintomas da esquizofrenia, da mania e da depressão. "Os sintomas esquizofrênicos e afetivos podem apresentar-se juntos ou de modo alternado. Os sintomas psicóticos podem ser tanto congruentes

4 In: *Compêndio de psiquiatria*. 2. ed. Porto Alegre: Artes Médicas, 1990. p. 293, grifos nossos.

como incongruentes com o humor. O curso pode ser de exacerbação e remissões, de deterioração, crônico, ou alguma situação intermediária."[5]

9.2 Implicações jurídico-criminais

Em razão dos incontáveis prejuízos causados aos doentes, os transtornos psicóticos apresentam implicações em todo o ordenamento jurídico, sobretudo na seara do direito administrativo (responsabilidade do Estado), do direito previdenciário (aposentadoria por invalidez), do direito tributário (isenção fiscal), do direito civil (capacidade) e do direito penal (imputabilidade).

No campo criminal, as principais consequências ao portador de distúrbios psicóticos vinculam-se à etiologia do crime, à inimputabilidade do autor doente mental e à eventual periculosidade (prognóstico de reincidência) em face da Lei de Execução Penal (LEP).

Entretanto, é bom não confundir **exame psiquiátrico da personalidade** do autor do crime (incidente de insanidade mental, arts. 149 e s. do CPP vigente) com o **exame criminológico** (perícia envolvendo saúde mental, aspectos genéticos, antropológicos e sociais do condenado, com vistas à progressão de regime – intensidade modulada no cumprimento de pena – art. 8º da LEP).

É importante deixar claro que o **exame criminológico** tem a finalidade de conhecer a capacidade provável do condenado de se adaptar ao regime executório, de não delinquir e de reintegrar-se à sociedade, em um enfoque multidimensional de sua personalidade.

Nesse sentido ensinava o saudoso mestre Sérgio Marcos de Moraes Pitombo[6] que "pretende o exame criminológico explicar, a 'dinâmica criminal (diagnóstico criminológico), propondo medidas recuperadoras (assistência criminiátrica)' e a avaliação da possibilidade de delinquir (prognóstico criminológico). Hão de compô-lo, como instrumentos de verificação, as informações jurídico-penais (como agiu o condenado, se registra reincidência etc.); o exame clínico (saúde individual e eventuais causas mórbidas, relacionadas com o comportamento delinquencial); o exame morfológico (sua constituição somatopsíquica); o exame neuroló-

---

[5] In: *Compêndio de psiquiatria*. 2. ed. Porto Alegre: Artes Médicas, 1990. p. 294.

[6] In: Os regimes de cumprimento de pena e o exame criminológico. Disponível em: <http://www.sergio.pitombo.nom.br/artigos.php>. Acesso em: 16 jan. 2020.

gico (manifestações mórbidas do sistema nervoso); o exame eletroencefalográfico (não para só a busca de 'lesões focais ou difusas de ondas *sharp ou spike*', mas da 'correlação – certa ou provável – entre alterações funcionais do encéfalo e o comportamento' do condenado); exame psicológico (nível mental, traços básicos da personalidade e sua agressividade); exame psiquiátrico (saber-se se o condenado é pessoa normal, ou portadora de 'perturbação mental'); e exame social (informações familiares, 'condições sociais), em que o ato foi praticado' etc.). A perícia, arrimando-se no labor de equipe interdisciplinar, deve ostentar a **síntese criminológica**".

A culpabilidade, como juízo de reprovabilidade em razão do desvalor da conduta ilícita, compreende imputabilidade (capacidade de ser apenado), potencial consciência da ilicitude e exigência de conduta conforme a lei.

Isto posto, a adoção de critérios biopsicológico-normativos para aferição do juízo de reprovação e consequente apenamento ao autor do delito não implica apenas considerar a existência de doença mental, à época dos fatos, para concluir pela inimputabilidade do agente. É preciso investigar a sua capacidade de entendimento e de determinação, além do liame de causalidade com a infração penal. Podem exsurgir comorbidades como o abuso de álcool e/ou drogas (maconha, cocaína, crack etc.), assim como podem aparecer traços reveladores de personalidade psicopática.

Se o juiz decidir que o sujeito ativo do delito é inimputável, será absolvido e receberá uma medida de segurança (absolvição imprópria), que deve ser cumprida na forma de tratamento hospitalar ou ambulatorial, cujo critério objetivo de determinação é a gravidade do delito (homicídio, latrocínio, sequestro etc.) e a natureza da pena a ser cominada (reclusão ou detenção). O tratamento tem caráter obrigatório, por um período de 1 a 3 anos, de acordo com as circunstâncias do crime; encerrado o prazo, o réu é submetido a exame de constatação de sua periculosidade, que, se persistente, implica renovação da medida.

Essa perícia objetiva estabelecer a probabilidade do réu de delinquir novamente (reincidência) em crime violento, cuidando-se de verdadeiro prognóstico criminológico.

10º Capítulo

Criminologia e o "Pacote Anticrime" (Lei n. 13.964/2019): alterações no sistema penal brasileiro

10.1 Noções iniciais

Com a promulgação da Lei n. 13.964/2019, cuja vigência estava prevista para 23 de janeiro de 2020[1], aprovou-se a denominada Legislação ou **Pacote Anticrime**, que alterou significativamente diversas leis do sistema penal brasileiro.

As principais alterações, entre outras, no **Código Penal** vigente são:

a) aumento do limite de tempo de pena privativa de liberdade para 40 anos;

b) comprovação dos requisitos de bom comportamento, não cometimento de falta grave, bom desempenho laboral e aptidão para trabalho honesto para obtenção de livramento condicional;

c) qualificadora do uso de arma branca no roubo;

d) aplicação da pena em dobro para o roubo com violência mediante o emprego de arma de fogo de uso proibido ou restrito;

e) ação penal pública incondicionada no estelionato quando a vítima for a administração pública, criança/adolescente, deficiente mental, idoso (maior de 70 anos) ou incapaz;

f) aumento da pena no crime de concussão para reclusão de dois a 12 anos e multa.

---

[1] Em 15 de janeiro de 2020, o Presidente do STF, Ministro Dias Toffoli, suspendeu por 180 dias a eficácia dos arts. 3º-B a F do CPP, no que pertine à implantação do "juiz de garantias".

Despontam no **Código de Processo Penal** importantes modificações, entre outras:

a) a criação do chamado **juiz de garantias**, responsável pelo controle da legalidade da investigação criminal e pela salvaguarda dos direitos individuais cuja franquia tenha sido reservada à autorização prévia do Poder Judiciário;

b) proposta de ***adjucation***, seguindo os moldes norte-americanos, nos quais os acusados podem pactuar acordo com o Ministério Público antes do trâmite inicial da ação penal, com vistas à redução da lentidão dos processos criminais no Brasil (art. 28-A do CPP);

c) **cadeia de custódia das provas e dos vestígios do delito**, entendendo-se por cadeia de custódia o conjunto de todos os procedimentos utilizados para manter e documentar a história cronológica do vestígio coletado em locais ou em vítimas de crimes, para rastrear sua posse e manuseio a partir de seu reconhecimento até o descarte. O início da cadeia de custódia dá-se com a preservação do local de crime ou com procedimentos policiais ou periciais nos quais seja detectada a existência de vestígio. O agente público que reconhecer um elemento como de potencial interesse para a produção da prova pericial fica responsável por sua preservação. Vestígio é todo objeto ou material bruto, visível ou latente, constatado ou recolhido, que se relaciona à infração penal;

d) cabimento de prisão preventiva somente quando não for cabível a sua substituição por outra medida cautelar, observado o art. 319 do Código de Processo Penal, e o não cabimento da substituição por outra medida cautelar deverá ser justificado de forma fundamentada nos elementos presentes do caso concreto, de forma individualizada;

e) prisão com recolhimento ao cárcere somente em caso de flagrante delito ou por ordem escrita e fundamentada da autoridade judiciária competente, em decorrência de prisão cautelar ou em virtude de condenação criminal transitada em julgado;

f) promoção, em até 24 horas do recebimento do auto de prisão em flagrante, de audiência de custódia para contraste de legalidade da prisão;

g) **possibilidade de decretação de prisão preventiva** como garantia da ordem pública, da ordem econômica, por conveniência da instrução criminal ou para assegurar a aplicação da lei penal, quando houver prova da existência do crime e indício suficiente de autoria e de **perigo gerado pelo estado de liberdade do imputado**.

Cabe anotar o grande avanço na instituição do juiz de garantias, diverso do juiz da causa, com o fito de preservar as garantias constitucionais de investigados, por vezes submetidos a abusos por parte de policiais e membros do Ministério Público.

Questão relevante diz respeito ao exame de corpo de delito, com a necessidade de preservação dos vestígios na cadeia de custódia.

É conhecida a antiga lição de que o "**corpo de delito somente prova o delito, contudo não mostra seu autor**". A descoberta da autoria delitiva decorre, via de regra, da investigação policial desenvolvida no inquérito policial. Para tanto, é imprescindível a preservação da prova e dos vestígios do delito.

Convém não confundir **exame de corpo de delito com exame criminológico**. O **exame de corpo de delito** busca estabelecer a **prova do crime**, sua **materialidade** (*corpus criminis*), ao passo que o **exame criminológico** é uma **perícia de natureza psiquiátrica** destinada à verificação da possibilidade de modificação do regime de cumprimento de pena (intensidade modulada).

A cadeia de custódia compreende o rastreamento do vestígio nas seguintes etapas:

1ª) **Reconhecimento:** ato de distinguir um elemento como de potencial interesse para a produção da prova pericial.

2ª) **Isolamento:** ato de evitar que se altere o estado das coisas, devendo isolar e preservar o ambiente imediato, mediato e relacionado aos vestígios e ao local de crime.

3ª) **Fixação:** descrição detalhada do vestígio conforme se encontra no local de crime ou no corpo de delito e a sua posição na área de exames, podendo ser ilustrada por fotografias, filmagens ou croqui, sendo indispensável a sua descrição no laudo pericial produzido pelo perito responsável pelo atendimento.

4ª) **Coleta:** ato de recolher o vestígio que será submetido à análise pericial, respeitando suas características e sua natureza.

5ª) **Acondicionamento:** procedimento por meio do qual cada vestígio coletado é embalado de forma individualizada, de acordo com suas características físicas, químicas e biológicas, para posterior análise, com anotação da data, hora e nome de quem realizou a coleta e o acondicionamento.

6ª) **Transporte:** ato de transferir o vestígio de um local para o outro, utilizando as condições adequadas (embalagens, veículos, temperatura, entre outras), de modo a garantir a manutenção de suas características originais, bem como o controle de sua posse.

7ª) **Recebimento:** ato formal de transferência da posse do vestígio, que deve ser documentado com, no mínimo, informações referentes ao número de procedimento e unidade de polícia judiciária relacionada, local de origem, nome de quem transportou o vestígio, código de rastreamento, natureza do exame, tipo do vestígio, protocolo, assinatura e identificação de quem o recebeu.

8ª) **Processamento:** exame pericial em si, manipulação do vestígio de acordo com a metodologia adequada às suas características biológicas, físicas e químicas, a fim de se obter o resultado desejado, que deverá ser formalizado em laudo produzido por perito.

9ª) **Armazenamento:** procedimento referente à guarda, em condições adequadas, do material a ser processado, guardado para realização de contraperícia, descartado ou transportado, com vinculação ao número do laudo correspondente.

10ª) **Descarte:** procedimento referente à liberação do vestígio, respeitando a legislação vigente e, quando pertinente, mediante autorização judicial.

Por derradeiro, a imposição da prisão como *ultima ratio*, isto é, somente poderá ser decretada a custódia preventiva do investigado quando não puder ser substituída por outra medida cautelar (comparecimento periódico em juízo, proibição de frequentar certos lugares, uso de tornozeleira eletrônica etc.).

Ademais, insere-se como **fundamento de decretação da prisão preventiva** o **estado de periculosidade** ou perigo gerado pela liberdade do imputado.

Podemos classificar os **índices de periculosidade** da seguinte forma:

a) **médico-psicológicos:** decorrentes de estados de alienação mental ou desequilíbrios psíquicos, vinculados ou não a perturbações somáticas, que, em determinada ou indeterminada circunstância, permitem prognosticar uma reação antissocial em um dado sujeito;

b) **sociais:** derivados de fatores ambientais; aqui a periculosidade vem de fator *externa corporis*, destacando-se a miséria;

c) **legais:** referem-se aos antecedentes criminais e ao delito.

No denominado **direito penitenciário** (LEP), as principais alterações, dentre outras, introduzidas pelo "Pacote Anticrime" foram as seguintes:

a) **obrigatoriedade de identificação genética** dos autores de crimes violentos contra a pessoa e de crimes sexuais;

b) a **prática de crime doloso no sistema carcerário acarreta a inserção no Regime Disciplinar Diferenciado (RDD)**, com endurecimento nas regras de cumprimento de pena, tais como banho de sol de apenas duas horas/dia, visitas quinzenais, prisão em cela individual, censura à correspondência etc.;

c) **ao condenado, integrante que exerça liderança em organização criminosa, impor-se-á necessariamente o RDD em estabelecimento prisional federal**;

d) **intensidade modulada no cumprimento de pena privativa de liberdade** na seguinte conformidade: a pena privativa de liberdade será executada em forma progressiva com a transferência para regime menos rigoroso, a ser determinada pelo juiz, quando o preso tiver cumprido ao menos:

"I – 16% (dezesseis por cento) da pena, se o apenado for primário e o crime tiver sido cometido sem violência à pessoa ou grave ameaça;

II – 20% (vinte por cento) da pena, se o apenado for reincidente em crime cometido sem violência à pessoa ou grave ameaça;

III – 25% (vinte e cinco por cento) da pena, se o apenado for primário e o crime tiver sido cometido com violência à pessoa ou grave ameaça;

IV – 30% (trinta por cento) da pena, se o apenado for reincidente em crime cometido com violência à pessoa ou grave ameaça;

V – 40% (quarenta por cento) da pena, se o apenado for condenado pela prática de crime hediondo ou equiparado, se for primário;

VI – 50% (cinquenta por cento) da pena, se o apenado for:

a) condenado pela prática de crime hediondo ou equiparado, com resultado morte, se for primário, vedado o livramento condicional;

b) condenado por exercer o comando, individual ou coletivo, de organização criminosa estruturada para a prática de crime hediondo ou equiparado; ou

c) condenado pela prática do crime de constituição de milícia privada;

VII – 60% (sessenta por cento) da pena, se o apenado for reincidente na prática de crime hediondo ou equiparado;

VIII – 70% (setenta por cento) da pena, se o apenado for reincidente em crime hediondo ou equiparado com resultado morte, vedado o livramento condicional.

§ 1º Em todos os casos, o apenado só terá direito à progressão de regime se ostentar boa conduta carcerária, comprovada pelo diretor do estabelecimento, respeitadas as normas que vedam a progressão".

Enfim, há mais alterações referentes a outras leis (drogas, desarmamento, improbidade etc.), mas que refogem ao tema deste compêndio.

Percebe-se claramente uma mudança de eixo na visão garantista do direito penal brasileiro, com a política criminal namorando o direito penal do inimigo em detrimento dos preceitos humanitários do garantismo.

Anexo

Questões de concursos públicos

1. (Polícia Civil/SP/2009) A obra clássica de Cesare Bonesana tem o seguinte título:
   a) *Utopia.*
   b) *A origem das espécies.*
   c) *O homem delinquente.*
   d) *O Estado das prisões.*
   e) *Dos delitos e das penas.*

2. (Polícia Civil/SP/2009) Considera-se cifra negra a criminalidade
   a) registrada, mas não investigada pela Polícia.
   b) registrada, investigada pela Polícia, mas não elucidada.
   c) registrada, investigada pela Polícia, elucidada, mas não punida pelo Judiciário.
   d) não registrada pela Polícia, desconhecida, não elucidada, nem punida.
   e) não registrada pela Polícia, porém conhecida e denunciada diretamente pelo Ministério Público.

3. (Polícia Civil/SP/2009) Rafael Garófalo, um dos precursores da ciência da Criminologia, tem como sua principal obra o livro intitulado:
   a) *Criminologia.*
   b) *A Criminologia como ciência.*
   c) *Política Criminal.*
   d) *A ciência da Criminologia.*
   e) *O homem delinquente.*

4. (Polícia Civil/SP/2009) A criminologia é uma ciência que dispõe de leis
   a) imutáveis e evolutivas.
   b) inflexíveis e evolutivas.
   c) permanentes e flexíveis.
   d) flexíveis e restritivas.
   e) evolutivas e flexíveis.

5. (Polícia Civil/SP/2009) Dentre as ideias defendidas pelo Marquês de Beccaria, relativamente aos delitos e às penas, a pena deveria
   a) ser prontamente imposta para que o castigo pudesse relacionar-se com o crime.
   b) ser imposta somente após um período de prisão do delinquente para que este pudesse refletir sobre seus atos.
   c) sempre ser imposta de forma a configurar um confisco de bens do delinquente.
   d) ser imposta de forma a corresponder a uma ação ofensiva igual àquela praticada pelo ofensor.
   e) imposta somente pelo Santo Ofício da Inquisição.

6. (Polícia Civil/SP/2009) "L'uomo delinquente" ou "O homem delinquente" é uma obra clássica da criminologia, de autoria de
   a) Marquês de Beccaria.
   b) Cesare Lombroso.
   c) Francesco Carrara.
   d) Pellegrino Rossi.
   e) Enrico Pessina.

7. (Polícia Civil/SP/2009) Segundo a teoria behaviorista, o homem comete um delito porque o seu comportamento
   a) é uma resposta às causas ou fatores que o levam à prática do crime.
   b) decorre de sua própria natureza humana, independentemente de fatores internos ou externos.

c) é dominado por uma vontade insana de praticar um crime.
d) não permite a distinção entre o bem e o mal.
e) impede-o de entender o caráter delituoso da ação praticada.

8. (Polícia Civil/SP/2009) O indivíduo incapaz de cuidar-se e bastar-se a si mesmo, com "QI" abaixo de 20 e idade mental abaixo de 3 anos, tem seu estado mental caracterizado como
a) hipofrênico.
b) débil mental.
c) imbecil.
d) idiota.
e) hiperfrênico.

9. (Polícia Civil/SP/2009) O indivíduo abúlico é aquele cuja personalidade psicopática se caracteriza
a) pela falta de vontade, sendo uma pessoa sugestionável e vulnerável aos fatores criminógenos e que age por indução.
b) por ser uma pessoa arrojada, intrépida, combativa, destemida e decidida.
c) por ser destituído de confiança ou de esperança, propenso a tremores e que se preocupa e sofre exageradamente com o menor revés.
d) por aparentar placidez e felicidade, porém pode explodir subitamente em fúria.
e) por ser vaidoso e ter mania de grandeza, aparentando ser mais do que é.

10. (Polícia Civil/SP/2009) A anormalidade psicossexual consistente na exaltação ou impulsividade sexual sem freio, verificada no indivíduo do sexo masculino, é conhecida por
a) ninfomania.
b) anerotismo.
c) erotismo.
d) masoquismo.
e) satiríase.

11. (Delegado/PE/2016/Cespe) Considerando que, conforme a doutrina, a moderna sociologia criminal apresenta teorias e esquemas explicativos do crime, assinale a opção correta acerca dos modelos sociológicos explicativos do delito.
    a) Para a teoria ecológica da sociologia criminal, que considera normal o comportamento delituoso para o desenvolvimento regular da ordem social, é imprescindível e, até mesmo, positiva a existência da conduta delituosa no seio da comunidade.
    b) A teoria do conflito, sob o enfoque sociológico da Escola de Chicago, rechaça o papel das instâncias punitivas e fundamenta suas ideias em situações concretas, de fácil comprovação e verificação empírica das medidas adotadas para contenção do crime, sem que haja hostilidade e coerção no uso dos meios de controle.
    c) A teoria da integração, ao criticar a teoria consensual na solução do conflito, rotula o criminoso quando assevera que o delito é fruto do sistema capitalista e considera o fator econômico como justificativa para o ato criminoso, de modo que, para frear a criminalidade, devem-se separar as classes sociais.
    d) A Escola de Chicago, ao atentar para a mutação social das grandes cidades na análise empírica do delito, interessa-se em conhecer os mecanismos de aprendizagem e transmissão das culturas consideradas desviadas, por reconhecê-las como fatores de criminalidade.
    e) A teoria estrutural-funcionalista da sociologia criminal sustenta que o delito é produto da desorganização da cidade grande, que debilita o controle social e deteriora as relações humanas, propagando-se, consequentemente, o vício e a corrupção, que são considerados anormais e nocivos à coletividade.

12. (Delegado/PE/2016/Cespe) Os objetos de investigação da criminologia incluem o delito, o infrator, a vítima e o controle social. Acerca do delito e do delinquente, assinale a opção correta.
    a) Para a criminologia positivista, infrator é mera vítima inocente do sistema econômico; culpável é a sociedade capitalista.
    b) Para o marxismo, delinquente é o indivíduo pecador que optou pelo mal, embora pudesse escolher pela observância e pelo respeito à lei.

c) Para os correcionalistas, criminoso é um ser inferior, incapaz de dirigir livremente os seus atos: ele necessita ser compreendido e direcionado, por meio de medidas educativas.

d) Para a criminologia clássica, criminoso é um ser atávico, escravo de sua carga hereditária, nascido criminoso e prisioneiro de sua própria patologia.

e) A criminologia e o direito penal utilizam os mesmos elementos para conceituar crime: ação típica, ilícita e culpável.

13. (Delegado/PE/2016/Cespe) A criminologia reconhece que não basta reprimir o crime, deve-se atuar de forma imperiosa na prevenção dos fatores criminais. Considerando essa informação, assinale a opção correta acerca de prevenção de infração penal.

a) Para a moderna criminologia, a alteração do cenário do crime não previne o delito: a falta das estruturas físicas sociais não obstaculiza a execução do plano criminal do delinquente.

b) A prevenção terciária do crime implica na implementação efetiva de medidas que evitam o delito, com a instalação, por exemplo, de programas de policiamento ostensivo em locais de maior concentração de criminalidade.

c) No estado democrático de direito, a prevenção secundária do delito atua diretamente na sociedade, de maneira difusa, a fim de implementar a qualidade dos direitos sociais, que são considerados pela criminologia fatores de desenvolvimento sadio da sociedade que mitiga a criminalidade.

d) Trabalho, saúde, lazer, educação, saneamento básico e iluminação pública, quando oferecidos à sociedade de maneira satisfatória, são considerados forma de prevenção primária do delito, capaz de abrandar os fenômenos criminais.

e) A doutrina da criminologia moderna reconhece a eficiência da prevenção primária do delito, uma vez que ela atua diretamente na pessoa do recluso, buscando evitar a reincidência penal e promover meios de ressocialização do apenado.

14. (Delegado/SP/2008) Dentre os modelos de reação ao crime destaca-se aquele que procura restabelecer ao máximo possível o *status quo*

ante, ou seja, valoriza a reeducação do infrator, a situação da vítima e o conjunto social afetado pelo delito, impondo sua revigoração com a reparação do dano suportado. Nesse caso, fala-se em

a) modelo dissuasório.

b) modelo ressocializador.

c) modelo integrador.

d) modelo punitivo.

e) modelo sociológico.

15. (Delegado/SP/2008) Dentre os fatores condicionantes da criminalidade, no aspecto psicológico, alcança projeção, hoje em dia, nas favelas um modelo consciente ou inconsciente, com o qual o indivíduo gosta de se identificar, sendo atraente o comportamento do bandido, pois é "valente, tem dinheiro e prestígio na comunidade". A isso denomina-se

a) carência afetiva.

b) ego abúlico.

c) insensibilidade moral.

d) mimetismo.

e) telurismo.

16. (Delegado/PE/2016/Cespe) A criminologia moderna

a) é uma ciência normativa, essencialmente profilática, que visa oferecer estratégias para minimizar os fatores estimulantes da criminalidade e que se preocupa com a repressão social contra o delito por meio de regras coibitivas, cuja transgressão implica sanções.

b) ocupa-se com a pesquisa científica do fenômeno criminal – suas causas, características, sua prevenção e o controle de sua incidência –, sendo uma ciência causal-explicativa do delito como fenômeno social e individual.

c) ocupa-se, como ciência causal-explicativa-normativa, em estudar o homem delinquente em seu aspecto antropológico, estabelece comandos legais de repressão à criminalidade e despreza, na análise empírica, o meio social como fatores criminógenos.

d) é uma ciência empírica e normativa que fundamenta a investigação de um delito, de um delinquente, de uma vítima e do controle social a partir de fatos abstratos apreendidos mediante o método indutivo de observação.

e) possui como objeto de estudo a diversidade patológica e a disfuncionalidade do comportamento criminal do indivíduo delinquente e produz fundamentos epistemológicos e ideológicos como forma segura de definição jurídico-formal do crime e da pena.

17. (MP/MG/2008) Marque a alternativa **INCORRETA**.

a) A prática do *bullying* configura-se em uma atividade saudável ao desenvolvimento da sociedade, pois que investe no bom relacionamento entre as pessoas.

b) As principais áreas do estudo do criminólogo são: o delito, o delinquente, a vítima e o controle social.

c) A teoria do etiquetamento diz respeito aos processos de criação dos desvios.

d) A criminologia da reação social procura expor de forma clara e precisa que o sistema penal existente nada mais é do que uma maneira de dominação social.

e) A cifra negra pode ser concebida, resumidamente, no fato de que nem todos os crimes praticados chegam ao conhecimento oficial do Estado.

18. (Delegado/BA/2016) São conhecidas por ________ os crimes que não são registrados em órgãos oficiais encarregados de sua repressão, em decorrência de omissão das vítimas, por temor de represália.

Assinale a alternativa que preenche corretamente a lacuna.

a) estatísticas azuis

b) estatísticas brancas

c) cifras douradas

d) cifras negras

e) cifras cinzas

19. (MP/SC/2008)

I – O Código de Hamurabi, concebido na Babilônia entre 2067 e 2925 a.C. e na atualidade pertencente ao acervo do Museu do Louvre em Paris, não continha disposições penais em sua composição.

II – Segundo a "Lei Térmica de Criminalidade" de Quetelet, fatores físicos, climáticos e geográficos podem influenciar no comportamento criminoso.

III – Entende-se por "Cifra Negra" da criminalidade o conjunto de crimes cuja violência produz elevada repercussão social.

IV – Seguidor da Antropologia Criminal, Lombroso entendia que havia um tipo humano irresistivelmente levado ao crime por sua própria constituição, de um verdadeiro criminoso nato.

V – Em sua obra "Dos Delitos e das Penas", escrita por volta de 1765, Cesare Bonesana, o Marquês de Beccaria, defendeu uma legislação penal rigorosa, aprovando a prática da tortura e da pena de morte.

a) Apenas I, III e V estão corretos.

b) Apenas II e IV estão corretos.

c) Apenas IV e V estão corretos.

d) Apenas II e III estão corretos.

e) Apenas III, IV e V estão corretos.

20. (MP/SC/2008)

I – O chamado "princípio da insignificância" pode ser admitido quando reduzido o grau de reprovabilidade da conduta, assim considerado pelo valor da *res furtiva* somado à ausência de periculosidade do agente.

II – Pode se dizer que o "crime de bagatela" tem como fundamento teórico o caráter retributivo do direito penal.

III – O Abolicionismo Penal consiste em movimento expressivo no campo da criminologia, cuja formulação teórica e política reside no "encolhimento" da legislação penal.

IV – O Movimento "Lei e Ordem", cuja ideologia é estabelecida pela repressão, fulcrada no velho regime punitivo-retributivo, orienta como solução para o controle de criminalidade, a criação de programas do tipo "tolerância zero".

V – Programas do tipo "tolerância zero" são estimulados pelo fracasso das políticas públicas de ressocialização dos apenados, uma vez que os índices de reincidência a cada dia estão mais altos.

a) Apenas I e IV estão corretos.

b) Apenas II e III estão corretos.

c) Apenas I, IV e V estão corretos.

d) Apenas II e IV estão corretos.

e) Apenas IV e V estão corretos.

21. (Delegado/BA/2016/Ifraz) A avaliação do espaço urbano é especialmente importante para compreensão das ondas de distribuição geográfica e da correspondente produção de condutas desviantes. Este postulado é fundamental para compreensão da corrente de pensamento conhecida na literatura criminológica como:

a) Teoria da anomia.

b) Escola Chicago.

c) Teoria da Associação Diferencial.

d) Criminologia Crítica.

e) *Labelling Approach*.

22. (MP/GO/2008)

"Tratamento e prevenção (do delito), para terem sucesso, demandam amplos programas que envolvam recursos humanos junto à comunidade e que concentrem esforços dos cidadãos em torno das forças construtivas da sociedade. (...) A unidade de operação é a vizinhança. Se o crime é um fenômeno associado à cidade, a reação ao crime também o é. Deve abranger áreas restritas em extensão e com, no máximo, 50.000 habitantes nessa área" (SHECAIRA, Sérgio Salomão. *Criminologia*. São Paulo: RT, 2004, p. 167).

O texto acima é introdutório nas propostas de uma teoria criminológica sobre o problema do crime que tem se destacado na mídia brasileira, sobretudo por projetos planejados e administrados no âmbito municipal, marcados pela intervenção no ambiente que favorece a prática delitiva. Assinale a alternativa que corresponde a essa teoria criminológica:

a) Teoria do criminoso nato (Lombroso).
b) Teoria da ecologia criminal (escola de Chicago).
c) Teoria da anomia (Durkheim e Merton).
d) Teoria do vínculo social (Hirschi).

23. (Delegado/BA/2016/Ifaz) O estudo da vitimologia atual, baseada numa tendência político-criminal eficiente, privilegia:
a) A assistência social ao delinquente.
b) A assistência psicológica à vítima.
c) Reincidência.
d) Função retributiva da pena.
e) Reparação dos danos e indenização dos prejuízos da vítima.

24. (Defensoria SP/2009) A expressão "cifra negra" ou oculta, refere-se
a) às descriminantes putativas, nos casos em que não há tipo culposo do crime cometido.
b) ao fracasso do autor na empreitada em que a maioria têm êxito.
c) à porcentagem de presos que não voltam da saída temporária do semiaberto.
d) à porcentagem de crimes não solucionados ou punidos porque, num sistema seletivo, não caíram sob a égide da polícia ou da justiça ou da administração carcerária, porque nos presídios "não estão todos os que são".
e) à porcentagem de criminalização da pobreza e à globalização, pelas quais o centro exerce seu controle sobre a periferia, cominando penas e criando fatos típicos de acordo com seus interesses econômicos, determinando estigmatização das minorias.

25. (Juiz Auditor TJM/SP/2007) O meio-termo entre o Direito Penal e o Direito Administrativo, sem pesadas sanções, mas garantidor mínimo, com eficácia no combate à criminalidade coletiva, segundo Hassemer, tem a seguinte denominação:
a) Direito de Socialização.
b) Direito de Repressão.
c) Direito de Contenção.

d) Direito da Lei e da Ordem.
e) Direito de Intervenção.

26. (Delegado/ES/2011 – adaptada) Assinale C (certo) ou E (errado) na seguinte assertiva:

( ) A conduta de porte de drogas para consumo pessoal possui a natureza de infração *sui generis*, porquanto o fato deixou de ser rotulado como crime tanto do ponto de vista formal quanto material.

27. (Delegado/GO/2009/UEG) Na classificação médico-legal, a pedofilia é considerada

a) uma perversão sexual.
b) um transtorno de identidade sexual.
c) um transtorno de preferência sexual.
d) uma tendência abusiva de atos sexuais.

28. (Delegado/BA/2008/CEFETBAHIA) Segundo a Psicologia Criminal, sobre crimes passionais, é correto afirmar:

a) São muito raros e, por isso, não merecem uma atenção muito específica das autoridades policiais.
b) Envolvem apenas os homens, ilustrando o fator cultural machista nesses crimes.
c) Na maioria dos casos, os agressores não têm história prévia de criminalidade.
d) São crimes que nada têm que ver com o verdadeiro amor.
e) É dispensável a perspectiva socioantropológica para a compreensão dos crimes passionais, pois se devem a processos psicológicos.

29. (MP/SP/2011) Com relação às chamadas medidas de segurança, é correto afirmar que

a) a desinternação ou a liberação será sempre de forma condicional, ficando restabelecida a situação anterior se o agente, antes do decurso de um ano, vier a praticar qualquer fato indicativo da persistência de sua periculosidade.

b) têm caráter retributivo e preventivo, decorrem do reconhecimento da culpabilidade do agente, podendo ser aplicadas, em certos casos, juntamente com as penas privativas de liberdade.
c) são indeterminadas no tempo, não são aplicáveis aos inimputáveis, pressupondo a sua aplicação a prática de um fato típico e antijurídico, reconhecido em sentença condenatória.
d) podem ser aplicadas em face de qualquer espécie de crime, punível com reclusão ou detenção, exigindo para sua incidência a existência de uma sentença condenatória que reconheça a existência do crime e a prova da inimputabilidade absoluta do agente.
e) são aplicadas por tempo indeterminado, com a especificação do prazo mínimo de sua duração, pelo Juiz na sentença, não sendo permitida a realização do exame de cessação de periculosidade antes do término do prazo mínimo fixado.

30. (Delegado/PB/2009/CESPE) Assinale a opção correta relacionada à imputabilidade penal, considerando um caso em que o laudo de exame médico-legal psiquiátrico não foi capaz de estabelecer o nexo causal entre o distúrbio mental apresentado pelo periciado e o comportamento delituoso:
a) O diagnóstico de doença mental é suficiente para tornar o agente inimputável.
b) A doença mental seria atenuante quando considerada a dosimetria da pena, devendo o incriminado cumprir de um sexto a um terço da pena.
c) Trata-se de caso de aplicação de medidas de segurança.
d) Deverá ser realizada nova perícia.
e) O agente deve ser responsabilizado criminalmente.

31. (Delegado/SP/2011) Constituem objeto de estudo da Criminologia:
a) O delinquente, a vítima, o controle social e o empirismo.
b) O delito, o delinquente, a interdisciplinaridade e o controle social.
c) O delito, o delinquente, a vítima e o controle social.
d) O delinquente, a vítima, o controle social e a interdisciplinaridade.
e) O delito, o delinquente, a vítima e o método.

32. (Delegado/SP/2011) O Positivismo Criminológico, com a Scuola Positiva italiana, foi encabeçado por
    a) Lombroso, Garofalo e Ferri.
    b) Luchini, Ferri e Del Vecchio.
    c) Dupuy, Ferri e Vidal.
    d) Lombroso, Dupuy e Garofalo.
    e) Baratta, Adolphe e Vidal.

33. (Delegado/SP/2011) O efeito criminógeno da grande cidade, valendo-se dos conceitos de desorganização e contágio inerentes aos modernos núcleos urbanos, é explicado pela
    a) Teoria do Criminoso Nato.
    b) Teoria da Associação Diferencial.
    c) Teoria da Anomia.
    d) Teoria do *Labelling Aproach*.
    e) Teoria Ecológica.

34. (Delegado/SP/2011) O comportamento abusivo, praticado com gestos, palavras e atos que, praticados de forma reiterada, levam à debilidade física ou psíquica de uma pessoa
    a) define reação ao crime;
    b) define assédio moral;
    c) é um mecanismo intimidatório, mas não criminoso;
    d) é a despersonalização do eu, que aflige grande número de detentos;
    e) define efetividade do impacto dissuasório.

35. (Delegado/SP/2011) A prevenção terciária da infração penal, no Estado Democrático de Direito, está relacionada
    a) ao controle dos meios de comunicação;
    b) aos programas policiais de prevenção;
    c) à ordenação urbana;
    d) à população carcerária;
    e) ao surgimento de conflito.

36. (Delegado/SP/2011) Assinale a alternativa incorreta. A Teoria do Etiquetamento
    a) é considerada um dos marcos das teorias de consenso;
    b) é conhecida como Teoria do *Labelling Aproach*;
    c) tem como um de seus expoentes Ervinh Goffman;
    d) tem como um de seus expoentes Howard Becker;
    e) surgiu nos Estados Unidos.

37. (Delegado/SP/2011) Assinale a afirmativa correta.
    a) A Escola de Chicago faz parte da Teoria Crítica.
    b) O delito não é considerado objeto da Criminologia.
    c) A Criminologia não é uma ciência empírica.
    d) A Teoria do Criminoso Nato é de Merton.
    e) Cesare Lombroso e Raffaelle Garofalo pertencem à Escola Positiva.

38. (MP/PR/2011) Examine as afirmações abaixo e após responda:

    I – A criminologia crítica parte da premissa de que a Criminologia não deve ter por objeto apenas o crime e o criminoso como institucionalizados pelo direito positivo, mas deve questionar também as bases estruturais econômicas e sociais que caracterizam a sociedade na qual vive o autor da infração penal.

    II – Entende a doutrina que cabe à criminologia crítica questionar os fatos como expressão da decadência dos sistemas socioeconômicos e políticos.

    III – Conforme entendimento doutrinário, cabe à criminologia crítica reter como material de interesse para o Direito Penal apenas o que efetivamente mereça punição reclamada pelo consenso social, e denunciando todos os expedientes destinados a incriminar condutas que, apenas por serem contrárias aos poderosos do momento, política ou economicamente, venham a ser transformadas em crimes.

    IV – Na visão dos doutrinadores da criminologia crítica, o princípio do fim ou da prevenção da pena é questionado a partir do entendimento de que a ressocialização não pode ser obtida numa instituição como a prisão, que sempre seria convertida num microcosmo no qual se reproduzem e agravam as graves contradições existentes no sistema social exterior.

V – No entendimento dos doutrinadores da criminologia crítica, o princípio da culpabilidade é questionado a partir da teoria das subculturas, segundo a qual o comportamento humano não representa a expressão de uma atitude interior dirigida contra o valor que tutela a norma penal, pois não existe apenas o sistema de valor oficial, mas uma série de subsistemas de valores decorrentes dos mecanismos de socialização e de aprendizagem dos grupos e do ambiente em que o indivíduo se encontra inserto.

a) Todas as afirmativas estão corretas.

b) As afirmativas I, III, IV e V são as únicas corretas.

c) As afirmativas IV e V são as únicas corretas.

d) As afirmativas II e III são incorretas.

e) Todas as afirmativas são incorretas.

39. (MP/SC/2012) Analise a questão abaixo:

I – Entre os princípios fundamentais da Escola de Chicago, liderada por Marc Ancel, encontra-se a afirmação de que o crime é um ente jurídico, o fundamento da punibilidade é o livre-arbítrio, a pena é uma retribuição ao mal injusto causado pelo crime e nenhuma conduta pode ser punida sem prévia cominação legal.

II – São princípios informadores do direito penal mínimo: insignificância, intervenção mínima, proporcionalidade, individualização da pena e humanidade.

III – A Criminologia Crítica, além da consideração de um determinismo econômico, introduz o contexto sociológico, político e cultural para explicar a delinquência e também o próprio direito penal.

IV – A Teoria da Retribuição, também chamada absoluta, concebe a pena como o mal injusto com que a ordem jurídica responde à injustiça do mal praticado pelo criminoso, seja como retribuição de caráter divino (Stahl, Bekker), ou de caráter moral (Kant), ou de caráter jurídico (Hegel, Pessina).

V – A Escola de Política Criminal ou Escola Sociológica Alemã reúne entre os seus postulados a distinção entre imputáveis e inimputáveis – prevendo pena para os "normais" e medida de segurança para os "perigosos" – e a eliminação ou substituição das penas privativas de liberdade de curta duração.

a) Apenas as assertivas I, II e III estão corretas.
b) Apenas as assertivas III e V estão corretas.
c) Apenas as assertivas I, II e IV estão corretas.
d) Apenas as assertivas III, IV e V estão corretas.
e) Todas as assertivas estão corretas.

40. (MP/SC/2011) Analise a questão:

I – Segundo a formulação de Alessandro Baratta, uma das mais representativas da Criminologia crítica, a criminalidade é o atributo de uma minoria de indivíduos socialmente perigosos que, seja devido a anomalias físicas ou fatores ambientais e sociais, possuem uma maior tendência a delinquir.

II – Para a criminologia positivista, a criminalidade se revela, principalmente, como um *status* atribuído a determinados indivíduos mediante uma dupla seleção: em primeiro lugar, pela seleção dos bens jurídicos penalmente protegidos e dos comportamentos ofensivos a estes bens, descritos nos tipos penais; em segundo lugar, pela seleção dos indivíduos estigmatizados entre todos aqueles que praticam tais comportamentos.

III – Os postulados fundamentais das teorias estrutural-funcionalistas são a normalidade e a funcionalidade do crime. Este seria normal porque não tem sua origem em nenhuma patologia individual nem social, senão no normal e regular funcionamento de toda ordem social. O delito seria funcional no sentido de que tampouco seria um fato necessariamente nocivo, prejudicial para a sociedade, senão todo o contrário, é dizer, funcional, para a estabilidade e a mudança social.

IV – A teoria do *labelling approach* contempla o crime como mero subproduto do controle social. Para ela o indivíduo se converte em delinquente não porque tenha realizado uma conduta negativa, senão porque determinadas instituições sociais etiquetaram-lhe como tal, tendo ele assumido referido *status* de delinquente que as instituições do controle social distribuem de forma seletiva e discriminatória.

V – A "cifra negra" da criminalidade designa a defasagem que medeia entre a criminalidade real e a criminalidade estatística.

a) Apenas as assertivas I, II e IV estão corretas.
b) Apenas as assertivas I, III e V estão corretas.

c) Apenas as assertivas II e III estão corretas.

d) Apenas as assertivas III, IV e V estão corretas.

e) Todas as assertivas estão corretas.

41. (MP/SC/2011) Analise a questão:

I – O direito penal do inimigo, construção teórica atribuída a Gunther Jacobs, implica a refutação de postulados do direito penal liberal e garantista, próprio do Estado Democrático de Direito. Trata-se de um Direito Penal construído a partir da pessoa do delinquente e não a partir do fato delituoso, o que significa a legitimação do Direito Penal do autor.

II – Ao tratar da teoria do garantismo jurídico-penal, Luigi Ferrajoli sustenta a necessidade de reduzir as penas detentivas, vez que excessivamente aflitivas e danosas. Ao mesmo tempo, porém, defende, contra as hipóteses propriamente abolicionistas, a forma jurídica da pena, enquanto técnica institucional de minimização da reação violenta aos desvios socialmente não tolerados e como garantia do acusado contra os arbítrios, os excessos, e os erros conexos a sistemas não jurídicos de controle social.

III – O sistema garantista, segundo professa Luigi Ferrajoli, constitui um modelo-limite, apenas tendencialmente e jamais perfeitamente satisfatível.

IV – O princípio da insignificância constitui causa excludente da culpabilidade, já que atua sobre a potencial consciência da ilicitude do fato.

V – O movimento de política criminal chamado "lei e ordem" tem como postulado fundamental o princípio da intervenção mínima, que estabelece que o Direito Penal somente deve atuar na defesa dos bens jurídicos imprescindíveis à coexistência social, sendo uma orientação político-criminal restritiva do *jus puniendi*.

a) Apenas as assertivas I, II e III estão corretas.

b) Apenas as assertivas I, II, IV e V estão corretas.

c) Apenas as assertivas II, III e IV estão corretas.

d) Apenas as assertivas I, III e V estão corretas.

e) Todas as assertivas estão corretas.

42. (MP/MG/2012) De acordo com a vertente criminológica do "etiquetamento" (*labeling approach*), é **CORRETO** afirmar que a Criminologia deve:

    a) investigar as causas da criminalidade do colarinho branco;

    b) pesquisar as origens ontológicas dos comportamentos "etiquetados" pela lei como criminosos (tipicidade criminológica), a partir da concepção jurídico-penal de delito (conceito legal de crime);

    c) estudar o efeito estigmatizante da atividade da polícia, do Ministério Público e dos juízes;

    d) ocupar-se da crítica do comportamento como bom ou mal, valorando-o como positivo ou negativo do ponto de vista ético (perspectiva da defesa social).

43. (MP/SC/2009) Analise as questões abaixo:

    I – Sustentando que a prisão poderia se constituir num instrumento de transformação dos indivíduos a ela submetidos, Michel Foucault (*Vigiar e Punir*, 1975) a considerou um "mal necessário".

    II – Podemos identificar Enrico Ferri (1856-1929) como o principal expoente da "sociologia criminal", tendo através da sua escola definido o trinômio causal do delito (fatores antropológico, social e físico).

    III – Segundo a posição de Garófalo (*Criminologia*, 1885), o delito é fenômeno natural, e não um ente jurídico, devendo ser estudado precipuamente pela antropologia e pela sociologia criminal.

    IV – Lombroso (*O Homem Delinquente*, 1876), como estudioso de formação médica, promoveu análises craniométricas em criminosos, com o objetivo de comprovar uma das bases de sua teoria, qual seja, a "regressão atávica" do delinquente (retrocesso ao homem primitivo). Seus estudos, despidos da necessária abordagem científica, tiveram como mérito incontestável o questionamento ao "livre-arbítrio" na apuração da responsabilidade penal (marco teórico da escola clássica do direito penal).

    V – Considerando o modelo tradicional da arquitetura prisional, destaca-se em Santa Catarina, fugindo do convencional, a técnica denominada "cela prisional móvel", consistente no reaproveitamento de "contêineres" adaptados para uso na condição de unidades celulares.

    a) Apenas II e IV estão corretas.

    b) Apenas III e V estão corretas.

c) Apenas I, II e III estão corretas.

d) Apenas III e IV estão corretas.

e) Todas estão corretas.

44. (MP/SC/2009)

I – Pode-se dizer que a "Teoria das Janelas Quebradas", formulada por Kelling e Wilson (estudo publicado em 1982), sublinha a necessidade de atenção e cuidados especiais com a segurança, no sentido de se evitar a ação dos criminosos.

II – Ainda sobre os fundamentos de tal teoria (Janelas Quebradas), não é errado afirmar que a vítima tem importante papel no fenômeno crime.

III – O programa "tolerância zero", executado com sucesso na cidade de Nova Iorque sob a gestão do prefeito Rudolf Giuliani, estabelecia como estratégia de combate a delinquência a repressão prioritária aos crimes mais graves.

IV – Na verdade, tal programa (tolerância zero) se fundamentou na repressão integral ao crime, sem retirar a importância de se punir também os delitos considerados mais leves, a exemplo do salto às catracas do metrô de Nova Iorque.

V – Não é errado afirmar-se que o mencionado programa "Tolerância Zero", executado em Nova Iorque sob a chefia do policial Willian Bratton, teve como base teórica o estudo formulado por Kelling e Wilson (a referida Teoria das Janelas Quebradas).

a) Apenas IV e V estão corretos.

b) Apenas I e III estão corretos.

c) Apenas II e V estão corretos.

d) Apenas III e IV estão corretos.

e) Apenas I, II e III estão corretos.

45. (Delegado/SP/2014/Vunesp) A obra O *homem delinquente*, publicada em 1876, foi escrita por

a) Cesare Lombroso.

b) Enrico Ferri.

c) Rafael Garófalo.

d) Cesare Bonesana.

e) Adolphe Quetelet.

46. (Delegado/SP/2014/Vunesp) Um dos primeiros autores a classificar as vítimas de um crime foi Benjamin Mendelsohn, que levou em conta a participação das vítimas no delito. Segundo esse autor, as vítimas __________ classificam-se em: vítimas menos culpadas que os criminosos; __________; vítimas mais culpadas que os criminosos e __________.

Assinale a alternativa que preenche, correta e respectivamente, as lacunas do texto.

a) vítimas inocentes ... vítimas inimputáveis ... vítimas culpadas;
b) vítimas primárias ... vítimas secundárias ... vítimas terciárias;
c) vítimas ideais ... vítimas tão culpadas quanto os criminosos ... vítimas como únicas culpadas;
d) vítimas tão participativas quanto os criminosos ... vítimas passivas ... vítimas colaborativas quanto aos criminosos;
e) vítimas passivas em relação ao criminoso ... vítimas prestativas ... vítimas ativas em relação aos criminosos.

47. (Delegado/SP/2014/Vunesp) A moderna Sociologia Criminal possui visão bipartida do pensamento criminológico atual, sendo uma de cunho funcionalista e outra de cunho argumentativo. Trata-se das teorias

a) indutiva e dedutiva;
b) do consenso e do conflito;
c) absoluta e relativa;
d) moderna e contemporânea;
e) abstrata e concreta.

48. (Delegado/SP/2014/Vunesp) Assinale a alternativa que completa, correta e respectivamente, a frase: A Criminologia __________; o Direito Penal __________.

a) não é considerada uma ciência, por tratar do "dever ser" ... é uma ciência empírica e interdisciplinar, fática do "ser";
b) é uma ciência normativa e multidisciplinar, do "dever ser" ... é uma ciência empírica e fática, do "ser";

c) não é considerada uma ciência, por tratar do "ser" ... é uma ciência jurídica, pois encara o delito como um fenômeno real, do "dever ser";

d) é uma ciência empírica e interdisciplinar, fática do "ser" ... é uma ciência jurídica, cultural e normativa, do "dever ser";

e) é considerada uma ciência jurídica, por tratar o delito como um conceito formal, normativo, do "dever ser" ... não é considerado uma ciência, pois encara o delito como um fenômeno social, do "ser".

49. (Delegado/SP/2014/Vunesp) Tendo o Direito Penal a missão subsidiária de proteger os bens jurídicos e, com isso, o livre desenvolvimento do indivíduo, e, ainda, sendo a pena vinculada ao Direito Penal e à Execução Penal, após a reforma do Código Penal Brasileiro, em 1984, é correto afirmar que a finalidade da pena é

a) repreensiva e abusiva;

b) punitiva e reparativa;

c) retributiva e preventiva (geral e especial);

d) ressocializadora e reparativa;

e) punitiva e distributiva.

50. (Delegado/SP/2014/Vunesp) A prevenção criminal que está voltada à segurança e qualidade de vida, atuando na área da educação, emprego, saúde e moradia, conhecida universalmente como direitos sociais e que se manifesta a médio e longo prazos, é chamada pela Criminologia de prevenção

a) primária;

b) individual;

c) secundária;

d) estrutural;

e) terciária.

51. (Polícia Civil/SP/2011) "Um complexo sistema de medidas corporais – onze – que, unido à fotografia de delinquentes, pretendia servir como instrumento de identificação destes" faz parte:

a) das disfunções cerebrais.

b) do Sistema Nervoso Autônomo.

c) das nosologias.
d) da Antropometria.
e) da Psicopatologia.

52. (Polícia Civil/SP/2011) As técnicas de investigação sociológica
a) não são técnicas ou métodos admitidos na criminologia.
b) são imprescindíveis para determinar itens considerados criminologicamente relevantes.
c) nunca pertenceram à criminologia, exatamente pela questão da tipicidade estrita da cientificidade criminológica.
d) são recusadas na criminologia, em face da assertiva de que os métodos seguem o critério unidimensional.
e) são admitidas para aferir somente a existência de castas sociais, que compreendem autores de ilícitos.

53. (Perito Criminal/SP/2013) As melhoras da educação, do processo de socialização, da habitação, do trabalho, do bem-estar social e da qualidade de vida das pessoas de uma determinada comunidade são os elementos essenciais de um programa de prevenção
a) terciária.
b) quinária.
c) secundária.
d) primária.
e) quaternária.

54. (Perito Criminal/SP/2014/Vunesp) A Teoria do *labelling approach*, a qual explica que a criminalidade não é uma qualidade da conduta humana, mas a consequência de um processo em que se atribui tal estigmatização, também é denominada teoria
a) da desorganização social.
b) da rotulação ou do etiquetamento.
c) da neutralização.
d) da identificação diferencial.
e) da anomia.

55. (Perito Criminal/SP/2014/Vunesp) Entende-se por vitimização secundária ou sobrevitimização aquela

a) provocada pelo cometimento do crime e pela conduta violadora dos direitos da vítima, proporcionando danos materiais e morais, por ocasião do delito.
b) que não concorreu, de forma alguma, para a ocorrência do crime.
c) que, de modo voluntário ou imprudente, colabora com o ânimo criminoso do agente.
d) que ocorre no meio social em que vive a vítima e é causada pela família, por grupo de amigos etc.
e) causada pelos órgãos formais de controle social, ao longo do processo de registro e apuração do delito, mediante o sofrimento adicional gerado pelo funcionamento do sistema de persecução criminal.

56. (Delegado de Polícia/PE/2016) Acerca dos modelos teóricos explicativos do crime, oriundos das teorias específicas que, na evolução da história, buscaram entender o comportamento humano propulsor do crime, assinale a opção correta.

a) O modelo positivista analisa os fatores criminológicos sob a concepção do delinquente como indivíduo racional e livre, que opta pelo crime em virtude de decisão baseada em critérios subjetivos.
b) O objeto de estudo da criminologia é a culpabilidade, considerada em sentido amplo; já o direito penal se importa com a periculosidade na pesquisa etiológica do crime.
c) A criminologia clássica atribui o comportamento criminal a fatores biológicos, psicológicos e sociais como determinantes desse comportamento, com paradigma etiológico na análise causal-explicativa do delito.
d) Entre os modelos teóricos explicativos da criminologia, o conceito definitorial de delito afirma que, segundo a teoria do *labeling approach*, o delito carece de consistência material, sendo um processo de reação social, arbitrário e discriminatório de seleção do comportamento desviado.
e) O modelo teórico de opção racional estuda a conduta criminosa a partir das causas que impulsionaram a decisão delitiva, com ênfase na observância da relevância causal etiológica do delito.

57. (Delegado de Polícia/PE/2016) No que se refere aos métodos de combate à criminalidade, a criminologia analisa os controles formais e informais do fenômeno delitivo e busca descrever e apresentar os meios necessários e eficientes contra o mal causado pelo crime. A esse respeito, assinale a opção correta.

a) A criminologia distingue os paradigmas de respostas conforme a finalidade pretendida, apresentando, entre os modelos de reação ao delito, o modelo dissuasório, o ressocializador e o integrador como formas de enfrentamento à criminalidade. Em determinado nível, admitem-se como conciliáveis esses modelos de enfrentamento ao crime.

b) Como modelo de enfrentamento do crime, a justiça restaurativa é altamente repudiada pela criminologia por ser método benevolente ao infrator, sem cunho ressocializador e pedagógico.

c) O modelo dissuasório de reação ao delito, no qual o infrator é objeto central da análise científica, busca mecanismos e instrumentos necessários à rápida e rigorosa efetivação do castigo ao criminoso, sendo desnecessário o aparelhamento estatal para esse fim.

d) O modelo ressocializador de enfrentamento do crime propõe legitimar a vítima, a comunidade e o infrator na busca de soluções pacíficas, sem que haja a necessidade de lidar com a ira e a humilhação do infrator ou de utilizar o *ius puniendi* estatal.

e) A doutrina admite pacificamente o modelo integrador na solução de conflitos havidos em razão do crime, independentemente da gravidade ou natureza, uma vez que o controle formal das instâncias não se abdica do poder punitivo estatal.

58. (Delegado de Polícia/PE/2016) A criminologia reconhece que não basta reprimir o crime, deve-se atuar de forma imperiosa na prevenção dos fatores criminais. Considerando essa informação, assinale a opção correta acerca de prevenção de infração penal.

a) Para a moderna criminologia, a alteração do cenário do crime não previne o delito: a falta das estruturas físicas sociais não obstaculiza a execução do plano criminal do delinquente.

b) A prevenção terciária do crime implica na implementação efetiva de medidas que evitam o delito, com a instalação, por exemplo, de programas de policiamento ostensivo em locais de maior concentração de criminalidade.

c) No estado democrático de direito, a prevenção secundária do delito atua diretamente na sociedade, de maneira difusa, a fim de implementar a qualidade dos direitos sociais, que são considerados pela criminologia fatores de desenvolvimento sadio da sociedade que mitiga a criminalidade.

d) Trabalho, saúde, lazer, educação, saneamento básico e iluminação pública, quando oferecidos à sociedade de maneira satisfatória, são considerados forma de prevenção primária do delito, capaz de abrandar os fenômenos criminais.

e) A doutrina da criminologia moderna reconhece a eficiência da prevenção primária do delito, uma vez que ela atua diretamente na pessoa do recluso, buscando evitar a reincidência penal e promover meios de ressocialização do apenado.

59. (Polícia Civil/SP/2014) A atração sexual por estátuas, manequins ou bonecos, que poderá redundar em prática de simulação de carícias ou de atos libidinosos com tais objetos em locais públicos, é denominada

a) necrofilia ou necromania.

b) agalmatofilia ou pigmalionismo.

c) zoofilia ou zooerastia.

d) cleptomania ou exibicionismo.

e) complexo de Édipo ou bestialismo.

60. (Polícia Civil/SP/2014) Nos crimes de extorsão mediante sequestro, por exemplo, pode ocorrer a chamada Síndrome de Estocolmo, que consiste

a) na doença que os sequestradores sofrem.

b) na identificação afetiva da vítima com o criminoso, pelo próprio instinto de sobrevivência.

c) em uma teoria que os órgãos públicos utilizam para reduzir a criminalidade.

d) no arrependimento do criminoso em razão do descontrole emocional.

e) no trauma que a vítima adquire em razão do sofrimento.

61. (Polícia Civil/SP/2013) É considerado o pai da Vitimologia:
   a) Cesare Lombroso.
   b) Raffaele Garófalo.
   c) Émile Durkeim.
   d) Benjamin Mendelsohn.
   e) Cesare Bonesana.

62. (Perito Criminal/SP/2013/Vunesp) Assinale a alternativa correta.
   a) No modelo clássico (tradicional) de Justiça Criminal, a vítima é encarada como mero objeto, pois dela se espera que cumpra seu papel de testemunha, com todos os inconvenientes e riscos que isso acarreta.
   b) A Vitimologia não possui relação com a Sociologia.
   c) A Vitimologia não estuda a vítima e suas relações com o infrator e com o sistema de persecução criminal.
   d) A Vitimologia não possui relação com a Criminologia.
   e) No modelo clássico (tradicional) de Justiça Criminal, a vítima é encarada como sujeito passivo da relação jurídica, pois dela se espera que cumpra seu papel de ofendido, com todos os direitos e deveres que isso acarreta.

63. (Perito Criminal/SP/2013/Vunesp) Assinale a alternativa correta.
   a) A Teoria do Controle postula que o crime ocorre como resultado de um equilíbrio entre os impulsos em direção à atividade criminosa e os controles éticos ou morais que a detêm. Interessa-se principalmente pelas motivações que os indivíduos possuem para executar os crimes.
   b) A Escola de Buffalo é o berço da moderna Sociologia americana.
   c) A moderna Sociologia Criminal contempla o fato delitivo invariavelmente como "fenômeno natural" e pretende explicá-lo em função de um determinado marco jurídico.
   d) A Teoria Estrutural-Funcionalista explica o efeito criminógeno das grandes cidades, valendo-se dos conceitos de desorganização e contágio inerentes aos modernos núcleos urbanos e, sobretudo, invocando o debilitamento do controle social nestes núcleos.
   e) Teorias do Conflito, tradição na Sociologia Criminal norte-americana, pressupõem a existência, na sociedade, de uma pluralidade

de grupos e subgrupos que, eventualmente, apresentam discrepâncias em suas pautas valorativas.

64. (Delegado Federal/2013/Cespe – adaptada) Julgue o item a seguir, relacionado aos modelos teóricos da criminologia. Assinale C (certo) ou E (errado).
   ( ) O surgimento das teorias sociológicas em criminologia marca o fim da pesquisa etiológica, própria da escola ou do modelo positivista.

65. (Delegado Federal/2013/Cespe – adaptada) Julgue o item a seguir, relacionado aos modelos teóricos da criminologia. Assinale C (certo) ou E (errado).
   ( ) A teoria funcionalista da anomia e da criminalidade, introduzida por Emile Durkheim no século XIX, contrapunha à ideia da propensão ao crime como patologia a noção da normalidade do desvio como fenômeno social, podendo ser situada no contexto da guinada sociológica da criminologia, em que se origina uma concepção alternativa às teorias de orientação biológica e caracterológica do delinquente.

66. Delegado de Polícia (MA/2018/CESPE) Afirmar que a criminologia é interdisciplinar e tem o empirismo como método significa dizer que esse ramo da ciência
   a) utiliza um método analítico para desenvolver uma análise indutiva.
   b) considera os conhecimentos de outras áreas para formar um conhecimento novo, se afirmando, então, como independente.
   c) utiliza um método silogístico.
   d) utiliza um método racional de análise e trabalha o direito penal de forma dogmática.
   e) é metafísica e leva em conta os métodos das ciências exatas para o estudo de seu objeto.

67. Delegado de Polícia (MA/2018/CESPE) O paradigma da reação social
   a) surgiu na Europa a partir do enfoque do interacionismo simbólico.
   b) afirma que os grupos sociais criam o desvio, o qual é uma qualidade do ato infracional cometido pela pessoa.

c) indica que é mais apropriado falar em criminalização e criminalizado que falar em criminalidade e criminoso.
d) afirma que a criminalidade tem natureza ontológica.
e) pode ser chamado, também, de *labeling approach*, etiquetamento ou paradigma etiológico.

68. Delegado de Polícia (MA/2018/CESPE) De acordo com a teoria de Sutherland, os crimes são cometidos
a) em razão do comportamento das vítimas e das condições do ambiente.
b) por pessoas de baixa renda, exatamente em razão de sua condição socioeconômica desprivilegiada.
c) em razão do comportamento delinquente herdado, ou seja, de origem biológica.
d) por pessoas que sofrem de sociopatias ou psicopatias.
e) por pessoas que convivem em grupos que realizam e legitimam ações criminosas.

69. Dados publicados em dezembro de 2017 pelo Ministério da Justiça mostram que o Brasil tem uma taxa de superlotação nos estabelecimentos prisionais na ordem de 197,4% (Agência de Notícias, Empresa Brasil de Comunicação).
Sob o enfoque da prevenção da infração penal no Estado democrático de direito, a superlotação carcerária aludida no fragmento de texto anterior é um problema que prejudica a
I – prevenção primária.
II – prevenção secundária.
III – prevenção terciária.
Assinale a opção correta.
a) Apenas o item II está certo.
b) Apenas o item III está certo.
c) Apenas os itens I e II estão certos.
d) Apenas os itens I e III estão certos.
e) Todos os itens estão certos.

70. Delegado de Polícia (MA/2018/CESPE) A criminologia considera que o papel da vítima varia de acordo com o modelo de reação da sociedade ao crime. No modelo

a) clássico, a vítima é a responsável direta pela punição do criminoso, sendo figura protagonista no processo penal.
b) ressocializador, busca-se o resgate da vítima, de modo a reintegrá-la na sociedade.
c) retribucionista, o objetivo restringe-se ao ressarcimento do dano pelo criminoso à vítima.
d) da justiça integradora, a vítima é tida como julgadora do criminoso.
e) restaurativo, o foco é a participação dos envolvidos no conflito em atividades de reconciliação, nas quais a vítima tem um papel central.

Questões 71 a 74 – Delegado de Polícia (SE/2018/CESPE) Acerca do conceito e das funções da criminologia, julgue os itens seguintes.

71. A criminologia é uma ciência dogmática que se preocupa com o ser e o dever ser e parte do fato para analisar suas causas e buscar definir parâmetros de coerção punitiva e preventiva.

72. Na inter-relação entre o direito penal, a política criminal e a criminologia, compete a esta facilitar a recepção das investigações empíricas e a sua transformação em preceitos normativos, incumbindo-se de converter a experiência criminológica em proposições jurídicas, gerais e obrigatórias.

73. A pesquisa criminológica científica visa evitar o emprego da intuição ou de subjetivismos no que se refere ao ilícito criminal, haja vista sua função de apresentar um diagnóstico qualificado e conjuntural sobre o delito.

74. Delegado de Polícia (SE/2018/CESPE) De acordo com estudos vitimológicos, a diferença entre os crimes sexuais praticados e os comunicados às agências de controle social é de aproximadamente 90%, o que estaria em consonância com os dados do Panorama da Violência contra as Mulheres no Brasil (texto 1A9-II), que indica a ocorrência de subnotificação nos casos de estupros praticados em Sergipe. Esse fenômeno, de apenas uma parcela dos crimes reais ser registrada oficialmente pelo Estado, é o que a criminologia chama de cifra negra da criminalidade.

Questões 75 a 77 – Delegado de Polícia Federal (2018/CESPE) Julgue os itens a seguir, relativos a modelos teóricos da criminologia.

75. Conforme a teoria ecológica, crime é um fenômeno natural e o criminoso é um delinquente nato possuidor de uma série de estigmas comportamentais potencializados pela desorganização social.
76. De acordo com a teoria da anomia, o crime se origina da impossibilidade social do indivíduo de atingir suas metas pessoais, o que o faz negar a norma imposta e criar suas próprias regras, conforme o seu próprio interesse.
77. Para a teoria da reação social, o delinquente é fruto de uma construção social, e a causa dos delitos é a própria lei; segundo essa teoria, o próprio sistema e sua reação às condutas desviantes, por meio do exercício de controle social, definem o que se entende por criminalidade.

78. Delegado de Polícia (GO/2018/UEG) Tendo a obra *O Homem Delinquente*, de Cesare Lombroso (1836-1909), como fundante da Criminologia surgida a partir da segunda metade do século XIX, verifica-se que, segundo a sistematização realizada por Enrico Ferri (1856-1929), o pensamento criminológico positivista assenta-se, dentre outras, na tese de que

a) o livre-arbítrio é um conceito-chave para o direito penal.
b) os chamados delinquentes poderiam ser classificados como loucos, natos, morais, passionais e de ocasião.
c) a defesa social é tomada como o principal objetivo da justiça criminal.
d) a responsabilidade social, tida como clássica, deveria ser substituída pela categoria da responsabilidade moral para a imputação do delito.
e) a natureza objetiva do crime, mais do que a motivação, deve ser base para medida da pena.

79. Delegado de Polícia (GO/2018/UEG) Para a criminologia positivista, a criminalidade é uma realidade ontológica, pré-constituída ao direito penal, ao qual cabe tão somente reconhecê-la e positivá-la. Neste sentido, tem-se o seguinte:

a) Em seus primeiros estudos, Cesare Lombroso encontrou no atavismo uma explicação para relacionar a estrutura corporal ao que chamou de criminalidade habitual.

b) A periculosidade, ou temeritá, tal como conceituada por Enrico Ferri, foi definida como a perversidade constante e ativa a recomendar que esta, e não o dano causado, a medida de proporcionalidade de aplicação da pena.

c) Para Raffaele Garófalo (1851-1934), a defesa social era a luta contra seus inimigos naturais carecedores dos sentimentos de piedade e probidade.

d) Nos marcos do pensamento criminológico positivista, Enrico Ferri, embora discípulo de Lombroso, abandonou a noção de criminalidade centrada em causas de ordem biológica, passando a considerar como centrais as causas ligadas à etiologia do crime, sendo estas: as individuais, as físicas e as sociais.

e) Enrico Ferri e Cesare Lombroso, recorrendo à metáfora da guerra contra o delito, sustentaram a possibilidade de aplicação das penas de deportação ou expulsão da comunidade para aqueles que carecessem do sentido de justiça ou o tivessem aviltado.

80. Delegado de Polícia (GO/2018/UEG) Sobre o *labelling approach* e sua influência sobre o pensamento criminológico do século XX, constata-se que

a) a criminalidade se revela como o processo de anteposição entre ação e reação social.

b) recebeu influência decisiva de correntes de origem fenomenológica, tais como o interacionismo simbólico e o behaviorismo.

c) o sistema penal é entendido como um processo articulado e dinâmico de criminalização.

d) parte dos conceitos de conduta desviada e reação social como termos independentes para determinar que o desvio e a criminalidade não são uma qualidade intrínseca da conduta.

e) no processo de criminalização seletiva o funcionamento das agências formais de controle mostra-se autossuficiente e autorregulado.

81. Delegado de Polícia (ES/ 2019/ IAEP) Uma informação confiável e contrastada sobre a criminalidade real que existe em uma sociedade é imprescindível, tanto para formular um diagnóstico científico, como para desenhar os oportunos programas de prevenção. Assinale a alternativa correta:

a) A criminalidade real corresponde à quantidade de delitos que chegou ao conhecimento do Estado. A criminalidade revelada corresponde à totalidade de delitos perpetrados pelos delinquentes. A cifra negra corresponde à quantidade de delitos não comunicados ou não elucidados dos crimes de rua.
b) A criminalidade real corresponde à totalidade de delitos perpetrados pelos delinquentes. A criminalidade revelada corresponde à quantidade de delitos que chegou ao conhecimento do Estado. A cifra negra corresponde à ausência de registro de práticas antissociais do poder político e econômico.
c) A criminalidade real corresponde à quantidade de delitos que chegou ao conhecimento do Estado. A criminalidade revelada corresponde à totalidade de delitos perpetrados pelos delinquentes. A cifra negra corresponde à violência policial, cujos índices não são levados ao conhecimento das corregedorias.
d) A criminalidade real corresponde à quantidade de delitos que chegou ao conhecimento do Estado. A criminalidade revelada corresponde à totalidade de delitos perpetrados pelos delinquentes. A cifra negra corresponde à ausência de registro de práticas antissociais do poder político e econômico.
e) A criminalidade real corresponde à totalidade de delitos perpetrados pelos delinquentes. A criminalidade revelada corresponde à quantidade de delitos que chegou ao conhecimento do Estado. A cifra negra corresponde à quantidade de delitos não comunicados ou não elucidados dos crimes de rua.

82. Delegado de Polícia (ES/ 2019/ IAEP) O pensamento criminológico moderno, de viés macrossociológico, é influenciado pela visão de cunho funcionalista (denominada teoria da integração, mais conhecida por teorias do consenso) e de cunho argumentativo (denominada por teorias do conflito). É correto afirmar que:

a) São exemplos de teorias do consenso a Escola de Chicago, a teoria de associação diferencial, a teoria da subcultura do delinquente e a teoria do etiquetamento.
b) São exemplos de teorias do conflito a teoria de associação diferencial, a teoria da anomia, a teoria do etiquetamento e a teoria crítica ou radical.

c) São exemplos de teorias do consenso a teoria de associação diferencial, a teoria da anomia, a teoria do etiquetamento e a teoria crítica ou radical.

d) São exemplos de teorias do consenso a Escola de Chicago, a teoria de associação diferencial, a teoria da anomia e a teoria da subcultura do delinquente.

e) São exemplos de teorias do conflito a Escola de Chicago, a teoria de associação diferencial, a teoria da anomia e a teoria da subcultura do delinquente.

83. Delegado de Polícia (ES/ 2019/ IAEP) A dor causada à vítima, ao ter que reviver a cena do crime, ao ter que declarar ao juiz o sentimento de humilhação experimentado, quando os advogados do acusado culpam a vítima, argumentando que foi ela própria que, com sua conduta, provocou o delito. Os traumas que podem ser causados pelo exame médico-forense, pelo interrogatório policial ou pelo reencontro com o agressor em juízo, e outros, são exemplos da chamada vitimização:

a) Terciária.

b) Secundária.

c) Indireta.

d) Direta.

e) Primária.

84. Delegado de Polícia (ES/ 2019/ IAEP) Leia o texto a seguir e responda ao que é solicitado. "Os irmãos Batista, controladores da JBS, tiveram vantagem indevida de quase R$ 73 milhões com a venda de ações da companhia antes da divulgação do acordo de delação premiada que veio a público em 17/05/2017, conforme as conclusões do inquérito da Comissão de Valores Mobiliários (CVM). O caso analisa eventual uso de informação privilegiada e manipulação de mercado por Joesley e Wesley Batista, e quebra do dever de lealdade, abuso de poder e manipulação de preços pela FB Participações" (Jornal *Valor Econômico*, 13/08/2018). Com relação à criminalidade denominada de colarinho branco, pode-se afirmar que a teoria da associação diferencial:

a) Sustenta como causa da criminalidade de colarinho branco a proposição de que o criminoso de hoje era a criança problemática de ontem.

b) Sustenta que o crime está concentrado na classe baixa, sendo associado estatisticamente com a pobreza.
c) Sustenta que a aprendizagem dos valores criminais pode acontecer em qualquer cultura ou classe social.
d) Entende que o delito é derivado de anomalias no indivíduo podendo ocorrer em qualquer classe social.
e) Enfatiza os fatores sociopáticos e psicopáticos como origem do crime da criminalidade de colarinho branco.

85. Delegado de Polícia (ES/ 2019/ IAEP) O estudo da pessoa do infrator teve seu protagonismo durante a fase positivista na evolução histórica da Criminologia. Assinale, dentre as afirmativas abaixo, a que descreve corretamente como a criminologia tradicional o examina.
a) A criminologia tradicional examina a pessoa do infrator como uma unidade biopsicossocial, considerando suas interdependências sociais.
b) A criminologia tradicional examina a pessoa do infrator como um incapaz de dirigir por si mesmo sua vida cabendo ao Estado tutelá-lo.
c) A criminologia tradicional examina a pessoa do infrator como alguém que fez mau uso da sua liberdade embora devesse respeitar a lei.
d) A criminologia tradicional examina a pessoa do infrator como um sujeito determinado pelas estruturas econômicas excludentes, sendo uma vítima do sistema capitalista.
e) A criminologia tradicional examina a pessoa do infrator como uma realidade biopsicopatológica, considerando o determinismo biológico e social.

86. Delegado de Polícia (ES/ 2019/ IAEP) A Criminologia Crítica contempla uma concepção conflitual da sociedade e do Direito. Logo, para a criminologia crítica, o conflito social:
a) Expressa uma realidade patológica inerente a ordem social.
b) Representa a própria estrutura e dinâmica da mudança social, sendo o crime o produto normal das tensões sociais.
c) É funcional porque assegura a mudança social e contribui para a integração e conservação da ordem e do sistema.

d) Se produz entre as pautas normativas dos diversos grupos sociais, cujas valorações são discrepantes.

e) É um conflito de classe sendo que o sistema legal é um mero instrumento da classe dominante para oprimir a classe trabalhadora.

87. Delegado de Polícia (ES/ 2019/ IAEP) No Estado Democrático de Direito a prevenção criminal é integrante da agenda federativa passando por vários setores do Poder Público, não se restringindo à Segurança Pública e ao judiciário. Com relação à prevenção criminal, assinale a alternativa correta:

a) A prevenção primária se orienta aos grupos que ostentam maior risco de protagonizar o problema criminal, se relacionando com a política legislativa penal e com a ação policial.

b) A prevenção secundária corresponde a estratégias de política cultural, econômica e social, atuando, por exemplo, na garantia da educação, saúde, trabalho e bem-estar social.

c) A prevenção secundária tem como destinatário o condenado, se orientando a evitar a reincidência da população presa por meio de programas reabilitadores e ressocializadores.

d) A prevenção terciária se orienta aos grupos que ostentam maior risco de protagonizar o problema criminal, se relacionando com a política legislativa penal e com a ação policial.

e) A prevenção primária corresponde a estratégias de política cultural, econômica e social, atuando, por exemplo, na garantia da educação, saúde, trabalho e bem-estar social.

88. Delegado de Polícia (ES/ 2019/ IAEP) Os modelos sociológicos contribuíram decisivamente para um conhecimento realista do problema criminal demonstrando a pluralidade de fatores que com ele interagem. Leia as afirmativas a seguir e marque a alternativa INCORRETA:

a) As teorias conflituais partem da premissa de que o conflito expressa uma realidade patológica da sociedade sendo nocivo para ela na medida em que afeta o seu desenvolvimento e estabilidade.

b) As teorias ecológicas partem da premissa de que a cidade produz delinquência, valendo-se dos conceitos de desorganização e contágio social inerentes aos modernos núcleos urbanos.

c) As teorias estrutural-funcionalistas consideram a normalidade e a funcionalidade do crime na ordem social, menosprezando o componente biopsicopatológico no diagnóstico do problema criminal.
d) As teorias de aprendizagem social sustentam que o comportamento delituoso se aprende do mesmo modo que o indivíduo aprende também outras atividades lícitas em sua interação com pessoas e grupos.
e) As teorias subculturais sustentam a existência de uma sociedade pluralista com diversos sistemas de valores divergentes em torno dos quais se organizam outros tantos grupos desviados.

89. Delegado de Polícia (ES/ 2019/ IAEP) A moderna criminologia se dedica, também, ao estudo do controle social do delito, tendo este objeto representado um giro metodológico de grande importância. Assinale a alternativa correta:
a) A família, a escola, a opinião pública, por exemplo, são instituições encarregadas de exercer o controle social secundário.
b) A família, a escola, a opinião pública, por exemplo, são instituições encarregadas de exercer o controle social terciário.
c) A polícia, o judiciário, a administração penitenciária, por exemplo, são instituições encarregadas de exercer o controle social formal.
d) A família, a escola, a opinião pública, por exemplo, são instituições encarregadas de exercer o controle social primário.
e) A polícia, o judiciário, a administração penitenciária, por exemplo, são instituições encarregadas de exercer o controle social informal.

90. Delegado de Polícia (ES/ 2019/ IAEP) "A vítima do delito experimentou um secular e deliberado abandono. Desfrutou do máximo protagonismo [...] durante a época da justiça privada, sendo depois drasticamente 'neutralizada' pelo sistema legal moderno [...]" (MOLINA, Antonio Garcia-Pablos de; GOMES, Luiz Flávio, 2008, p. 73). A vitimologia impulsionou um processo de revisão científica do papel da vítima no fenômeno delitivo. Leia as afirmativas a seguir e assinale a alternativa INCORRETA sobre o tema.
a) A criminologia tradicional desconsiderou o estudo da vítima por considerá-la mero objeto neutro e passivo, tendo polarizado em torno do delinquente as investigações sobre o delito, sua etiologia e prevenção.

b) A Psicologia Social destacou-se como marco referencial teórico às investigações vitimológicas, fornecendo modelos teóricos adequados à interpretação e explicação dos dados.

c) Os pioneiros da vitimologia compartilhavam uma análise etiológica e interacionista, sendo que suas tipologias ponderavam sobre o maior ou menor grau de contribuição da vítima para sua própria vitimização.

d) O redescobrimento da vítima e os estudos científicos decorrentes se deram a partir da 1ª (Primeira) Guerra Mundial em atendimento daqueles que sofreram com os efeitos dos conflitos e combates.

e) A vitimologia ocupa-se, sobretudo, do estudo sobre os riscos da vitimização, dos danos que sofrem as vítimas como consequência do delito assim como da posterior intervenção do sistema legal, dentre outros temas.

91. Delegado de Polícia (ES/ 2019/ IAEP) Constitui um dos objetivos metodológicos da teoria do *Labelling Approach* (Teoria do Etiquetamento Social) o estudo detalhado da atuação do controle social na configuração da criminalidade. Assinale a alternativa correta:

a) O *labelling approach* é uma teoria da criminalidade que se aproxima do paradigma etiológico convencional para explicar a distribuição seletiva do fenômeno criminal.

b) O *labelling approach*, como explicação interacionista do fato delitivo, destaca o problema hermenêutico da interpretação da norma penal.

c) O *labelling* surge nos EUA nos anos 1980, admitindo a normalidade do fenômeno delitivo e do delinquente.

d) Para o *labelling approach*, um sistemático e progressivo endurecimento do controle social penal viabilizaria o alcance de uma prevenção eficaz do crime.

e) Para o *labelling approach*, o controle social penal possui um caráter seletivo e discriminatório, gerando a criminalidade.

92. Delegado de Polícia (ES/ 2019/ IAEP) Na atualidade se observa uma generalização do sentimento coletivo de insegurança nos cidadãos, caracterizado tanto pelo temor de tornarem-se vítimas, como pela

preocupação, ou estado de ânimo coletivo, com o problema do delito. Considere as afirmativas e marque a única correta.

a) O fenômeno do medo ao delito não enseja investigações empíricas na Criminologia por tratar-se de uma consequência trivial da criminalidade diretamente proporcional ao risco objetivo.
b) As pesquisas de vitimização constituem uma insubstituível fonte de informação sobre a criminalidade real, já que seus dados procedem das repartições do sistema legal sendo condicionantes das estatísticas oficiais.
c) O incremento dos índices de criminalidade registrada (tese do volume constante do delito) mantém correspondência com as demonstrações das pesquisas de vitimização já que seus dados procedem das mesmas repartições do sistema legal.
d) O medo do delito pode condicionar negativamente o conteúdo da política criminal imprimindo nesta um viés de rigor punitivo, contrário, portanto, ao marco político-constitucional do nosso sistema legal.
e) A população reclusa oferece uma amostra confiável e representativa da população criminal real, já que os agentes do controle social se orientam pelo critério objetivo do fato cometido e limitam-se a detectar o infrator, qualquer que seja este.

93. Delegado de Polícia (ES/ 2019/ IAEP) A Criminologia adquiriu autonomia e *status* de ciência quando o positivismo generalizou o emprego de seu método. Nesse sentido, é correto afirmar que a criminologia é uma ciência

a) do "ser"; logo, serve-se do método indutivo e empírico, baseado na análise e observação da realidade.
b) do "ser"; logo, serve-se do método abstrato, formal e dedutivo, baseado em deduções lógicas e da opinião tradicional.
c) do "dever ser"; logo, serve-se do método indutivo e empírico, baseado na análise e observação da realidade.
d) empírica e teorética; logo, serve-se do método indutivo e empírico, baseado em deduções lógicas e opinativas tradicionais.
e) do "dever ser"; logo, serve-se do método abstrato, formal e dedutivo, baseado em deduções lógicas e da opinião tradicional.

94. Delegado de Polícia (PI/2018/Nucepe/PI) O crime é um comportamento valorado pelo direito. Acerca da Sociologia Criminal, podemos afirmar:

a) Ciência que tem como finalidade o estudo do criminoso-nato, sob seu aspecto amplo e integral: psicológico, social, econômico e jurídico.

b) Ciência que explica a correlação crime sociedade, sua motivação, bem como sua perpetuação.

c) Busca, precipuamente, explicar e justificar os fatores psicológicos que levam ao crime.

d) Tem como objetivo maior a ressocialização do preso, estabelecendo estudos de inclusão social.

e) Ciência que estuda as relações entre as pessoas que pertencem a uma comunidade, e se ocupa em estudar a vida social humana.

95. Delegado de Polícia (PI/2018/Nucepe/PI) Sobre a Vitimologia, assinale a alternativa CORRETA.

a) De acordo com a classificação das vítimas, formulada por Mendelsohn, a vítima simuladora é aquela que voluntária ou imprudentemente colabora com o ânimo criminoso do agente.

b) É denominada terciária a vitimização que corresponde aos danos causados à vítima em decorrência do crime.

c) De acordo com a ONU, apenas são consideradas vítimas as pessoas que, individual ou coletivamente, tenham sofrido lesões físicas ou mentais, por atos ou omissões que representem violações às leis penais, incluídas as leis referentes ao abuso criminoso do poder.

d) O surgimento da Vitimologia ocorreu no início do século XVIII, com os estudos pioneiros de Hans von Hentig, seguido por Mendelsohn.

e) É denominada secundária a vitimização causada pelas instâncias formais de controle social, no decorrer do processo de registro e apuração do crime.

96. Delegado de Polícia (PI/2018/Nucepe/PI) Sobre a Criminologia é CORRETO afirmar:

a) o crime é um fenômeno social.
b) estuda o crime, o criminoso, mas não a vítima.
c) é uma ciência normativa e valorativa.
d) o crime é um fenômeno filosófico.
e) não tem por base a observação e a experiência.

97. Delegado de Polícia (PI/2018/Nucepe/PI) Acerca da História da Criminologia, marque a alternativa CORRETA:
a) Desde a Antiguidade, o Direito Penal, em concreto, passou a ser compilado em Códigos e âmbitos jurídicos, tal qual como nos dias de hoje, entretanto, algumas vezes eram imprecisos.
b) O Código de Hamurabi (Babilônia) possuía dispositivos, punindo furtos, roubos, mas não considerava crime a corrupção praticada por altos funcionários públicos.
c) Durante a Antiguidade, o crime era considerado pecado, somente na Idade Média, é que a dignidade da pessoa humana passou a ser considerada, e as punições deixaram de ser cruéis.
d) Em sua obra A *Política*, Aristóteles, ressaltou que a miséria causa rebelião e delito. Para o referido filósofo, os delitos mais graves eram os cometidos para possuir o voluptuário, o supérfluo.
e) Da Antiguidade à Modernidade, o furto famélico (roubar para comer) nunca foi considerado crime.

98. Delegado de Polícia (PI/2018/Nucepe/PI) Marque a alternativa CORRETA, no que diz respeito à classificação do criminoso, segundo Lombroso:
a) Criminoso louco: é o tipo de criminoso que tem instinto para a prática de delitos, é uma espécie de selvagem para a sociedade.
b) Criminoso nato: é aquele tipo de criminoso malvado, perverso, que deve sobreviver em manicômios.
c) Criminoso por paixão: aquele que utiliza de violência para resolver problemas passionais, geralmente é nervoso, irritado e leviano.
d) Criminoso por paixão: este aponta uma tendência hereditária, possui hábitos criminosos influenciados pela ocasião.
e) Criminoso louco: é o criminoso sórdido com deficiência do senso moral e com hábitos criminosos influenciados pela situação.

99. Delegado de Polícia (MG/2018/Fumarc) "Cabe definir a Criminologia como ciência empírica e interdisciplinar, que se ocupa do estudo do crime, da pessoa do infrator, da vítima e do controle social do comportamento delitivo, e que trata de subministrar uma informação válida, contrastada, sobre a gênese, dinâmica e variáveis principais do crime – contemplado este como problema individual e como problema social –, assim como sobre os programas de prevenção eficaz do mesmo e técnicas de intervenção positiva no homem delinquente e nos diversos modelos ou sistemas de resposta ao delito." Esta apresentação ao conceito de Criminologia apresenta, desde logo, algumas das características fundamentais do seu método (empirismo e interdisciplinaridade), antecipando o objeto (análise do delito, do delinquente, da vítima e do controle social) e suas funções (explicar e prevenir o crime e intervir na pessoa do infrator e avaliar os diferentes modelos de resposta ao crime). MOLINA, Antônio G.P.; GOMES, Luiz F. *Criminologia*. 6. ed. reform., atual. e ampl. São Paulo: Revista dos Tribunais. p. 32. Sobre o método, o objeto e as funções da criminologia, considera-se:

I. A luta das escolas (positivismo *versus* classicismo) pode ser traduzida como um enfrentamento entre adeptos de métodos distintos; de um lado, os partidários do método abstrato, formal e dedutivo (os clássicos) e, de outro, os que propugnavam o método empírico e indutivo (os positivistas).

II. Uma das características que mais se destacam na moderna Criminologia é a progressiva ampliação e problematização do seu objeto.

III. A criminologia, como ciência, não pode trazer um saber absoluto e definitivo sobre o problema criminal, senão um saber relativo, limitado, provisional a respeito dele, pois, com o tempo e o progresso, as teorias se superam.

Estão CORRETAS as assertivas indicadas em:

a) I e II, apenas.

b) I e III, apenas.

c) I, II e III.

d) II e III, apenas.

100. Defensor Público (PR/2021/FCC) Considere os acontecimentos abaixo.

I. No dia 16 de outubro, após um dia exaustivo de trabalho, quando chegava em sua casa, às 23 horas, em um bairro afastado da cidade,

Maria foi estuprada. Naquela mesma data, fora acionada a polícia, quando então foi lavrado boletim de ocorrência e tomadas as providências médico-legais, que constatou as lesões sofridas.

II. Após o fato, Maria passou a perceber que seus vizinhos, que já sabiam do ocorrido, a olhavam de forma sarcástica, como se ela tivesse dado causa ao fato e até tomou conhecimento de comentários maldosos, tais como: também com as roupas que usa (...), também como anda, rebolando para cima e para baixo etc., o que a deixou profundamente magoada, humilhada e indignada.

III. Em novembro, fora à Delegacia de Polícia prestar informações, quando relatou o ocorrido, relembrando todo o drama vivido. Em dezembro fora ao fórum da Comarca, onde, mais uma vez, Maria foi questionada sobre os fatos, revivendo mais uma vez o trauma do ocorrido.

Os acontecimentos I, II e III relatam, respectivamente processos de vitimização:

a) primária, secundária e terciária.

b) primária, terciária e secundária.

c) secundária, primária e terciária.

d) terciária, primária e secundária.

e) secundária, terciária e primária.

GABARITO				
1 – e	21 – b	41 – a	61 – d	81 – E
2 – d	22 – b	42 – c	62 – d	82 – D
3 – a	23 – e	43 – e	63 – e	83 – B
4 – e	24 – d	44 – a	64 – Errado	84 – C
5 – a	25 – e	45 – a	65 – Certo	85 – E
6 – b	26 – Errado	46 – c	66 – A	86 – E
7 – a	27 – a	47 – b	67 – C	87 – E
8 – d	28 – c	48 – d	68 – E	88 – A
9 – a	29 – a	49 – c	69 – B	89 – C
10 – e	30 – e	50 – a	70 – E	90 – D
11 – d	31 – c	51 – d	71 – Errado	91 – E
12 – c	32 – a	52 – b	72 – Errado	92 – D

13 – d	33 – e	53 – d	73 – Certo	93 – A
14 – c	34 – b	54 – b	74 – Certo	94 – B
15 – d	35 – d	55 – e	75 – Errado	95 – E
16 – b	36 – a	56 – d	76 – Certo	96 – A
17 – a	37 – e	57 – a	77 – Certo	97 – D
18 – d	38 – a	58 – d	78 – C	98 – C
19 – b	39 – d	59 – b	79 – C	99 – C
20 – c	40 – d	60 – b	80 – C	100 – B

Referências

ABDALLA-FILHO, Elias; CHALUB, Miguel; TELLES, Lisieux E. de Borba. *Psiquiatria Forense de Taborda*. 3. ed. Porto Alegre: Artmed, 2016.

AMAR, Ayush Morad. *Criminologia*. São Paulo: Resenha Tributária, 1987.

ANDRADE, Vera Regina Pereira de. *A ilusão da segurança jurídica*: do controle da violência à violência do controle penal. Porto Alegre: Livraria do Advogado, 1997.

ANGERAMI, Alberto; PENTEADO FILHO, Nestor Sampaio. *Direito policial*. São Paulo: Método, 2009.

BARATTA, Alessandro. *Criminologia crítica e crítica do direito penal*. 3. ed. Rio de Janeiro: Revan, 1999.

BECCARIA, Cesare. *Dos delitos e das penas*. Trad. Flório De Angelis. Bauru: Edipro, 2001.

BITENCOURT, Cezar Roberto. *Tratado de direito penal*: parte geral. 13. ed. São Paulo: Saraiva, 2008. v. 1.

CALHAU, Lélio Braga. *Resumo de criminologia*. 7. ed. Niterói: Impetus, 2012.

CANCIO MELIÁ, Manuel. *Los delitos de terrorismo*: estructura típica e injusto. Madrid: Editorial Reus, 2010.

CARVALHO, Hilário Veiga de. *Compêndio de criminologia*. São Paulo: Bushatsky, 1973.

______ et al. *Compêndio de medicina legal*. São Paulo: Saraiva, 1987.

CARVALHO, Protásio de. *A didática dos tóxicos*. Curitiba: O Formigueiro, 1977.

CERVINI, Raúl. *Dos processos de descriminalização*. 2. ed. São Paulo: Revista dos Tribunais, 2002.

CLEBER, Massom; MARÇAL,Vinícius. *Lei de Drogas*: aspectos penais e processuais. São Paulo: Método, 2019.

COSTA, Álvaro Mayrink da. *Criminologia*. Rio de Janeiro: Ed. Rio, 1976.

DEL-CAMPO, Eduardo Roberto Alcântara. *Medicina legal*. 4. ed. São Paulo: Saraiva, 2007 (Col. Curso & Concurso).

DESGUALDO, Marco Antonio. *Crimes contra a vida*: recognição visuográfica e a lógica na investigação. São Paulo: Acadepol, 1999.

DIAS, Jorge de Figueiredo; Andrade, Manoel da Costa. *Criminologia*: o homem delinquente e a sociedade criminógena. Coimbra: Coimbra Ed., 1992.

DOUGLAS, John; OLSHAKER, Mark. *Mindhunter*: o primeiro caçador de serial killers americano. Rio de Janeiro: Intrínseca, 2017.

DOURADO, Luíz Angelo. *Ensaio de psicologia criminal*. Rio de Janeiro: Zahar, 1969.

ELBERT, Carlos Alberto. *Novo manual básico de criminologia*. Porto Alegre: Livraria do Advogado, 2009.

FARIAS JR., João. *Manual de criminologia*. 4. ed. Curitiba: Juruá, 2009.

FÁVERO, Flamínio. *Medicina legal*. 5. ed. São Paulo: Livr. Martins Ed., 1954. v. 2.

FELDMAN, M. Philip. *Comportamento criminoso*: uma análise psicológica. Trad. Áurea Weissenberg. Rio de Janeiro: Zahar, 1979.

FERNANDES, Newton; FERNANDES, Valter. *Criminologia integrada*. 2. ed. São Paulo: Revista dos Tribunais, 2002.

FERRI, Enrico. *Princípios de direito criminal*. Trad. Luiz Lemos Oliveira. São Paulo: Saraiva, 1931.

FIORELLI, José Osmir; MANGINI, Rosana Cathya Ragazzoni. *Psicologia jurídica*. São Paulo: Atlas, 2009.

FLAHERTY, Joseph A.; CHANNON, Robert. A.; DAVIS, John M. *Psiquiatria*: diagnóstico e tratamento. Porto Alegre: Artes Médicas, 1990.

FONTES, Eduardo; HOFFMANN, Henrique. *Criminologia*. 1. ed. 2. tir. Salvador: JusPodivm, 2018.

FOUCAULT, Michel. *Eu, Pierre Rivieri, que degolei minha mãe, minha irmã e meu irmão*. Trad. Denize Lezan de Almeida. 3. ed. Rio de Janeiro: Graal, [s.d.].

______. *Vigiar e punir*: história das violências nas prisões. Trad. Lígia M. Pondé Vassalo. Petrópolis: Vozes, 1993.

FRAGOSO, Heleno Cláudio. *Lições de direito penal*: a nova parte geral. 10. ed. Rio de Janeiro: Forense, 1986.

FURQUIM, Saulo Ramos; LIMA, Luiz Gustavo S. Aportes Iniciais sobre a Criminologia Cultural e a Pertinência no Universo Subcultural. Natal: UFRN. *Revista Transgressões – Ciências Criminais em Debate*, vol. 3, n. 1, 2015.

GAMBOA, Mônica Resende. *Criminologia*. 2. ed. São Paulo: Método, 2013.

GOFFMAN, Erwing. *Manicômios, prisões e conventos*. Trad. Dante Moreira Leite. São Paulo: Perspectiva, 1992.

GOMES, Luiz Flávio. *Criminologia*. São Paulo: Revista dos Tribunais, 2008.

______; CERVINI, Raúl. *Crime organizado*: enfoques criminológico, jurídico (Lei 9.034/95) e político-criminal. São Paulo: Revista dos Tribunais, 1997.

______; MOLINA, Antônio García-Pablos de. *Criminologia*. 6. ed. São Paulo: Revista dos Tribunais, 2008; 7. ed. reform., atual. e ampl. São Paulo: Revista dos Tribunais, 2010.

GONZAGA, Christiano. *Manual de criminologia*. São Paulo: Saraiva Educação, 2018.

GREIG, Charlotte. *Serial Killers*: nas mentes dos monstros. São Paulo: Madras, 2010.

HARE, Robert D. *Sem consciência*: o mundo perturbador dos psicopatas que vivem entre nós. São Paulo: Artmed, 2013.

HASSEMER, Winfried; CONDE, Francisco Munhoz. *Introdução à criminologia*. Rio de Janeiro: Lumen Juris, 2008.

HILL, Tim. *Evidência criminal*, Livro 3. São Paulo: Escala, 2011.

INNES, Brian. *Mente criminosa*. São Paulo: Escala, 2003.

______. *Perfil de uma mente criminosa*. São Paulo: Escala, 2003.

JAKOBS, Gunter. *Direito penal do inimigo*. Porto Alegre: Livraria do Advogado, 2007.

JESCHECK, Hans Heinrich. *Tratado de derecho penal*: parte general. Barcelona: Bosch, 1980. v. 1 e 2.

KAPLAN, Harold I.; SADOCK, Benjamin J. *Compêndio de psiquiatria*. Porto Alegre: Artes Médicas, 1990.

LAUCIRICA, Roberto Altuna. Psicoterror laboral. Separata de Valoración de Daño Cerebral Y Discapacidades. Madrid: Imgraf, 2008.

LENT, Roberto (Coord.). *Neurociência da mente e do comportamento*. Rio de Janeiro: Guanabara Koogan, 2008.

LIMA, João Milanez da Cunha; LIMA, Luis Fernando C. da Cunha. *Perfil social do crime*. São Paulo: Ibrasa, 2009.

LIMA JR., José César Naves de. *Manual de criminologia*. Salvador: JusPodivm, 2014.

LIMA, Renato Brasileiro de. *Legislação criminal especial comentada*: volume único. 8. ed. rev., atual. e ampl. Salvador: JusPodivm, 2020.

LOMBROSO, Cesare. *O homem delinquente*. Trad. Sebastião José Roque. São Paulo: Ícone, 2007.

LYRA FILHO, Roberto. *Criminologia dialética*. Rio de Janeiro: Borsoi, 1972.

MAÍLLO, Afonso Serrano. *Introdução à criminologia*. Trad. Luiz Regis Prado. São Paulo: Revista dos Tribunais, 2008.

MAIO, Vincent Di. *O segredo dos corpos*. Rio de Janeiro: Darkside Books, 2017.

MANNHEIM, Hermann. *Criminologia comparada*. Trad. J. F. Faria Costa e M. da Costa Andrade. Lisboa: Fundação Calouste Gulbenkian, 1984.

MARANHÃO, Odon Ramos. *Curso básico de medicina legal*. 3. ed. São Paulo: Revista dos Tribunais, 1985.

______. *Psicologia do crime*. 2. ed. São Paulo: Malheiros, 2008.

MARCÃO, Renato. *Curso de execução penal*. 4. ed. São Paulo: Saraiva, 2007.

MARQUES, José Frederico et al. *Apontamentos sobre o processo criminal brasileiro*. São Paulo: Revista dos Tribunais, 1959.

MOLINA, Antônio García-Pablos de. *Criminologia*: introdução e seus fundamentos teóricos. Trad. Luís Flávio Gomes. 2. ed. São Paulo: Revista dos Tribunais, 2006.

______. *O que é criminologia?* Trad. Danilo Cymrot. São Paulo: Revista dos Tribunais, 2013.

MONTET, Laurent. *Tueurs en série – Essai en profilage criminel*. Paris: PUF, 2003.

MAZZUTTI, Vanessa De Biassio. *Vitimologia e Direitos Humanos*: o processo penal sob a perspectiva da vítima. Curitiba: Juruá, 2012.

NASCIMENTO, Maria Inês Corrêa (trad.). *Manual diagnóstico e estatístico de transtornos mentais*. 5. ed. DSM-5, American Psychiatric Association. Porto Alegre: Artmed, 2018.

NEWTON, Michael. *A enciclopédia de* serial killers. São Paulo: Madras, 2008.

NORONHA, E. Magalhães. *Direito penal*. 37. ed. São Paulo: Saraiva, 2003. v. 1.

OLIVEIRA, Ana Sofia Schmidt de. *A vítima e o direito penal*. São Paulo: Revista dos Tribunais, 1999.

OLIVEIRA, Natacha Alves de. *Criminologia*. 2. ed. Salvador: JusPodivm, 2020.

PARETA, José Maria Marlet. *Criminologia*. São Paulo: Acadepol, 1995.

PEIXOTO, Afrânio. *Criminologia*. 4. ed. São Paulo: Saraiva, 1953.

PENTEADO, Nestor Sampaio. *Tóxico*: passaporte para o inferno. São Paulo: Editora Ebrac, 1982.

PENTEADO FILHO, Nestor Sampaio. *Direitos humanos*. 3. ed. São Paulo: Método, 2009.

______; ANGERAMI, Alberto. *Direito policial*. São Paulo: Método, 2009.

PHILBIN, Tom; PHILBIN, Michael. *O livro completo dos* serial killers. São Paulo: Madras, 2011.

PITOMBO, Sérgio Marcos de Moraes. *Inquérito policial:* novas tendências. Belém: Cejup, 1986.

______. Artigos disponíveis em: <www.sergio.pitombo.nom.br>. Acesso em: 23 jul. 2019.

POSTERLI, Renato. *Temas de criminologia*. Belo Horizonte: Del Rey, 2001.

RAINE, Adrian. *The anatomy of violence*. The biological roots of crime. New York: Pantheon Books, 2013.

RÁMILA, Janire. *Predadores humanos*: o obscuro universo dos assassinos em série. São Paulo: Madras, 2012.

RIVERA, José Luis González de. *El maltrato psicológico*. 3. ed. España: Espasa-Calpe, 2005.

RODRIGUES, Marina Joana Ribeiro. *Perfis criminais*: validade de uma técnica forense. Dissertação de Mestrado, Universidade do Porto, Portugal, 2010, ineditorial.

ROLAND, Paul. *Os crimes de Jack, o estripador*. São Paulo: Madras, 2010.

______. *Por dentro das mentes assassinas*: a história dos perfis criminosos. São Paulo: Madras, 2010.

SÁ, Alvino Augusto de. *Criminologia clínica e psicologia criminal*. São Paulo: Revista dos Tribunais, 2007.

______. *Sugestão de um esboço de bases conceituais para um sistema penitenciário*. Disponível em: <www.sap.sp.gov.br>.

______; SHECAIRA, Sérgio Salomão. *Criminologia e os problemas da atualidade*. São Paulo: Atlas, 2008.

SALDAÑA, Quintiliano. *Nova criminologia*. 2. ed. Campinas: Russel Editores, 2006.

SANTOS, Juarez Cirino dos. *A criminologia radical*. 3. ed. Rio de Janeiro: Lumen Juris, 2008.

SCHECHTER, Harold. *Serial Killers*: anatomia do mal. Rio de Janeiro: Darkside Books, 2013.

SCHNEIDER, Kurt. *Psicopatologia clínica*. 7. ed. São Paulo: Mestre Jou, 1968.

SHECAIRA, Sérgio Salomão. *Criminologia*. São Paulo: Revista dos Tribunais, 2004; 8. ed. rev., atual. e ampl. São Paulo: Thomson Reuters Brasil, 2020 [e-book].

SILVA, Ana Beatriz Barbosa. *Mentes perigosas*: o psicopata mora ao lado. Rio de Janeiro: Objetiva, 2008.

SIMON, Robert I. *Homens maus fazem o que os homens bons sonham*. Porto Alegre: Artmed, 2009.

SKINNER, B. F. *Ciência e comportamento humano*. 11. ed. São Paulo: Martins Fontes, 2003.

SMITH, Sydney. *Na pista dos assassinos*. Lisboa: Editorial Aster, 1962.

SUAREZ, Carmen Soto. Diversos tipos de mobbing y conceptos relacionados. *Boletín del Ministerio de Justicia*, ano LXVII, n. 2159, out. 2013.

THORWALD, Jurgen. *Os mortos contam sua história*. Rio de Janeiro: Civilização Brasileira, 1968.

______. *As Marcas de Caim*. Rio de Janeiro: Civilização Brasileira, 1968.

TRINCA, Walter. *Investigação clínica da personalidade*: o desenho livre como estímulo de apercepção temática. 2. ed. São Paulo: Editora Pedagógica e Universitária, 1987.

TURVEY, Brent E. *Criminal profiling*: an introduction to behavioral evidence analysis. 4. ed. EUA: Academic Press, 2011.

VIANA, Eduardo. *Criminologia*. 2. ed. Salvador: JusPodivm, 2014.

ZIMBARDO, Philip. O efeito Lúcifer: como pessoas boas se tornam más. 4. ed., Editora Record, 2012.